Réponses
chrétiennes
à
vos questions

Gérard Desrochers
réd

Mes remerciements les plus chaleureux à mes confrères, les Pères Jean-Marie Côté, Maurice Dionne, Jean-Marc Gagnon et Armand Savard, qui ont révisé ce texte, totalement ou en partie.

Voici quelques mots d'appréciation

«Ce livre témoigne de votre fidèle attachement et de votre désir de travailler en Église. Je tenais à vous en féliciter personnellement»
Jean-Claude cardinal Turcotte, archevêque de Montréal

«Je félicite l'auteur pour le zèle pastoral qui a inspiré son oeuvre»
Mgr Maurice Couture, S.V., archevêque de Québec

«Je vous félicite pour ce magnifique travail»
Mgr Roger Ebacher, archevêque de Gatineau-Hull

«Voilà un écrit qui rendra service à bien du monde»
Mgr Jean-Guy Hamelin, évêque de Rouyn-Noranda

«Vous avez su apporter des réponses claires»
Mgr Gilles Cazabon, O.M.I., évêque de Timmins

«Ce volume pourra être utile à tous ceux et celles qui se posent de multiples questions en cette période de confusion»
Armand Savard, C.Ss.R., Revue Sainte-Anne

«Réponses judicieuses aux questions d'actualité»
Gaspard Martin, C.J.M., Selon sa Parole

«Les questions couvrent presque tous les domaines de la religion catholique. Un excellent outil!»
Jacques Lauzier, O.P., l'Informateur catholique

«Je ne me souviens pas avoir lu un compendium aussi pratique de questions sur la foi et la vie chrétienne»
Raymond Tremblay, C.Ss.R.

Imprimerie Le Renouveau

© Tous droits de reproduction réservés

ISBN 2-89238-218-1

Imprimi potest
Marc-André Boutin,
Provincial des Rédemptoristes
Sainte-Anne-de-Beaupré, 1995

1ère impression:	janvier 1995
2e impression:	février 1995
3e impression:	mars 1995
4e impression:	juin 1995
5e impression:	février 1996
(mise à jour)	

Imprimé au Canada
Printed in Canada

DU MÊME AUTEUR

EN VENTE:
Secrétariat de la Basilique
Ste-Anne-de-Beaupré, Qc, Canada, G0A 3C0

TABLE DES MATIÈRES

I - LA FOI ET LE SALUT

II - LE PEUPLE DE DIEU

III - CERTAINS SACREMENTS

IV - LE MARIAGE

V - LA SEXUALITÉ ET LA BIOÉTHIQUE

VI - LE CHEMINEMENT SPIRITUEL

VII - LA VIERGE MARIE, LES SAINTS ET LES SAINTES

VIII - QUAND LA VIE S'ACHÈVE

IX - LE NOUVEL ÂGE ET LES NOUVELLES RELIGIONS

X - L'ÉVANGÉLISATION ET QUELQUES PROBLÈMES
D'ACTUALITÉ

PRÉFACE

On affirme fréquemment, lorsqu'il s'agit de thèmes religieux, que les questions abondent plus que les réponses. Nous ne devrions pas nous en étonner, puisqu'il s'agit de la relation de la personne avec Dieu. Ne sommes-nous pas, par vocation, des «chercheurs de Dieu»? Cette situation parfois dérangeante nous fait grandir dans la foi, à condition de ne pas verser dans une attitude qu'on pourrait ainsi résumer: «moi je pense ainsi, et cela me suffit».

Pour se faire une opinion sur un sujet, il importe aussi d'avoir «le point de vue de Dieu» que nous transmet l'enseignement de l'Église catholique issu de sa vaste expérience pastorale. C'est dans cette optique qu'il nous faut accueillir les réflexions que nous livre le R.P. Gérard Desrochers dans les pages qui suivent.

On n'aura pas tout à fait compris l'intention de l'auteur, si l'on estime que son propos est tout simplement d'informer. Sa préoccupation relève plutôt de la pédagogie de la foi. D'une page à l'autre, nous trouvons des indications précieuses sur «la voie chrétienne» que nous enseigne l'Église pour suivre le Christ en Église.

Nous félicitons l'auteur d'avoir pris le temps d'accueillir les interrogations actuelles que nous portons. Comme l'a fait Jésus avec les disciples sur la route d'Emmaüs, il a su nous écouter, pour ensuite nous proposer ce qui nous concerne dans les Écritures et dans l'Enseignement de l'Église.

Puissent ces pages nous aider dans notre cheminement de foi.
À l'exemple de Marie, jeunes et moins jeunes, nous en méditerons
le contenu pour mieux en témoigner par une qualité de vie qui sera
pour nous non seulement source de paix et de liberté, mais aussi
interpellation pour d'autres à se mettre à l'école de Jésus Christ,
vrai Dieu et vrai homme.

Marc-André Boutin, C.Ss.R.
Supérieur provincial
En la fête du Très-Saint-Rédempteur

INTRODUCTION

Le livre «Éclaire mes pas», mon premier livre de réponses aux questions, a été édité trois fois et fut traduit en anglais. Il a reçu un accueil très favorable.

Les questions de ce livre «Réponses chrétiennes à vos questions» sont nouvelles. Elles sont choisies parmi des centaines de questions que je n'invente pas, qui me sont posées, et auxquelles je réponds en diverses revues.

Les problèmes se diversifient. Beaucoup de personnes sont à la recherche de réponses positives inspirées par l'Écriture, la sagesse de l'Église, un sain discernement et une approche pastorale.

Ce nouveau livre veut répandre la Bonne Nouvelle du Christ. Il offre des réponses chrétiennes qui, sans être trop longues ni trop nuancées, suggèrent une attitude conforme aux désirs du Seigneur. Il ne s'égare pas dans les méandres de la casuistique, mais cherche à éclairer et à pacifier tant de gens confus et inquiets. Il propose la vérité, tout en respectant le cheminement des individus. Il s'efforce d'adopter la pédagogie du Christ.

Gérard Desrochers, C.Ss.R.

- I -

LA FOI ET LE SALUT

Cette première division touche à des points
fondamentaux de la doctrine chrétienne:
la Trinité, l'Écriture Sainte, la foi, le salut.

JÉSUS EST-IL ÉGAL AU PÈRE?

Jésus est-il égal au Père? Plusieurs ne le voient que comme un messager.

* * *

Au 4e siècle, les Ariens refusaient de croire à la divinité de Jésus. Le concile oecuménique de Nicée, en 325, a réfuté l'arianisme. Se basant sur la Parole de Dieu, il a affirmé la divinité de Jésus.

Il y a encore des Ariens, même si leur nom a changé. Il y a toujours des gens qui ne voient en Jésus qu'un messager, un prophète , un homme de Dieu. Leur foi n'est pas la foi chrétienne.

Ils me font penser à l'aveugle de naissance guéri par le Christ. Au début, il ne voyait en Jésus qu'un homme, mais sa foi grandit. Il découvrit en Jésus un prophète, puis un homme de Dieu. Enfin, il reconnut Dieu en Jésus et il se prosterna devant lui (Jn 9, 1 -31).

Nous ne pouvons pas croire en Jésus comme chrétiens sans reconnaître qu'il est Dieu. Parce que Jésus est Dieu, il a pu nous sauver par sa mort et sa résurrection.

«Moi et le Père, nous sommes un» (Jn 10, 30). «Qui m'a vu a vu le Père» (Jn 14, 9).

Jésus a accompli les merveilles de Dieu, allant jusqu'à pardonner aux pécheurs.

C'est parce qu'il s'est dit Fils de Dieu qu'il fut mis à mort. Selon ses ennemis, il avait blasphémé, il avait usurpé la divinité (Mt 26, 65-66).

Sa résurrection a prouvé qu'il avait bien parlé, qu'il avait raison.

«Je crois en Dieu, le Père tout-puissant... Et en Jésus Christ, son Fils unique, Notre Seigneur...».

Tel est notre credo!

JÉSUS CHRIST N'EST-IL PAS UN EXTRA-TERRESTRE?

* * *

Qu'entendez-vous par extra-terrestre?

Extra-terrestre?... J'emploierais peut-être l'expression si elle n'était pas galvaudée. Le mot «extra-terrestre» ne connote-t-il pas l'idée d'une planète éloignée, d'une galaxie située à des millions d'années-lumière de notre terre minuscule?

Jamais un chrétien ne peut s'imaginer que le Christ Jésus est l'un de ces extra-terrestres et qu'il tire son origine d'une galaxie lointaine. Tout s'oppose à une hypothèse aussi farfelue, sans aucune base scientifique. Les données historiques sur Jésus, Fils putatif du charpentier Joseph, Fils de Marie, sont là qui dissipent toute velléité d'en faire un extra-terrestre.

Jésus, Fils de Marie, était aussi Fils de Dieu. Ses paroles l'attestent, ses actions le prouvent. Marc commence son évangile avec clarté: «Commencement de l'Évangile de Jésus Christ, FILS DE DIEU». Nous lisons dans saint Luc la réponse de Jésus à ceux qui lui demandaient: «Tu es donc le Fils de Dieu? Il leur déclara: Vous le dites: Je le suis» (Lc 22, 70).

Saint Jean, dès l'abord, affirme la divinité du Christ: «Au commencement était le Verbe et le Verbe était avec Dieu et LE VERBE ÉTAIT DIEU. Il était au commencement avec Dieu. Tout fut par lui, et sans lui rien ne fut... ET LE VERBE S'EST FAIT CHAIR et il a habité parmi nous, et nous avons contemplé sa gloire... Oui, de sa plénitude nous avons tous reçu...» (Jn 1, 1-18).

Jésus Christ est Dieu, non un extra-terrestre issu d'une autre planète. Il l'a prouvé par sa vie, sa doctrine, ses miracles, sa résurrection surtout. En lui, les prophéties se sont réalisées. Relisons la Bible et nous y trouverons les motifs de notre foi chrétienne.

Nulle possibilité de faire de Jésus l'homme venu d'une lointaine galaxie. Jésus est Dieu!

Notre foi, c'est celle-ci: «DIEU ENVOYA SON FILS, NÉ D'UNE FEMME» (Ga 4, 4).

CEUX QUI NE CROIENT PAS EN JÉSUS CHRIST SERONT-ILS SAUVÉS?

Nous lisons dans la Bible: «Qui a le Fils a la vie; qui n'a pas le Fils n'a pas la vie» (I Jn 5, 12). Les chrétiens seront-ils les seuls sauvés? Y a-t-il exclusion?

* * *

Permettez-moi de vous répondre en vous citant Vatican II. Ce concile nous rappelle que nous sommes tous membres d'une même famille. À tous Dieu offre le salut.

L'Église met en évidence le lien qui relie spirituellement les chrétiens avec les membres de la religion juive. C'est de la race juive qu'est né Jésus, le Fils de la Vierge Marie; c'est de la race juive que sont issus les apôtres et les premiers chrétiens et chrétiennes.

«L'Église regarde aussi avec estime les musulmans, qui adorent le Dieu Un, vivant et subsistant... Bien qu'ils ne reconnaissent pas Jésus comme Dieu, ils le vénèrent comme prophète...». Le Concile exhorte chrétiens et musulmans à la compréhension mutuelle (L'Église et les religions non chrétiennes, 3).

Quant au reste de l'humanité qui n'accepte pas Jésus Christ, n'oublions pas qu'existe, entre tous les humains, une fraternité universelle qui exclut toute discrimination (l.c., 4-5). L'Église parle d'un dialogue avec tous les êtres humains, un dialogue loyal à intensifier (L'Église dans le monde de ce temps, 92).

C'est un long préambule pour souligner que nous sommes tous enfants d'un même Père du ciel, aimés par lui. Beaucoup, sans que ce soit de leur faute, ne connaissent pas Jésus, ou le connaissent mal. Seront-ils damnés ceux et celles qui obéissent à leur conscience, et qui ignorent Jésus sans que ce soit de leur faute? Non pas!

Cependant, nous, chrétiens, nous avons reçu le cadeau formidable de la vraie foi. Nous trouvons près de Jésus, et dans son Église, tellement de lumière et de force.

L'encyclique «La mission du Christ Rédempteur» centre l'évangélisation sur la foi en Jésus Christ. À nous d'annoncer Jésus, de proclamer l'Évangile à toute la création (Mc 16, 15), de faire des disciples de toutes les nations (Mt 28, 19), «d'annoncer aux païens l'insondable richesse du Christ» (Ep 3, 8).

LA VENUE DE JÉSUS ÉTAIT-ELLE NÉCESSAIRE?

* * *

Le Fils de Dieu est venu sur terre nous sauver du péché et de la mort éternelle. Après la chute de nos premiers parents, Dieu avait promis un tel Sauveur. Les prophètes avaient annoncé sa venue.

Dans son amour pour nous, Dieu a envoyé son Fils pour nous sauver (Jn 3, 16). Par sa mort sur la croix et sa résurrection, Jésus, Fils de Dieu, nous a obtenu le salut. Nous étions tous pécheurs et condamnés à la perdition éternelle.

Pour nous aider à vivre dans l'amour de Dieu et du prochain, Jésus nous a envoyé son Esprit, l'Esprit Saint (Jn 14, 16-17). Il a fondé une Église qui se continue dans l'Église catholique grâce aux successeurs de saint Pierre et des autres Apôtres. Cette religion qui nous vient de Jésus nous conduit à Dieu, nous fait profiter du salut acquis par Jésus. Elle nous éclaire, nous guide, nous fortifie. Elle nous fait vivre en frères et soeurs.

Jésus est notre salut. Il est notre résurrection et notre vie (Jn 11, 25)! Sans lui, nous étions perdus à jamais.

LE SALUT N'ÉTAIT-IL PAS PLUS FACILE AVANT JÉSUS?

À l'époque des temps primitifs, avant Jésus Christ, il n'était pas question d'assistance à la messe, de sacrements, de pénitence, d'eucharistie, de mariage, pour parvenir à la vie éternelle. Depuis la venue de Jésus, l'on risque son salut si l'on n'observe pas ces lois de l'Église, ce n'est pas mieux!

* * *

On oublie la Bonne Nouvelle!

«Voici que je vous annonce une grande joie, qui sera celle de tout le peuple: aujourd'hui, dans la cité de David, un Sauveur vous est né, qui est le Christ Seigneur» (Lc 2, 10-11). Tel fut, la nuit de Noël, le message de l'Ange aux bergers!

On pouvait se sauver avant la venue de Jésus. C'était l'anticipation de la rédemption qu'obtiendrait le Seigneur. Les hommes et les femmes profitaient d'avance du salut opéré par la croix.

Mais Jésus vint! Le Sauveur! L'Amoureux!

Il a fait des folies d'amour, jusqu'à donner sa vie pour nous. Pas de plus grande preuve d'amour n'était possible (Jn 15, 13)!

Il est retourné à son Père. Il ne nous a pas laissés orphelins. Il a voulu continuer sa présence dans son Église. Il répète ses paroles d'amour et il refait ses gestes de salut dans les sacrements. Il pardonne! Il se donne dans l'Eucharistie!

Comment dire que c'était aussi facile de se sauver avant sa venue? Comment laisser entendre que sa naissance et sa mort ne sont pas nécessaires?

C'est triste de constater que des chrétiens ne voient les sacrements que comme des obligations alors qu'ils sont des gestes de présence et d'amour. S'il y a obligation, c'est parce qu'on ne peut en bonne foi refuser des cadeaux si précieux et nécessaires.

Pour nourrir notre charité, quelle force de nous approcher de Jésus!

Un Sauveur nous est né. L'histoire de l'humanité n'est plus la même. En nos coeurs bat l'espérance car, depuis Jésus, nous savons avec certitude que Dieu nous aime. Notre vie en est transformée.

QUE VEUT DIRE: «IL EST DESCENDU AUX ENFERS»?

* * *

Nous disons que Jésus ... «a été crucifié, est mort, est descendu aux enfers. Le troisième jour, il est ressuscité des morts...». Saint Pierre mentionne que le Christ, après sa mort, «s'en alla même prêcher aux esprits en prison» (I P 3, 19).

Le mot «enfers» signifie ici ce qui s'appelle le Shéol en hébreu, ce que Jésus désigne comme «le sein d'Abraham» (Lc 16, 22). C'est le séjour des morts. Les justes y attendaient la venue de Jésus pour commencer à jouir de la vision béatifique.

LE FAIT D'ÊTRE NON PRATIQUANT EST-IL UN ABANDON DE LA FOI?

Qu'est-ce donc que la foi?

* * *

Comment définir ma foi de chrétien catholique? De ma réponse, juste ou fausse, dépend ma façon de bâtir ma vie chrétienne.

Je sais bien que la foi est un don de Dieu, mais ce don précieux m'est confié comme un talent à faire fructifier. J'ai reçu ce cadeau de la foi à mon baptême, et le témoignage tout simple de mes parents et éducateurs l'a enrichi à travers les années.

Je vois des chrétiens et des chrétiennes dont la foi se limite à des connaissances qui meublent leur esprit sans changer leur vie; ils n'ont pas fait une vraie rencontre avec Jésus Christ. Je vois d'autres chrétiens qui, dans l'Église, dans tel Mouvement, ou même dans telle secte, ont fait une expérience religieuse profonde, ont découvert Jésus, se sont donnés à lui. Une fois l'expérience refroidie, certains sont retombés dans l'ornière de la médiocrité, faute d'enseignement.

Ma foi catholique consiste à accepter Jésus Christ dans ma vie, avec tout mon être, avec mon intelligence et avec mon coeur. Je chercherai à le mieux connaître dans cette Église qu'il a fondée; je chercherai à mieux l'aimer et à le servir. Ma foi sera la lumière de ma vie.

Si je ne pratique pas, ma foi ne sera pas morte pour autant. Elle sera affaiblie et s'affaiblira. Dieu dans sa bonté, espérons-le, verra à remuer les cendres, ravivra le feu et la flamme s'élèvera.

Je traverserai des épreuves qui ébranleront ma foi, qui pourront susciter en moi une crise de foi. Comme sous l'effet du vent la flamme vacille. Ce sera un tournant de ma foi. Il en résultera souvent une foi plus forte. Tel deuil, telle maladie, tel échec, éprouvent notre foi.

Gardons bien vivante notre foi catholique! C'est le grand don de Dieu. Sachons la préserver de la corruption. Pour beaucoup de catholiques non pratiquants, la foi n'est pas morte; elle est anémiée. Souvent, elle est polluée d'une doctrine douteuse présentée par des livres ou des émissions religieuses.

Il y a des âges de la foi, celle d'une enfance sentimentale, à l'affût de consolations; celle de l'adolescence radicale, qui critique l'autorité et se montre avide d'indépendance; celle du jeune adulte hyperactif; celle du chrétien et de la chrétienne qui s'ouvrent à l'Esprit dans une maturité sereine, porteuse de bons fruits.

Cette foi, nous nous devons de la nourrir! La pratique religieuse nous en fait vivre.

JE SENS QUE JE SUIS EN TRAIN DE PERDRE LA FOI, C'EST EFFRAYANT!

Que faire pour la garder?

* * *

La foi ne se perd pas facilement. Elle peut passer par des crises et rebondir plus forte que jamais. Les épreuves ébranlent notre foi en Dieu, en sa bonté, mais nous procurent souvent une maturité que nous n'avions pas prévue.

Dieu émonde l'arbre qui perd alors de ses feuilles. Il fait reposer le bulbe pour qu'il prenne vie nouvelle. Et nous, qui ne sommes pas des jardiniers comme lui, nous nous inquiétons...

La foi passe par l'étape des racines, sort de terre, grandit plus ou moins rapidement, pousse une tige qui, parfois, s'étiole, ne produit ordinairement des fruits qu'après une période plus ou moins longue de feuillage.

Les chrétiens et chrétiennes que je rencontre ont la foi rendue à des stages différents. Tous les stages sont beaux pourvu que la plante de la foi continue sa croissance jusqu'à maturité, jusqu'aux fruits savoureux.

Je les écoute parler de leur foi. Il y en a trop qui critiquent la foi de leur enfance, l'éducation chrétienne reçue. Ils me semblent mépriser leurs racines. Pourtant, ils ne seraient pas des tiges chrétiennes sans elles... Ils réagissent contre la formation du passé. Ils voudraient avoir été des adultes dans la foi toute leur vie.

Un enfant ne s'éduque pas comme un adulte! C'est la pédagogie élémentaire qui le rappelle. Un enfant se fait dire quoi faire avant que ne se cultive son raisonnement. Ses parents lui expliquent tout au fur et à mesure que croît son intelligence. Ne critiquons pas la foi de notre enfance.

Nos parents ont fait de leur mieux. Les parents d'aujourd'hui, s'ils sont consciencieux, font eux-mêmes leur possible pour transmettre leur foi. Dieu agit à travers leurs limites. Trop d'enfants souffrent de ce que papa et maman ne les nourrissent pas de Dieu, ne les accompagnent pas aux sacrements ou n'attachent pas d'intérêt à leur catéchèse.

Préservez votre foi si vous la sentez menacée. Il y a des bactéries et des microbes dans l'air: l'immoralité qui ébranle la foi; certains programmes télévisés qui ridiculisent les valeurs surnaturelles; des sectes qui polluent la foi.

Rendez forte votre foi par la nourriture saine d'une prière quotidienne alimentée de la Parole de Dieu. Fortifiez-la par les sacrements de réconciliation et d'Eucharistie. Étayez-la dans une communauté chrétienne paroissiale où vous pouvez vous engager. Prenez le tonique d'une retraite ou d'une fin de semaine de renouveau spirituel.

L'Église est un sol fertile pour votre foi. Le malheur, c'est quand on la déracine.

C'EST QUOI ÊTRE CHRÉTIEN?

Est-ce aller à l'église?

* * *

Oui, c'est aller à l'église... Mais, c'est plus que le geste extérieur d'aller à l'église!

Être chrétien, c'est accepter Jésus Christ dans sa vie. Accepter son message intégral et authentique, l'aimer de tout son coeur, et l'imiter.

Être chrétien, c'est vivre le grand commandement de l'amour de Dieu et du prochain. Par notre charité, nous prouverons que nous sommes les disciples de Jésus (Jn 13, 35).

Être chrétien, c'est nous unir à nos frères et soeurs, dans cette grande famille voulue par Jésus et qui s'appelle l'Église. Une Église que l'Écriture Sainte appelle le Corps du Christ. Une Église humaine et pécheresse parce que composée de vous et de moi. Une

Église divine et sainte parce qu'animée par l'Esprit Saint, une Église dont Jésus est la Tête (Col 1, 18).

Une Église où nous pouvons nous nourrir des sacrements, signes efficaces de l'amour de Dieu.

Être chrétien et catholique, c'est chercher à revêtir le Christ. C'est pouvoir dire un jour: «Ce n'est plus moi qui vis, mais le Christ qui vit en moi» (Ga 2, 20).

FOI POPULAIRE ET FOI SAVANTE...

De quoi s'agit-il?

* * *

De façon globale, nous pouvons dire que la foi populaire part de la vie, tandis que la foi savante, plus officielle, part de la doctrine. Cependant, il ne faut pas caricaturer et durcir cette affirmation.

La religion populaire existe chez tous les peuples. Elle surgit de la vie, des événements marquants de la vie, comme la naissance, le mariage, la mort. Elle célèbre la vie, aime la fête et le rassemblement.

Je vois beaucoup de chrétiens de foi populaire qui aiment prier, célébrer le Seigneur, l'implorer dans leurs besoins, se fier à sa Providence, se réunir pour fêter et célébrer divers événements. Ces chrétiens nourrissent leur foi dans la prière à Jésus, mais aussi dans les dévotions, les pèlerinages, l'utilisation d'objets pieux. Peut-être est-il possible de caractériser ainsi leur foi populaire, leur piété populaire, leur religion populaire.

D'autres, de foi «savante», attachent plus d'importance à une foi purifiée de tout élément qui leur semble trop humain, secondaire et même superstitieux. Ils s'attachent à Jésus Christ, à l'éducation de la foi, à la liturgie, à une identification doctrinale.

Je crois que ces deux approches sont complémentaires et peuvent s'enrichir mutuellement. N'est-ce pas là l'opinion des Papes?

Le danger, pour qui s'inspire d'une religion populaire, c'est de se centrer sur le moi, sur les émotions, sur le «feeling» plutôt que sur la révélation de Dieu. La croissance de la vie spirituelle ne consiste pas à se sentir tout feu et flamme; elle n'est pas une question de sentiments, mais de foi.

Il serait malheureux que la foi populaire ne s'ancre pas dans une doctrine solide et qu'elle demeure sujette à des aberrations et des pratiques superstitieuses ou folkloriques.

Il serait également malheureux que la foi dite savante, celle des gens instruits, tende à devenir élitiste, voire pharisaïque, et méprise la foi du peuple de Dieu.

«La religiosité populaire..., si elle est bien orientée, surtout par une pédagogie d'évangélisation, est riche de valeurs. Elle traduit une soif de Dieu que seuls les simples et les pauvres peuvent connaître. Elle rend capable de générosité et de sacrifice jusqu'à l'héroïsme, lorsqu'il s'agit de manifester la foi...» (Paul VI, E.N., 48).

«La qualification de 'populaire'... a pu susciter la méfiance d'une élite savante et croyante, et même de pasteurs zélés; mais elle a par ailleurs l'avantage de caractériser une foi enracinée profondément dans une culture précise, nouée aux fibres du coeur autant qu'aux idées, et surtout partagée largement par tout un peuple» (Jean-Paul II).

D'autre part, beaucoup de catholiques bien intentionnés négligent la religion «savante», et c'est triste. Ils s'égarent souvent, faute de doctrine. Ils se joignent à des sectes qui accentuent les sentiments au détriment de la vraie foi.

Vive la foi «savante» et vive la foi «populaire» en ce qu'elles ont de bon! Elles s'enrichissent mutuellement.

NOUS SOMMES LOIN DE TRANSPORTER LES MONTAGNES

Dans la Bible, il est écrit: «Si vous avez de la foi comme un grain de sénevé, vous direz à cette montagne: Déplace-toi d'ici, et elle se déplacera, et rien ne vous sera impossible» (Mt 17, 20; 21, 21). Il faut croire que nous n'avons pas beaucoup de foi, car un grain de sénevé, c'est petit...

* * *

En guise de réponse, je vous cite saint Cyrille de Jérusalem, l'un des Pères de l'Église, c'est-à-dire un saint des premiers siècles qui s'est illustré par sa doctrine. Il parle de la foi qui concerne les dogmes; il parle aussi de la foi qui cause des prodiges .

«La foi est une,» écrit-il, « mais elle est d'un double genre. *Il y a la foi qui concerne les dogmes*; elle est la connaissance et l'assentiment de l'intelligence à la vérité révélée. Cette foi est nécessaire au salut, selon ce qu'enseigne le Seigneur: 'Celui qui écoute ma parole et croit à Celui qui m'a envoyé, a la vie éternelle et évitera le jugement' (Jn 5, 24). Et encore: 'Celui qui croit au Fils n'est pas jugé, mais passe de la mort à la vie' (Jn 3, 18. 24).

Il est un autre genre de foi, elle aussi don du Christ. En effet, il est écrit: 'À l'un est donné de la part de l'Esprit le langage de la sagesse; à un autre, par le même Esprit, le langage de la science; à un autre par l'intermédiaire du même Esprit la foi; à un autre le don de guérir' (I Co 12, 8-9). Alors, cette foi reçue de l'Esprit comme un don ne concerne pas uniquement les dogmes, mais elle est aussi *cause de prodiges* qui surpassent toutes les forces de l'homme. Celui qui possède une telle foi peut dire à cette montagne: 'Pose-toi d'ici à là, et elle se déplacera' (Mt 17, 20). Si, vraiment, quelqu'un, sans douter intérieurement, dit cette parole dans la foi, croyant que cela arrivera, alors il reçoit cette grâce.

C'est de cette foi dont il est question quand il est dit: 'Si vous aviez la foi comme un grain de moutarde', etc. (Mt 17, 20)...

Aie donc cette foi qui dépend de toi et se rapporte à Dieu. Il peut aussi te donner cette foi qui opérera au-delà des forces humaines».

PEUT-ON CACHER SA FOI?

Peut-on, en toute conscience, cacher sa foi dans le seul but de ne pas s'attirer des ennuis?

* * *

Nous lisons dans saint Marc: «Celui qui aura rougi de moi et de mes paroles dans cette génération adultère et pécheresse, le Fils de l'homme aussi rougira de lui, quand il viendra dans la gloire» (8, 38). De même en saint Luc (9, 26; 12, 9).

En saint Matthieu, nous voyons le Seigneur déclarer: «Celui qui m'aura renié devant les hommes, à mon tour je le renierai devant mon Père qui est dans les cieux». Il encourage ceux et celles qui se prononcent en sa faveur: «Quiconque se déclarera pour moi devant les hommes, moi aussi je me déclarerai pour lui devant mon Père qui est dans les cieux» (10, 32-33).

Cet enseignement de Jésus me semble fort clair. Trop de chrétiens cachent leur drapeau chrétien, je veux dire leur foi. Dans un monde froid, indifférent, de moeurs faciles, ils redoutent le ridicule. Ils ne seront pas des martyrs de leur foi... Ils ne sont plus des témoins de Jésus. Ils n'ont plus l'audace de leur foi, souvent parce que cette foi n'est plus nourrie de la vie de l'Église et des sacrements, parce qu'ils ne sont plus soutenus par une communauté de foi. Ils ne savent plus comment préciser et énoncer leur foi.

Je ne veux pas dire qu'il faille agir avec un zèle intempestif, sans jugement ni discernement. Parfois, la foi doit demeurer plus discrète.

À ceux qui vivent dans les ténèbres, la confusion et le désespoir, il faut dire Jésus Christ par notre vie et nos paroles. C'est par le témoignage que se transmet la foi.

NOUS QUI AVONS LA FOI, NE SOMMES-NOUS PAS DÉFAVORISÉS?

Il y a des personnes qui sont riches, vivent dans la débauche et semblent heureux.

* * *

Tout semble réussir à certaines gens qui vivent en marge des lois de Dieu. N'est-ce pas trompeur si l'on prend au sérieux le message du Christ? Pensons à Lazare et au mauvais riche (Lc 16, 19-31). Pensons aussi au jugement dernier dont parle Jésus (Mt 25, 31ss).

Jésus le déclare: «Malheur à vous, les riches! car vous avez votre consolation» (Lc 6, 24). Il y a des personnes qui paraissent réussir à merveille, même si elles offensent les lois du Seigneur.

Jésus dit aussi: «Heureux les affligés, car ils seront consolés» (Mt 5, 5). Il y a des gens défavorisés, alors qu'ils se conforment à la volonté du Seigneur.

Nous lisons dans l'Écriture Sainte: Quant à vous, «vous avez accepté avec joie la spoliation de vos biens, sachant que vous étiez en possession d'une richesse meilleure et stable. Ne perdez donc pas votre assurance; elle a une grande et juste récompense» (He 10, 34-35). Cette parole de la Bible nous encourage à demeurer fidèles au Seigneur, même s'il faut en souffrir sur terre, même s'il faut renoncer à certains biens des sens.

Méditons ces paroles de la Bible: «Ce que l'on sème, on le récolte: qui sème dans sa chair, récoltera de la chair la corruption; qui sème dans l'esprit, récoltera de l'esprit la vie éternelle. Ne nous lassons pas de faire le bien; en son temps viendra la récolte, si nous ne nous relâchons pas» (Ga 6, 7-9).

CHRÉTIEN... CATHOLIQUE... EST-CE PAREIL?

* * *

Au cours des siècles, les chrétiens, disciples du Christ, se sont tristement divisés. Ce furent d'abord certaines Églises orientales, celles des Nestoriens et des Monophysites, etc., puis celles des Orthodoxes. Au 16e siècle, les Protestants et les Anglicans se détachèrent de l'Église de Rome. Dans la suite, sectes et nouvelles religions se multiplièrent. Presque tous leurs membres se réclament de Jésus Christ et se disent chrétiens.

Aujourd'hui, les principaux groupes de chrétiens sont les Catholiques, les Orthodoxes, les Protestants et les Anglicans... Il y a une infinité de sectes, la plupart issues de la Réforme protestante.

Il est évident que les Catholiques sont des chrétiens. Les Catholiques se distinguent des autres chrétiens par l'union à leurs pasteurs unis au Pape, et par d'autres points doctrinaux touchant la Bible et la Tradition, l'Eucharistie et les autres sacrements, la dévotion à la Vierge Marie, etc.

QUI SERA SAUVÉ?

Seront-ils sauvés ceux qui sont morts sans baptême? Ceux qui se sont suicidés? Ceux qui ne viennent pas à la messe? Ceux qui appartiennent à une autre religion que la religion catholique?

* * *

La question du salut préoccupe tous ceux qui songent sérieusement à la vie éternelle. Saint Augustin, saint François de Sales, Luther et tant d'autres, ont connu temporairement une certaine angoisse en se questionnant sur leur avenir éternel. Voici ma réponse aux questions posées:

- Dieu veut sauver tous les humains qu'il a créés. - Il est mort pour le salut de tous. - Il donne à tous la grâce nécessaire pour le salut.

Ce sont là des vérités bibliques fondamentales et consolantes.

Vous me parlez des enfants morts sans baptême... Tout en nous souvenant de l'enseignement de Jésus sur la nécessité du baptême, croyons à l'amour multiforme de Dieu et à son infinie miséricorde. Je ne veux pas minimiser l'importance de ce baptême qui nous fait participer à la vie du Seigneur mort et ressuscité, et nous fait enfants de Dieu. Je crois aussi que notre Dieu aimant peut remédier à des situations involontaires.

Nous savons aussi que le Seigneur est le seul Maître de la vie, qu'il est défendu de tuer et donc aussi de se suicider (Ex 20, 1 3; Dt 5, 17). Les personnes qui se suicident sont-elles toujours conscientes de la gravité de leur acte? Jouissent-elles d'une volonté libre quand elles succombent sous le poids de la souffrance? À Dieu de juger dans sa miséricorde! À nous de conserver l'espoir et de prier pour elles!

Et pour ce qui est de la messe... Le jour où nous comprendrons la grandeur de cette prière de Jésus, de cette prière avec Jésus, de ce sacrifice et de ce banquet, ce ne sera plus une obligation astreignante d'y participer; ce sera un moment de joie et de foi vécue. Les personnes qui ne s'unissent pas à la messe dominicale ne seront peut-être pas damnées pour autant, mais elles perdent de grandes richesses pour leur vie spirituelle.

Tous ceux et celles qui agissent de bonne foi, qui font leur possible pour vivre selon les dictées de leur conscience, d'une conscience qu'ils s'efforcent d'éclairer, seront sauvés grâce au salut obtenu par Jésus Christ.

Il y a de telles personnes dans toutes les religions.

Il n'en demeure pas moins vrai que nous, chrétiens catholiques, nous sommes privilégiés d'appartenir à la vraie religion, à celle qui remonte au Christ Jésus, qui possède en elle la révélation complète du Seigneur Dieu, la doctrine vraie et authentique, des pasteurs mandatés par Jésus, les sacrements de salut, en particulier la Réconciliation et l'Eucharistie, l'amour pour la Vierge Marie, etc.

L'ON ME DEMANDE: «ES-TU SAUVÉ?»

Sommes-nous assurés de notre salut?

* * *

C'est Dieu qui nous sauve (2 Tm 1, 9). Sa grâce est source de salut pour tous (Tt 2, 11).

Le Seigneur Jésus est mort pour le salut de tous. Il n'est de salut en aucun autre (Ac 4, 12). Il nous a sauvés par sa mort et sa résurrection. Il est venu chercher et sauver ce qui était perdu (Lc 19, 10).

«Celui qui croira et sera baptisé sera sauvé» (Mc 16, 16). Celui qui croit en Jésus a la vie éternelle (Jn 3, 16).

Un Catholique peut affirmer qu'il est sauvé... Mais il ne le dira pas à la façon de quelques sectes religieuses.

Un Catholique peut dire qu'il est sauvé par Jésus Christ. Est-ce à dire qu'il ira nécessairement au ciel au moment de sa mort? Non! Car, pour jouir du salut obtenu par Jésus, il doit vivre en disciple de Jésus, en vrai chrétien. «Car notre salut est objet d'espérance», dit saint Paul (Rm 8, 24).

Le grand Apôtre nous presse de conformer notre vie à l'évangile: «Menez une vie digne de l'Évangile du Christ..., tenez ferme..., c'est là pour vous un présage certain du salut» (Ph 1, 27-28). «Travaillez avec crainte et tremblement à accomplir votre salut» (Ph 2, 12)

Il y a des conditions pour obtenir le salut. Il faut perdre sa vie à cause du Christ (Mc 8, 35). Il faut observer les commandements pour obtenir la vie éternelle (Mc 10, 17-19). Il faut nous tenir sur nos gardes, de peur que nos coeurs ne s'appesantissent dans la débauche, l'ivrognerie, les soucis de la vie (Lc 21, 34-36).

Tenons ferme... Jésus nous dit: «C'est par votre constance que vous sauverez vos vies!» (Lc 21, 19).

Sauvés par Jésus, oui, nous le sommes! Mais, gardons ses commandements (Jn 14, 15). Jésus nous offre le salut, mais il nous laisse libres de l'accueillir ou non. Il frappe à la porte de notre coeur. À nous de lui ouvrir (Ap 3, 20)!

IL SUFFIT D'ÊTRE BON!

Il n'est pas rare d'entendre dire de la part de beaucoup de gens qu'il suffit d'être bon, ... que le bon Dieu ne nous en demande pas tant, ... que nous serons sauvés... Alors, pourquoi pratiquer la religion avec ses formes plutôt dépassées?

* * *

Il est vrai que la mort et la résurrection de Jésus suffisent pour nous procurer le salut. Il fut «livré pour nos fautes et ressuscité pour notre justification» (Rm 4, 25). Béni soit Dieu, notre Père! «Il nous a engendrés de nouveau par la résurrection de Jésus Christ d'entre les morts» (I P 1, 3).

Il serait insensé de conclure qu'il nous est désormais permis de vivre en païen, tout en profitant d'un salut obtenu par le Sang du Christ. Ce serait abuser de la foi et agir contrairement à l'enseignement de toute l'Écriture.

Oui, le Christ nous a rappelé les commandements. Il nous a tracé une route à suivre, un chemin étroit dans lequel nous devons nous engager. Car «large et spacieux est le chemin qui mène à la perdition, et il en est beaucoup qui s'y engagent», affirme-t-il (Mt 7, 13). Il a institué le sacrement du pardon pour que, s'il le faut, nous reprenions le bon chemin.

D'une religion à saveur janséniste, il y a glissement vers une religion dite «à la carte», une religion-buffet, une religion où chacun choisit ce qui lui plaît et rejette ce qui requiert effort, maîtrise de soi et vertu.

Plusieurs se perdront-ils sur l'autoroute où ils roulent à grande vitesse et sans savoir où elle mène?

Quoi qu'il en soit, il est triste de constater que tant de souffrances de Jésus ne poussent pas tous les chrétiens et chrétiennes à un amour véritable, à la ferveur de la vie chrétienne.

L'amour de Dieu n'est pas connu. Trop de coeurs demeurent froids.

LA CONSCIENCE ET LES LOIS... QUE FAUT-IL CHOISIR?

Lorsqu'on commet une faute aux yeux de l'Église, alors que selon sa conscience cela n'est pas un péché, qu'est-ce qui l'emporte?

Lorsque Dieu nous jugera, de quoi tiendra-t-il compte? De ses lois ou de notre conscience?

* * *

L'être humain contemporain est très chatouilleux quand il s'agit de sa liberté, et donc du libre choix de sa conscience. Il rejette toute entrave à ce qu'il considère ses droits personnels. Il veut prendre lui-même les décisions qui le concernent.

L'Église insiste sur le droit à la liberté religieuse, dans le respect du bien commun. En matière religieuse, nul ne peut être forcé d'agir contre sa conscience (Vatican II, La liberté religieuse, 2).

Nous serons jugés à la lumière de notre conscience. C'est pourquoi il nous faut faire des «examens de conscience».

Cette conscience, nous devons l'éclairer et la former.

Déjà, par sa raison, l'être humain «connaît la voix de Dieu qui le presse d'accomplir le bien et d'éviter le mal. Chacun est tenu de suivre cette loi qui résonne dans la conscience» (Can. 1706).

«En tout ce qu'il dit et fait, l'homme est tenu de suivre fidèlement ce qu'il sait être juste et droit. C'est par le jugement de sa conscience que l'homme perçoit et reconnaît les prescriptions de la loi divine» (Can. 1778).

Notre conscience peut se replier dans un certain égoïsme. Comment éclairer sa conscience, voir à la rectitude de sa conscience, sans l'informer, face aux influences négatives et aux tentations du péché?

Pour éclairer sa conscience, il faut recourir à la Parole de Dieu, à sa Loi.

Cette Loi du Seigneur est résumée dans les dix commandements de Dieu. Ces commandements sont à la portée de la connaissance naturelle; mais leur révélation confirme leur nécessité.

Et puis, il y a la Loi nouvelle, la Loi évangélique, la Loi du Nouveau Testament; elle révèle à la perfection la loi naturelle et la loi divine.

De plus, il y a l'enseignement de l'Église fondée par le Christ.

L'ignorance, si elle n'est pas volontaire, diminue la gravité du péché ou même l'enlève. Mais il y a une lumière dans toute conscience qu'il ne faut pas éteindre; si on le fait, l'ignorance devient volontaire.

Il ne devrait pas y avoir de contradiction entre les lois de Dieu, celles de l'Église, et les dictées de notre conscience libre et éclairée. Nous ne devrions pas avoir à choisir entre loi morale et conscience.

Pour une réponse complète à cette question, lisons l'encyclique de Jean-Paul II, en date du 6 août 1993: «La splendeur de la vérité».

«Une conception outrancière de l'autonomie de la liberté l'exalte au point d'en faire un absolu, hors de toute dépendance par rapport à la vérité».

«Il convient que l'homme d'aujourd'hui se tourne de nouveau vers le Christ pour recevoir de lui la réponse sur ce qui est bien et sur ce qui est mal» (l.c., 8).

Comme dit saint Paul, il ne faut pas nous modeler sur le monde présent (Rm 12, 2).

Il y a une «vraie» liberté. «Vous connaîtrez la vérité», dit Jésus, «et la vérité vous libérera» (Jn 8, 32). «La loi de Dieu n'atténue donc pas la liberté de l'homme et encore moins ne l'élimine» (l.c., 35).

«Pour avoir une 'bonne conscience', l'homme doit chercher la vérité et juger selon cette vérité».

Par sa doctrine, le Christ «nous a libérés pour que nous restions libres» (Ga 5, 1).

Ne faut-il pas, d'abord et surtout, aimer le Seigneur, nous approcher de lui dans la prière?

LES OEUVRES NE COMPTENT PAS POUR LE SALUT...

Certains non-catholiques affirment que les oeuvres ne comptent pas pour le salut, mais seulement la foi en Jésus Christ. Que font-ils du texte sur le jugement: «J'avais faim, et tu m'as donné à manger...», etc. ?

* * *

Catholiques, Orthodoxes, Protestants et Anglicans, nous nous inspirons de la Parole de Dieu, et nous attachons une importance primordiale à la foi en Jésus Christ.

Dès le début du Protestantisme, au temps de Luther et de Calvin, a surgi le problème du salut qui nous vient de la foi. Luther a trouvé réconfort dans le texte de saint Paul aux Romains, au chapitre 8.

Comme vous le laissez entendre, nous, Catholiques, croyons à la nécessité des bonnes oeuvres. Car, et c'est saint Jacques qui l'affirme, la foi, «si elle n'a pas les oeuvres, elle est tout à fait morte» (2, 17).

Ce qui ne veut pas dire que nos frères et soeurs séparés ne produisent pas de bonnes oeuvres. Qu'on pense à l'Armée du Salut, etc.

Le texte que vous mentionnez est une preuve que nous nous devons d'agir en chrétiens et en chrétiennes. C'est un extrait du discours eschatologique, alors que le Seigneur nous parle du jugement dernier (Mt 25, 31ss).

Le salut me vient de ma foi en Jésus Christ. Jésus m'a sauvé. Mais je ne pourrai profiter du salut que me procure le Seigneur si je n'agis pas en enfant de Dieu.

En d'autres mots, mes actions doivent être conformes à l'enseignement de l'évangile. Je dois produire de bons fruits (Mt 3, 10) .

DIEU CONDAMNE-T-IL CELUI QUI LE RENIE DANS LA TORTURE?

Jésus dit dans l'évangile: «Celui qui m'aura renié devant les hommes, à mon tour je le renierai devant mon Père qui est dans les cieux» (Mt 10, 33). Des millions de personnes ont pris cette parole au sérieux, elles ont souffert la prison et la torture pour ne pas renier le Christ.

Ma question est celle-ci: «Est-ce que Dieu peut condamner au malheur éternel un être humain qui l'aurait servi et aimé de son mieux, simplement parce qu'à bout de souffrances et de tortures, il renoncerait à lui publiquement, même si, dans son coeur, ce n'est pas ce qu'il désire?»

Qui nous dit que nous ne serons jamais dans une telle situation?

* * *

Rien ne laisse prévoir de tels malheurs. Le danger est plus grand de céder au respect humain et à la vie facile et, ainsi, de renier en pratique le Seigneur Dieu.

Au moment de la souffrance et de la mort, quand surgissent les persécutions, le Seigneur soutient ses fidèles. Notre foi nous le rappelle: «Lorsqu'on vous conduira devant les synagogues, les magistrats et les autorités, ne cherchez pas avec inquiétude comment vous défendre ou que dire, car le Saint-Esprit vous enseignera à cette heure même ce qu'il faut dire» (Lc 12, 11-12).

Nous en avons comme preuve cette phalange de martyrs de tous les siècles, hommes et femmes, même de jeunes enfants.

Si, cependant, la torture fait perdre la lucidité de la raison ou détruit la volonté, il n'y a pas de reniement volontaire de Dieu. Ce peut être le cas, surtout lorsque la torture mentale s'ajoute à la torture physique, parfois avec des drogues hallucinogènes qui provoquent des désordres psychiatriques.

Encore une fois, prévaut ce danger plus subtil, celui de renier Jésus Christ pour plaire au monde païen, pour se conformer à une société qui se moque de la religion.

DANS LA BIBLE, DIEU EST PARFOIS ASSEZ SÉVÈRE

Nos prêtres disent que Dieu est amour et miséricorde. Si on lit la Bible, on s'aperçoit que Dieu est, parfois, assez sévère. Je pense à Sodome et Gomorrhe, et aux gens du temps de Noé.

* * *

Dieu instruisait le peuple choisi et le tirait du paganisme ambiant. C'était le début d'un long cheminement pédagogique avec un peuple à la nuque raide (Bar 2, 30), toujours prêt à se fabriquer un veau d'or et à retourner à ses idoles. Il faut donc lire l'Ancien Testament en nous rappelant que le peuple élu commençait à connaître Yahvé.

Jésus Christ nous a appris à mieux comprendre Dieu, sa bonté, son amour. Il est un Père aimant, nous dira Jésus.

Depuis un certain nombre d'années, les chrétiens mettent l'accent sur la tendresse de Dieu, plus que sur sa grandeur et sa justice. Nous le voyons dans la nouvelle catéchèse et les courants spirituels modernes.

Il faut prendre conscience de la majesté et de la perfection de Dieu. Nous pouvons alors le respecter, non comme notre égal, mais comme notre Créateur et Sauveur, comme notre Dieu et Père. Dans sa sainteté, Dieu ne peut tolérer le mal, et c'est ce que nous fait comprendre la Bible. Pour nous sauver, il nous corrige au besoin. «Yahvé reprend celui qu'il aime, comme un père le fils qu'il chérit» (Pr 3, 12). «Il châtie et il pardonne» (Tb 13, 2). «Il ne nous traite pas selon nos fautes» (Ps 103, 10).

Saint Jean le dit explicitement: «Dieu est amour» (I Jn 4, 8). Il est aussi miséricorde (Dt 4, 31).

Il veut que nous le connaissions comme un Dieu de tendresse. En Jésus, il s'est révélé un Dieu de compassion. Écoutons ce qu'il nous dit dans la Bible: «Revenez à Yahvé votre Dieu, car il est tendresse et pitié, lent à la colère, riche en grâce» (Jl 2, 13).

Comprendre son amour infini pour nous, c'est l'aimer de tout notre coeur. Et, comme l'écrit saint Jean: «Il n'y a pas de crainte dans l'amour» (I Jn 4, 18).

DOIS-JE CRAINDRE LA JUSTICE OU ESPÉRER LA MISÉRICORDE?

Dans la lecture de la Parole de Dieu, j'ai toujours été impressionné par certains contrastes, d'une part la sévérité du maître à l'égard du serviteur qui n'a pas su faire fructifier les talents reçus; d'autre part, l'accueil miséricordieux du père à l'égard de son enfant prodigue...

À la fin de ma vie, devrai-je craindre la rencontre d'un juge sévère ou vibrer d'une espérance joyeuse?

* * *

Jésus a prêché les exigences radicales à qui veut le suivre... Il faut porter sa croix chaque jour et s'engager sur la voie étroite (Mt 16, 24; 7, 13-14).

Dans la pratique, il s'est montré miséricordieux. Il est venu pour les malades et les pécheurs (Mt 9, 12-13). Il y eut la femme adultère, la samaritaine, Zachée, Pierre, le bon larron...

Si vous aimez Jésus, observez ses commandements (Jn 14, 15). Au moment de la mort, votre seul regret sera de ne pas l'avoir aimé autant que vous pouviez.

Nous sommes tous pécheurs. Soyons des pécheurs repentants. Si nous le sommes, aujourd'hui et au moment de la mort, que l'espérance joyeuse nous envahisse! L'amour sauveur de Jésus est infiniment plus grand que tous nos péchés!

Je vous invite à lire le psaume 103 (102).

UNE PERSONNE M'AFFIRME QUE DIEU NE JUGE PAS

Pourtant, nous serons jugés après notre mort et nous l'affirmons dans le «Je crois en Dieu».

* * *

Il faut comprendre chaque passage de la Bible à la lumière de toute la Bible, dans son contexte, avec intelligence.

L'Écriture Sainte parle souvent de jugement. Elle nous enseigne que Dieu est Juge de la terre. «Le Seigneur jugera son peuple» (He 10, 30). Dieu a constitué le Christ Juge des vivants et des morts (Ac 10, 42). Il est le juste Juge (2 Tm 4, 8).

Pourtant, nous savons que le Christ est venu nous sauver, non nous juger. «Moi, je ne juge personne; et s'il m'arrive de juger, moi, mon jugement est selon la vérité», déclare-t-il (Jn 8, 16). «Si quelqu'un entend mes paroles et ne les garde pas, je ne le juge pas, car je ne suis pas venu pour juger le monde, mais pour sauver le monde. Qui me rejette et n'accueille pas mes paroles a son juge: la parole que j'ai fait entendre, c'est elle qui le jugera au dernier jour» (Jn 12, 47-48).

Ceux qui refusent d'accueillir le salut de Jésus se condamnent eux-mêmes. Il y aura un jugement dernier et universel quand le Christ reviendra (Mt 13, passim; 25, 31ss). «Dieu fait maintenant savoir aux hommes d'avoir tous et partout à se repentir, parce qu'il a fixé un jour pour juger l'univers avec justice» (Ac 17, 30-31). Le Christ Jésus jugera les vivants et les morts (2 Tm 4, 1).

Il sera un Juge de bonté. N'est-il pas venu pour sauver les pécheurs (Mt 9, 13)? Sa miséricorde est éternelle et s'étend d'âge en âge sur ceux qui le craignent (Lc 1, 50).

COMMENT RECONNAÎTRE LES BONS LIVRES RELIGIEUX?

Pouvons-nous lire tout livre religieux? Que suggérez-vous?

* * *

Pour nourrir votre corps, prendrez-vous n'importe quelle sorte de nourriture? Prendrez-vous des aliments contaminés? Mangerez-vous des légumes trop arrosés d'insecticides cancérigènes? Pour amincir votre «ligne», peut-être surveillerez-vous le nombre de calories de certaines denrées. Vos repas, de plus, ne seront pas composés uniquement de pâtisseries.

Un bon livre, tout comme un bon programme télévisé, est un ami; choisissons nos meilleurs amis...

Il y a d'abord la Bible, surtout le Nouveau Testament. Il y a également les livres écrits par des saints et des saintes. Les biographies de saints et de saintes sont aussi à conseiller; c'est l'évangile vécu!

Qu'il y ait dans votre foyer une revue catholique ou un journal catholique. Ils vous renseigneront sur votre foi, la vie de l'Église, et répondront à vos questions.

Peut-être qu'à votre insu, vos enfants, vos adolescents et adolescentes, liront une page ou l'autre pour leur plus grand bien.

Pour connaître la qualité de ces livres religieux, il est possible que vous trouviez, au début du livre, l'approbation de l'Église, l'imprimatur des autorités religieuses.

Il existe des cas où tout n'est pas blanc ou noir; nous affrontons des zones grises. Tel livre est-il bon à lire? Son message est-il vraiment chrétien et catholique?

Beaucoup de livres mélangent des aperçus orthodoxes avec des opinions tendancieuses et même des erreurs doctrinales.

Un premier discernement peut s'exercer en achetant nos livres religieux dans une librairie catholique.

Nous pouvons aussi consulter un conseiller chrétien, peut-être le libraire lui-même.

Que chacun de nous sache discerner en comparant la doctrine présentée dans le livre avec la vérité de l'évangile et l'enseignement du Pape et des évêques.

COMMENT DISCERNER SI C'EST UNE BIBLE CATHOLIQUE?

* * *

Éprouver le besoin de lire la Bible est un signe de vitalité spirituelle. Il faut lire une bonne Bible.

Il peut arriver que le texte soit falsifié.

Dans l'Église catholique, on souhaite que la Bible soit complète et bien traduite. Pour faciliter cet objectif, le renouveau biblique des dernières années a accompli un travail formidable. Dans un esprit d'oecuménisme, exégètes catholiques et exégètes protestants ont uni leurs efforts. Ils ont abouti à une Traduction Oecuménique de la Bible, celle qu'on appelle la TOB et que vous pouvez utiliser avec grand profit.

D'autres traductions de la Bible sont approuvées par l'Église catholique. Elles se caractérisent par l'imprimatur ou l'approbation d'un évêque au début du livre et par des notes explicatives en marge ou au bas des pages. Il y a la «Bible de la Société biblique canadienne», «Votre Bible», «La sainte Bible Maredsous», «Crampon», «Osty»... Il y a aussi des Bibles illustrées pour les jeunes.

La Bible de Jérusalem est excellente. Des experts l'ont préparée avec soin. C'est le fruit d'études sérieuses par des exégètes, des théologiens et théologiennes, des traducteurs fidèles au texte original hébreu ou grec.

La Bible en français est une traduction du texte primitif. Le français est une langue vivante. La signification des mots peut varier avec les années. C'est ce qui explique la multiplicité constante des traductions. Certains s'attachent à la fidélité presque littérale, d'autres au bon français, d'autres au langage plus simple.

Vous avez l'embarras du choix pour lire une bonne Bible catholique, et même y trouver des explications sérieuses pour les passages difficiles.

Mettez de côté toute Bible qui pourrait vous induire en erreur ou, tout simplement, vous porter à la confusion. Je ne veux pas dresser une liste de Bibles fausses ou incomplètes, parfois aux textes soulignés et tendancieux. Achetez-vous une Bible catholique. Il y en a dans toute librairie catholique. Chaque foyer devrait avoir la sienne.

Certaines Bibles ne comprennent pas tous les livres inspirés auxquels nous croyons comme Catholiques. Nos frères et soeurs protestants n'ont pas retenu comme inspirés certains textes grecs des Juifs dispersés hors de la Palestine. Nous, Catholiques, nous croyons à leur inspiration divine.

Je rappelle l'enseignement du concile Vatican II. La Parole de Dieu est contenue dans la Bible, mais aussi dans la Tradition inspirée par l'Esprit Saint. Le magistère de l'Église, le Pape et les évêques sont mandatés par le Christ pour fournir l'explication sûre de cette Parole de Dieu. Les trois sont inséparables: Écriture Sainte, Tradition, Magistère (Dei Verbum).

La lecture assidue, méditée et même quotidienne de la Bible, nourrira votre vie chrétienne.

EST-IL BON DE LIRE LA BIBLE SANS TOUJOURS LA COMPRENDRE?

* * *

La Bible, ou l'Écriture Sainte, ou la Parole écrite, comprend des passages difficiles. Faut-il s'en abstenir pour autant? Non, pas du tout! La Bible, Ancien et Nouveau Testament, est trop importante pour ne pas la lire.

Je vous suggère de commencer par les livres les plus faciles, peut-être aussi les plus nourrissants pour votre foi. Ainsi, vous pourrez lire les quatre évangiles, les Actes des Apôtres, les lettres ou épitres... N'oubliez pas les psaumes, etc.

Au début de chaque livre d'une Bible catholique, vous trouverez une introduction qui vous fera comprendre l'essentiel du message de ce livre. Vous pourrez lire au bas des pages des notes explicatives. Vous savez sans doute que beaucoup de livres d'inspiration catholique sont rédigés pour une bonne compréhension de l'Écriture Sainte.

Si vous le pouvez, suivez des sessions bibliques, des cours de Bible, oraux ou par correspondance. La Société catholique de la

Bible (SOCABI), fondée en 1940, au temps de l'Action Catholique, est un organisme qui se consacre à la diffusion et à l'interprétation de la Bible. Elle publie la revue «Parabole» qui vulgarise les connaissances bibliques.

Ne tombez pas dans le piège d'une interprétation fantaisiste, simpliste et peu intelligente des passages plus difficiles.

L'Écriture Sainte est sujette à une interprétation trop littérale quand on veut en saisir le sens sans comprendre l'intention de l'écrivain sacré, son style, le contexte historique, l'ensemble de la Bible.

Le 18 novembre 1993, Rome publiait un important document sur «L'interprétation de la Bible dans l'Église». Une saine lecture de la Bible nous permet d'éviter le fondamentalisme, cette erreur qui porte à interpréter littéralement la Bible en tous ses détails, à traiter le texte biblique comme s'il avait été dicté mot à mot, sous prétexte qu'il est inspiré et exempt d'erreur. Une autre attitude fondamentaliste consisterait à vouloir trouver dans la Bible des réponses toutes prêtes aux problèmes de la vie. Il faut éviter cette sorte de «suicide intellectuel».

Que votre lecture de la Bible ne soit pas partiale, ajoute le document romain, en voulant mettre l'emphase, v.g. sur la théologie de la libération, le féminisme, etc. Ainsi, la libération terrestre pourrait voiler la libération éternelle; la Bible ne paraîtrait qu'une oeuvre d'hommes plutôt qu'une oeuvre inspirée, etc. Il ne faudrait pas oublier le contexte historique ni, d'autre part, l'interprétation de la longue Tradition.

Une bonne lecture de la Bible vous fera saisir le vrai message de l'écrivain sacré grâce à la connaissance de son genre littéraire. Un livre poétique ou un livre apocalyptique ne se lisent pas comme un livre historique. Il est facile de faire dire à la Bible des affirmations contradictoires.

Ayez confiance que l'Esprit Saint vous fournira l'aide nécessaire, si vous savez vous-même faire usage de vos facultés intellectuelles.

La Bible est le grand livre. Il n'est pas un livre ordinaire. Lisez la Bible, chaque jour si possible, mais lisez-la dans la prière et pour devenir meilleur enfant de Dieu et disciple du Seigneur.

QUE PENSER DES BIBLES GÉDÉON?

* * *

Nous trouvons des bibles Gédéon gratuitement dans les motels, certains hôpitaux, divers endroits publics.

Il n'est certes pas défendu de les utiliser, même si elles appartiennent aux bibles protestantes.

Cependant, elles sont incomplètes. De plus, la traduction des textes sacrés que nous trouvons dans la bible Gédéon date facilement de plusieurs années et peut laisser à désirer.

PEUT-ON «COUPER» LA BIBLE?

Dans une soirée de prière, telle personne ouvre toujours l'Évangile en demandant à l'Esprit de nous parler. Je ne suis pas tellement d'accord avec cette manière d'agir. Est-ce vraiment l'Esprit Saint qui intervient? D'autres groupes se servent de l'Évangile du jour.

* * *

La Bible est la Parole de Dieu écrite. Nul ne doute de son importance! Toujours est-il qu'il faut la bien utiliser, en accord avec l'Église, pour en soutirer l'interprétation exacte.

Se servir de l'évangile du jour est une bonne façon de cheminer avec l'Église tout en méditant graduellement les divers passages bibliques.

«Couper» la Bible pour y trouver des réponses toutes cuites peut friser la superstition et détourner la Bible de son message principal.

Couper la Bible dans la prière pour s'en inspirer n'est pas nécessairement mauvais, pourvu qu'on sache aussi étudier la Bible et y découvrir le récit de l'Alliance, la Bonne Nouvelle, l'amour de Dieu.

Que la «lectio divina» ait place dans nos activités, cette lecture, soit individuelle soit communautaire, d'un passage de la Parole de Dieu, lecture que nous poursuivons en méditation et prière.

L'ESPRIT SAINT EST-IL UNE PERSONNE?

Certains n'acceptent pas le mystère de la Sainte Trinité parce que, disent-ils, le Saint-Esprit n'est pas une personne.

* * *

Il arrive que certains Catholiques doutent de vérités moins importantes concernant notre foi.

Mais s'ils rejettent le dogme de la Trinité, ils ne sont plus de notre foi chrétienne et catholique, du moins en ce qui regarde des vérités fondamentales.

Ils nient un point important de notre credo, de ce credo qui nous vient des Apôtres et qu'il est opportun de citer ici:

«Je crois en Dieu, le Père tout-puissant, Créateur du ciel et de la terre.

Et en Jésus Christ, son Fils unique, notre Seigneur, qui a été conçu du Saint-Esprit, est né de la Vierge Marie, a souffert sous Ponce-Pilate, a été crucifié, est mort et a été enseveli, est descendu aux enfers, le troisième jour est ressuscité des morts, est monté aux cieux, est assis à la droite de Dieu le Père tout-puissant, d'où il viendra juger les vivants et les morts.

Je crois en l'Esprit Saint, à la sainte Église Catholique, à la communion des saints, à la rémission des péchés, à la résurrection de la chair, à la vie éternelle. Amen.»

Tel est le résumé de notre foi, cette foi transmise en Église depuis les Apôtres à travers les siècles, grâce à l'Esprit Saint.

Le premier concile oecuménique de Constantinople, en 381, proclamait officiellement cette foi des chrétiens en la divinité de l'Esprit Saint.

Cet Esprit Saint procède du Père et du Fils. Nous l'adorons comme l'Une des Personnes de la Trinité.

Comme Dieu est amour (I Jn 4, 8), l'Esprit Saint est l'Esprit d'Amour.

Il est l'Avocat, le Paraclet, le Défenseur, le Consolateur (Jn 14, 15; etc.). L'Écriture Sainte lui donne d'autres appellations.

C'est lui qui nous unit au Christ et nous fait vivre de Jésus. Il est le grand Don de Jésus (Jn 16, 7-15).

À QUOI COMPARER L'ESPRIT SAINT?

Si on pouvait mettre une image visuelle à l'Esprit Saint, à quoi le compareriez-vous?

* * *

Je m'inspire de la Bible pour le comparer à l'eau, au feu, à la colombe...

Nous pouvons le comparer à l'eau... L'eau du baptême le représente car elle nous donne une vie nouvelle. L'Esprit Saint est cette eau vive qui jaillit du Christ et nous donne la vie éternelle (Jn 4, 14; Jn 7, 37-39). L'Esprit nous abreuve (I Co 12, 13).

Nous pouvons le comparer au feu... Car le feu est le symbole de l'ardeur qui vient de l'Esprit Saint. C'est pourquoi le Christ baptise dans l'Esprit Saint et le feu (Lc 3, 16). C'est ce feu que

Jésus est venu allumer sur la terre (Lc 12, 49). L'Esprit Saint, le jour de la Pentecôte, est venu sous forme de langues de feu (Ac 2, 3-4). Il ne faut pas éteindre l'Esprit (I Th 5, 19).

Nous pouvons le comparer à la colombe... Cette colombe, nous la trouvons à la fin du déluge, figure du baptême et d'une vie nouvelle. Nous la voyons descendre sur Jésus au moment de son baptême, et y demeurer, symbole de l'Esprit Saint (Lc 3, 22). Ainsi fait l'Esprit Saint dans le coeur de tout baptisé; il y demeure, à moins d'en être chassé.

La Bible utilise d'autres symboles pour nous faire connaître l'Esprit Saint et son action bienfaisante.

QUE VIENT FAIRE LE BAPTÊME DANS L'ESPRIT?

Que vient faire le baptême dans l'Esprit dans ma vie, alors que j'ai déjà reçu l'Esprit en plénitude au baptême et à la confirmation?

* * *

Il ne faut pas confondre le baptême dans l'Esprit, mentionné dans le Renouveau charismatique, avec les sacrements. Ce baptême dans l'Esprit n'est pas un sacrement. Et vous avez raison d'affirmer que vous avez déjà reçu l'Esprit Saint en plénitude quand vous avez été baptisé et confirmé.

Catholiques, nous préférons parler de l'effusion de l'Esprit plutôt que du baptême dans l'Esprit, de façon à ne pas confondre cette expérience religieuse avec les sacrements de baptême et de confirmation.

Le baptême dans l'Esprit, c'est ce moment où, devenus conscients de l'importance de l'Esprit Saint, nous nous ouvrons à lui. C'est ce moment où, sous l'impulsion de l'Esprit, nous nous donnons vraiment à Jésus, notre Sauveur. Nous nous reconnaissons alors comme les enfants bien-aimés du Père.

Comme l'écrivait le cardinal Suenens: «C'est le baptême dans l'Esprit qui a créé l'Église et lui a donné son élan». «Avant de catéchiser les chrétiens de demain», dit-il, «... il faut leur faire vivre l'expérience du Cénacle - je dis bien l'expérience -, qui est une expérience de conversion profonde, de re-connaissance de Jésus Christ ressuscité, d'ouverture et d'accueil à l'Esprit Saint, à ses dons et charismes, dans le feu de la Pentecôte...».

Cette grâce du baptême dans l'Esprit survient souvent, dans la prière, comme un cadeau qui transforme notre vie chrétienne. Soudain, grâce au baptême dans l'Esprit, nous renonçons au péché; Jésus devient vivant pour nous; nous nous enflammons d'amour pour lui; nous devenons des chrétiens enthousiastes, joyeux de l'être; nous nous faisons les apôtres de Jésus.

Au sein du Renouveau charismatique ou, si vous préférez, au sein du Renouveau pentecostal, c'est cette grâce fondamentale que nous demandons au cours des séminaires de la vie dans l'Esprit, à laquelle nous nous préparons dans la prière fervente.

Ce baptême dans l'Esprit, d'autres chrétiens peuvent l'obtenir en grandissant sans cesse dans l'amour du Seigneur. Tant de saints et de saintes en ont fait l'heureuse expérience, et même des chrétiens bien simples.

Nous pouvons recevoir plus d'une fois cette effusion de l'Esprit, comme il en fut pour les Apôtres (Ac 4, 31).

Cette grâce de choix est nécessaire pour qui veut être un chrétien vivant, et non un chrétien vivotant ou mort.

QU'EST LE BLASPHÈME CONTRE L'ESPRIT?

Pouvez-vous m'éclairer sur ce passage de saint Matthieu: «Aussi je vous le dis, tout péché et blasphème sera remis aux hommes, mais le blasphème contre l'Esprit ne sera pas remis» (Mt 12, 31-32)?

* * *

L'interprétation traditionnelle de ce texte, la voici: Le blasphème contre l'Esprit est le refus volontaire d'accepter Dieu dans sa vie malgré les signes évidents donnés par l'Esprit. À la façon des pharisiens qui, devant l'évidence des signes accomplis par Jésus, se fermaient hermétiquement à toute lumière. Devant l'endurcissement de leur coeur, Jésus se révolta d'une sainte indignation. Dieu ne brime pas la libre volonté de quelqu'un. Blasphémer contre l'Esprit, c'est s'obstiner dans le refus de Dieu malgré l'évidence. C'est se couper du ciel volontairement.

Tous ne blasphèment pas contre l'Esprit au point de se couper du Seigneur, mais beaucoup offrent une résistance à l'Esprit qui entrave son action bienfaisante.

- II -

LE PEUPLE DE DIEU

Les questions qui suivent se réfèrent
à l'Église, Peuple de Dieu, à ses pasteurs
et à tous ses membres.

L'ÉGLISE N'EST-ELLE PAS UNE SIMPLE INSTITUTION HUMAINE?

* * *

Pour beaucoup, l'Église est la grande noirceur!... Et si elle était, plutôt, la grande lumière?

Je sais qu'aujourd'hui l'Église est décriée. Elle sert de cible à beaucoup de gens qui la critiquent vertement. D'autres l'ignorent avec un certain mépris. La plupart ne la voient que comme une vaste institution d'origine humaine, bâtie au cours des siècles par des clercs ambitieux. L'Église leur paraît rétrograde et le refuge de lois morales strictes et réactionnaires. L'Église, c'est une hiérarchie d'évêques et de prêtres. L'Église, c'est le Pape lointain et le Vatican tout-puissant.

L'Église est peu connue; surtout, elle est mal connue. L'Église est facilement caricaturée. Beaucoup, même des chrétiens, ne connaissent l'Église Catholique que par les renseignements fournis par les mass médias. Ils ne savent de l'Église que les potins scandaleux, financiers ou sexuels.

Ils regardent l'Église avec leurs yeux humains et myopes, et ne voient que l'extérieur. Ils n'ouvrent pas les yeux de la foi. Or, aux yeux de la foi, l'Église vient du Christ et conduit à Dieu. C'est le Seigneur Jésus qui a institué l'Église sur Pierre et les Apôtres et lui a donné la mission de proclamer l'Évangile à toutes les nations (Mt 16, 18-19; Mc 3, 13-14). Tant de textes bibliques prouvent l'institution divine de l'Église.

L'Église est une réalité tout à la fois visible et spirituelle. L'Église est le Peuple de Dieu et le Corps du Christ. Lui, Jésus, en est la Tête (Col 1, 18).

L'Église est composée d'êtres humains pécheurs, qu'ils soient laïcs, religieux, religieuses ou prêtres. Mais elle est dirigée par l'Esprit Saint que le Christ a laissé à son Église (Jn 14, 26; 15, 26; 16, 7).

Malgré les attaques qu'elle subit de toutes parts, l'Église subsistera toujours. C'est le Christ qui l'affirme. Jésus est avec son Église jusqu'à la fin des temps (Mt 28, 20).

L'Église contemporaine, comme celle des temps primitifs, comme celle du Moyen-Âge, comme celle des temps modernes, est et fut toujours le phare dans la nuit, pour éclairer les hommes et les femmes qui veulent naviguer à bon port. Elle n'est pas plus populaire que son Fondateur Jésus quand elle prêche des vérités, quand elle propose des valeurs qui vont à contre-courant des idées populaires, d'une vie païenne et permissive.

De nos jours, l'Église propose un chemin qui semble étroit. Elle n'encourage pas la voie large et spacieuse qui mène nulle part, sinon au désespoir, au suicide, à la ... perdition (Mt 7, 13). Parce que Jésus dérangeait les gens par sa prédication, on l'a obligé à se taire; on a tué la Parole. On continue de vouloir étouffer un enseignement qui secoue la torpeur et les moeurs corrompues; on veut tuer l'Église, une Église qui prêche le vrai bonheur, le véritable amour, la plénitude de la vie.

Comme à tous les siècles, nous trouvons dans cette Église des saints et saintes de Dieu, des martyrs, des missionnaires, des mystiques. Ils se sont nourris, ils se nourrissent toujours de la Parole de Dieu, sont conduits par les pasteurs mandatés par le Seigneur, se fortifient par la réception des sacrements, surtout de l'Eucharistie. Ils aiment l'Église.

L'Église, si elle est humaine, est aussi divine. L'Église, si elle est faible, est aussi forte. L'Église, si elle est pécheresse, est aussi sainte.

Il nous faut rester greffés sur l'Église pour produire des fleurs et des fruits. Autrement, la branche sèche...

QUI FAIT PARTIE DE L'ÉGLISE DE JÉSUS CHRIST?

Ceux qui croient en Jésus Christ, mais appartiennent à une autre religion, font-ils partie de l'Église de Jésus Christ? L'Église est-elle formée uniquement de Catholiques?

* * *

L'Église de Jésus Christ comprend tous les baptisés, tous les chrétiens. Leur degré d'appartenance à l'Église peut varier. Saint Augustin écrivait: «Certains se croient dehors qui sont dedans; certains se croient dedans qui sont dehors».

Parmi les grandes dénominations chrétiennes, nous trouvons les Catholiques, mais aussi les Orthodoxes, les Anglicans, les Protestants... Ces derniers font aussi partie de l'Église du Christ. Ils sont nos frères et soeurs «séparés».

Ils ne sont pas «pleinement incorporés à la communauté ecclésiale» (L'Église, 14-15). «Victimes de déficiences, ces Églises et ces communautés séparées ne sont nullement dépourvues de signification et de valeur...», affirmait le concile Vatican II.

N'oublions pas qu'il y a des Catholiques négligents, alors que des non-Catholiques suscitent l'admiration par leur foi et leur dévouement. Ce qui ne signifie pas que l'Église Catholique soit fausse. Elle continue d'engendrer une multitude de saints et de saintes.

Il y a, en d'autres Églises, des réalités chrétiennes valables, oeuvre en elles de l'Esprit Saint, affirme Jean-Marie-Roger Tillard, O.P. Mais toutes les religions chrétiennes ne sont pas sur le même palier et ne sont pas également bonnes.

L'Église de Jésus Christ subsiste dans l'Église Catholique, au dire du concile Vatican II (L'Église, 8). En elle, nous trouvons la plénitude de la révélation et des moyens de salut (Oecuménisme, 3).

Un certain enthousiasme oecuménique a animé les chrétiens après le concile Vatican II, 1962-1965. L'effort oecuménique se poursuit. En mai 1997 se sera tenu un deuxième rassemblement oecuménique européen. Tous sont à la recherche de l'unité perdue;

cependant, tous ne sont pas d'accord pour définir cette unité. L'Esprit Saint doit être invoqué plus que jamais, avec une confiance renouvelée.

JE N'ENTENDS PARLER QUE DE VOS GUERRES D'ÉGLISES

Pourquoi parler de l'Église? Je veux rencontrer Dieu. Je n'entends parler que de vos guerres d'Églises. Pour une jeune comme moi, je ne trouve pas cela très invitant.

* * *

Je m'en attriste sincèrement.

La prédication doit se centrer sur Jésus, sur son amour et sa bonté. Elle doit susciter en nous une réponse amoureuse, accompagnée d'espérance et de joie.

Il faudra toujours revenir à la Bonne Nouvelle, celle que nous sommes aimés de Dieu et sauvés par lui. C'est le kérygme, disent les savants.

Toutefois, il faudra aussi parler de ce Royaume que le Christ est venu instituer. Ce Règne de Dieu, règne d'amour et de paix, commence sur terre en l'Église qu'il a fondée, et il connaîtra son plein épanouissement au retour du Christ.

Il est malheureux que l'incompréhension et même les guerres aient divisé cette Église de Jésus. Il ne faut pas, pour autant, taire le message du Christ et nier l'importance de son Église. Cette Église est la Famille de ses enfants, en amour avec lui et entre eux.

Il y a quelques années, l'Esprit Saint a suscité l'aggiornamento de l'Église lors du concile Vatican II: collégialité, meilleure participation des laïcs, réformes liturgiques, dialogue oecuménique, etc. L'Église est mieux préparée pour affronter le monde moderne. Le Seigneur continue de nous fournir des athlètes de la foi, des Maximilien Kolbe, des Jean XXIII, des Paul VI, des Oscar Romero, des Jean-Paul II, des Mère Teresa, des Jean Vanier...

L'Église, c'est le Corps du Christ, c'est son Peuple. L'Église, c'est le lieu de sa Parole, la bergerie des vrais pasteurs, la table des sacrements, la famille des saints et saintes de Dieu, le don de sa Providence. L'Église est la plénitude du Christ (Ep 1, 23).

QUELS FACTEURS INFLUENT SUR L'ÉGLISE POUR QU'ELLE SOIT DÉCADENTE?

* * *

L'est-elle?

Seul un regard superficiel nous porterait à le croire.

Décadente, l'Église le serait parce que la pratique religieuse a piqué du nez en Occident, est en descente libre depuis plusieurs années.

Décadente, l'Église le serait parce qu'elle n'arrive pas à dissiper la confusion des idées ni à endiguer les flots de l'immoralité.

Décadente, l'Église le serait parce qu'elle ne peut faire beaucoup pour mettre un frein à la violence et à l'injustice sociale.

L'Église est levain dans la lourde pâte de l'humanité, mais la pâte, si pesante soit-elle, n'affecte pas la qualité du levain.

L'Église est sacrement de salut pour le monde, mais le refus du monde ne diminue en rien la qualité de ce signe de salut qu'est l'Église.

Le Christ n'a pas cessé d'être Fils de Dieu et Sauveur parce que les hommes l'ont rejeté.

Malgré un pluralisme d'idéologies, la contamination de l'érotisme, les attraits d'un néo-paganisme, je suis émerveillé de voir l'évangile frayer son chemin dans les coeurs.

Je loue le Seigneur pour l'Église, le Pape si apostolique, nos évêques consciencieux, nos prêtres, religieux et religieuses fidèles.

Je remercie le Seigneur pour cette Église qui engendre de plus en plus de laïcs convaincus, hommes et femmes, entreprenants et zélés. Ils oeuvrent dans tous les domaines caritatifs, pastoraux et liturgiques. Il y a des jeunes parmi eux.

J'admire les milliers de missionnaires de cette Église vivante.

Nous sommes l'Église! C'est à nous de lui donner un visage de santé.

Dans l'optimisme chrétien! Le Christ, tel que promis, n'abandonne pas son Église. L'Église avance toujours dans le labyrinthe d'une histoire qui cherche à la freiner.

La barque de l'Église est fortement secouée. C'est bon signe. Elle n'est pas amarrée. Elle franchit l'océan de la vie. Il ne faut pas la quitter parce qu'on y éprouve des malaises d'estomac. Comme il ne faut pas se jeter hors d'un avion quand se produisent des turbulences.

«L'Église est toujours au printemps». II y a, en elle, un Dieu vivant. Un jour, elle sera l'épouse «toute resplendissante, sans tache, ni ride, ni rien de tel, mais sainte et immaculée» (Ep 5, 27).

UNE ÉGLISE PAUVRE N'ATTIRERAIT-ELLE PAS PLUS?

* * *

Sans doute!

Mais l'Église, c'est vous et moi. Il serait trop facile de vouloir une Église plus désintéressée et pauvre, sans changer nos propres modes de vie.

L'Église n'est pas uniquement spirituelle. L'Église, c'est le peuple de Dieu en marche. Comme le Christ, l'Église est incarnée. Rêver d'une Église qui serait totalement dépourvue au point de vue matériel, ce serait se faire illusion, comme se firent illusion bien des hérétiques à travers l'histoire, les Joachim de Flore, les

Spirituels, les Fraticelli, les Vaudois... Une telle conception de l'Église, le rêve d'une telle Église, hantent toujours des esprits chrétiens.

Une telle Église, uniquement spirituelle, serait-elle l'Église fondée par Jésus?

Cela dit, l'Église, comme son Fondateur, doit garder une option préférentielle pour les pauvres. En pratique, cela doit signifier quelque chose. Ainsi, il y a une saine théologie de la libération. À la suite de Medellin en 1968, de Puebla en 1979, des chrétiens et des chrétiennes, parmi lesquels des évêques et des prêtres, ont oeuvré et oeuvrent pour la suppression de criantes injustices sociales, qu'ils soient Oscar Romero, Helder Camara, l'abbé Pierre, Gustavo Gutiérrez, Willy Romélus ou autres.

Nous vivons dans un monde capitaliste... Si l'Église a condamné le communisme et le marxisme, elle a pris ses distances, dit le Pape, avec l'idéologie capitaliste, responsable de graves injustices sociales. Pie XI, déjà, stigmatisait l'impérialisme international de l'argent.

L'Église sera toujours appelée à donner l'exemple du détachement évangélique.

L'ÉGLISE NE POURRAIT-ELLE SE SÉPARER DES POUVOIRS POLITIQUES ET MONÉTAIRES?

Elle pourrait se consacrer de plus en plus aux valeurs spirituelles.

* * *

L'Église doit-elle être désincarnée, eschatologique, n'existant que pour l'au-delà? Notre religion n'est-elle que verticale?

Doit-elle, au contraire, se préoccuper de libération, soucieuse surtout d'une vie terrestre idéale?

Entre ces deux attitudes qui peuvent devenir extrêmes, n'y a-t-il pas lieu de concevoir une Église, peuple de Dieu, une société à la fois spirituelle et visible, telle que fondée par Jésus Christ?

Nous sommes l'Église!

Faut-il nous contenter d'être des hommes et des femmes de prière? Devons-nous être un levain hors de la pâte? Ne faut-il pas dès cette terre construire le règne de Dieu tout en sachant qu'il ne sera parfait qu'au retour du Christ? Comment bâtir ce royaume sans nous soucier de millions d'êtres qui souffrent? Ont-ils tort les chrétiens qui cherchent à améliorer la société, par des actes de charité, certes, mais aussi en influençant les pouvoirs politiques et monétaires?

La question posée est excellente et d'actualité. Elle révèle un souci de mettre l'accent sur les valeurs spirituelles. Faire de cet accent une exclusivité serait une grave erreur.

Le danger est réel de politiser l'Église, de créer une connivence hasardeuse entre l'Église et l'Etat. Cependant, la non-ingérence dans la politique et l'économie n'est pas synonyme d'un silence coupable devant l'injustice et les maux dont souffre la société.

MES FRÈRES ET SOEURS NE PRATIQUENT PAS

Mes parents s'inquiètent. «Que va-t-il leur arriver?»

Quant à moi, voici comment je raisonne... Je dois prier beaucoup pour eux. Ils sont les enfants de notre Père du ciel; il ne peut les abandonner.

Je crois qu'ils ne pourront être malheureux puisqu'ils n'ont jamais éprouvé le bonheur de s'en remettre à Dieu dans la joie comme dans la peine. S'ils n'ont pas goûté à la joie que nous ressentons en servant Dieu, ils ne peuvent la désirer. Il faut les respecter dans ce qu'ils sont, les aimer beaucoup et les accueillir.

* * *

Votre pensée est de nature à pacifier bien des parents qui se tourmentent en voyant leurs enfants s'éloigner de Dieu et l'ignorer.

Nous serons jugés à la lumière de notre conscience, pourvu, évidemment, qu'elle soit honnête.

Beaucoup ne connaissent pas Dieu et se font une idée vague de Jésus Christ. Ils ne pratiquent pas leur religion chrétienne.

Dieu sera bon pour les jeunes qui s'efforcent de bien vivre, mais qui n'ont pas découvert encore leur Sauveur Jésus et la beauté de la foi.

Leur ignorance, si elle était volontaire, serait coupable. Souvent, ils ignorent les grandeurs de notre religion chrétienne et catholique. Ils ne peuvent apprécier ce qu'ils ne connaissent pas. Dieu leur manifestera sa miséricorde.

À nous de prier! À nous aussi d'être les témoins joyeux et enthousiastes de Jésus que nous aimons et qui est notre Chemin, notre Vérité et notre Vie (Jn 14, 6)!

Saisissons l'occasion propice de leur faire vivre une expérience de Jésus dans une communauté chrétienne vivante et fraternelle, au sein d'un Mouvement spirituel et apostolique.

Nous ne pouvons demeurer indifférents devant l'ignorance de ceux et celles qui ne connaissent pas Jésus. Il nous faut le proclamer et évangéliser de mille et mille façons. «Malheur à moi», disait saint Paul, «si je n'évangélise pas» (I Co 9, 16)!

POURQUOI L'ENSEIGNEMENT DE L'ÉGLISE CHANGE-T-IL?

La Parole de Dieu n'est-elle pas éternelle?

* * *

L'enseignement change-t-il vraiment? Non! L'Église Catholique continue de prêcher la Parole de Dieu, qu'elle soit écrite dans la Bible ou transmise par la Tradition. Cependant, grâce à l'aide de l'Esprit Saint, nous pouvons mieux comprendre cette doctrine. De ce trésor qu'est la Parole de Dieu, l'Église tire toujours «du neuf et du vieux» (Mt 13, 52).

Si l'enseignement de la religion catholique ne change pas, la discipline de l'Église, elle, peut varier. Par discipline de l'Église, j'entends certaines lois comme celles du jeûne et de l'abstinence. De telles lois peuvent changer. Quant à la pensée du Christ, v.g. sur l'obligation de faire pénitence, elle demeure toujours valable.

Nous pouvons donc approfondir notre connaissance d'une doctrine qui vient de Dieu et ne change pas.

Les lois disciplinaires de l'Église peuvent être modifiées.

QUELLE EST VOTRE VISION DE L'ÉGLISE DE DEMAIN?

* * *

Je crois en la présence de l'Esprit Saint dans l'Église (Jn 16, 7). Voilà pourquoi ma vision de l'Église de demain est positive, optimiste, remplie d'espérance chrétienne.

Le ciel couvert, les tornades successives, rien n'ébranle ma foi en l'avenir de l'Église. Cette Église a traversé l'océan des siècles passés, un océan souvent soulevé par la furie des flots. Le Seigneur semble parfois dormir dans la Barque, mais il y est présent (Mt 8, 23-27).

Dans l'Église de demain, il y aura toujours des prêtres. Ils se répartiront dans les diocèses et dans le monde selon les besoins pastoraux. En 1993, se tenait à Rome la première réunion plénière d'une Commission établie pour une répartition plus équitable des prêtres dans le monde. L'idée d'une telle répartition n'est pas nouvelle. Qu'on se rappelle l'encyclique «Fidei Donum» de Pie XII en 1957, puis les demandes de Vatican II, de Paul VI et de Jean-Paul II.

Des laïcs de plus en plus nombreux oeuvreront pour le Seigneur et assumeront les responsabilités de leur baptême.

La foi sera une foi personnelle, adulte, active et militante. Autrement, elle sera submergée par le raz-de-marée d'une vie matérialiste, séculariste et païenne.

Les chrétiens formeront des noyaux de foi et de vie. Ils se soutiendront mutuellement comme le firent les premiers chrétiens (Ac 4, 32). Ils devront, toutefois, ne pas se replier dans leurs cénacles, mais s'ouvrir à la masse et secourir ceux et celles qui sont affamés, surtout de Dieu. Comme le Christ, ils devront avoir pitié de la multitude (Mc 6, 34; 8, 2). La foi, comme on le dit, devra avoir des mains.

Nos évêques orientent présentement l'Église vers «l'éducation de la foi et l'engagement social dans les milieux de vie». Leur intérêt ne se limite pas aux adultes et aux «pratiquants», même s'ils doivent être rejoints en priorité. Les évêques souhaitent une foi active et engagée. Ils privilégient les groupes restreints et les petites communautés, sans négliger la grande communauté. L'Église de demain «risquera l'avenir», selon ces orientations de nos pasteurs.

C'est là ma vision de l'Église de demain, une vision non dépourvue d'espérance chrétienne. Mon optimisme s'enracine dans ma connaissance de l'histoire de l'Église et surtout dans ma foi.

COMMENT AIDER À DÉCOUVRIR LA VOCATION SACERDOTALE ET RELIGIEUSE?

* * *

Le Christ, toujours vivant, continue d'appeler et de donner sa grâce.

Je souhaite que les prêtres, les religieux et religieuses, vivent avec ferveur leur sacerdoce ou leur vie consacrée, qu'ils soient des personnes épanouies et heureuses. Ils deviendront contagieux d'une vie toute donnée au Seigneur, à son Église, au prochain.

Alors, des jeunes auront le goût d'imiter ces prêtres, ces religieux et religieuses, et les membres des communautés nouvelles.

Je souhaite que dans les foyers les parents manifestent leur estime pour la prêtrise et la vie consacrée.

Nous pouvons aider les jeunes à discerner l'appel du Seigneur. N'hésitons pas à les interpeller. Jésus disait: «Suis-moi!» (Mt 9, 9). Il se trouve des jeunes qui ne se croient pas dignes d'une telle vocation. Qui en est digne? Il faut savoir les encourager et prier...

QUELLES SONT LES CONSÉQUENCES POUR QUI MANQUE SA VOCATION?

* * *

Notre vocation commune est de devenir disciples de Jésus, d'agir en enfants de Dieu. C'est l'appel du Seigneur à devenir parfaits comme notre Père du ciel (Mt 5, 48).

Manquer cette vocation fondamentale volontairement est désastreux. Le salut vient de notre foi en Jésus, venu nous sauver tous (Ep 1, 13; Ac 16, 31; 2 Co 5, 15). Refuser cette vocation universelle, cet appel, vient souvent de l'ignorance. Le Seigneur aura pitié. Mais que de grâces perdues!

Il y a aussi des vocations particulières: appel au sacerdoce, à la vie consacrée, au mariage, à la vie missionnaire... Ce sont des appels accompagnés de promesses. Nous ne pouvons négliger ces vocations spéciales sans mettre de côté des grâces de choix pour nous et les autres.

Abraham a répondu généreusement à un tel appel (Gn 12, 1-3). De même la Vierge Marie qui a prononcé son fiat (Lc 1, 38). Quant au jeune homme riche, il n'en a pas eu le courage (Mc 10, 22). D'autres ont tout quitté pour devenir les apôtres de Jésus: Pierre, Paul, Bernard, Claire, François, Catherine, Jeanne d'Arc, François-Xavier, Alphonse, Thérèse de l'Enfant-Jésus, Mère Teresa... Ils sont légion à tous les siècles! Parmi eux, tant de prêtres, de religieux et religieuses, de laïcs admirables de zèle!

Refuser notre vocation particulière nous fait perdre des biens que Dieu nous réservait dans tel état de vie; un tel refus nous empêche d'accomplir l'oeuvre que Dieu nous destinait.

Cependant, notre Dieu est un Dieu de miséricorde. Il n'est jamais trop tard pour l'aimer et se donner à lui! Il saura récompenser l'ouvrier de la dernière heure, aussi bien que celui de la première (Mt 20, 1-16).

QUEL EST L'AVENIR DE NOTRE ÉGLISE FACE AUX VOCATIONS?

Il manque de prêtres...

* * *

Le nombre de prêtres grandit en Afrique et en Asie. En Europe de l'ouest, en Amérique du Nord, chez nous, il y a une diminution rapide de prêtres. La diminution de prêtres s'explique par la déchristianisation de notre milieu et la faiblesse de nos familles. Les prêtres encore actifs vieillissent. Beaucoup de paroisses n'ont pas de prêtre résidant. Les conséquences sont souvent désastreuses. En l'absence du pasteur, les loups ravisseurs se présentent. La superstition gagne du terrain. Il nous faut supplier le Maître de la moisson d'envoyer des ouvriers dans sa moisson (Mt 9, 38). La présence de tels ouvriers est nécessaire pour les pratiquants et pour les distants, afin que s'exerce un ministère de réconciliation et d'Eucharistie, un service de pasteur!

Le cardinal Lustiger écrivait: «Combien faut-il de prêtres pour une population donnée? Quelle est la 'ratio', le juste rapport entre les besoins religieux et le nombre 'd'agents' suffisant pour y répondre...? Il est impossible de fixer un prorata, une proportion idéale...» En 1991, le Pape créait une commission pour une meilleure répartition du clergé dans le monde. Le 11 janvier 1996, et dans la suite, il a renouvelé son appel pour cette conscientisation missionnaire.

Le Christ continuera de se choisir des pasteurs pour son Église. Si le nombre de séminaristes est moindre, ces jeunes et, parfois, ces moins jeunes, sont de haute qualité. Se multiplient les vocations de diacres permanents et surtout de laïcs engagés, hommes et femmes, agents de pastorale, catéchètes. L'Esprit souffle toujours...

Il ne peut y avoir d'Église sans prêtres. À ce sujet, personne ne doit paniquer s'il a la foi. Nous devons, toutefois, nous inquiéter dans notre amour pour Dieu et aussi pour nos frères et soeurs qui ont faim de lui. La moisson blanchit; elle pourrit même dans les champs, faute de moissonneurs. Que faisons-nous pour encourager de telles vocations? Nos foyers demeurent-ils une terre riche à vocations?

POURQUOI LE PAPE NOMME-T-IL DES ÉVÊQUES PLUS CONSERVATEURS?

* * *

Le mot «conservateur» n'est pas facile à définir. Sa signification est relative. Selon notre mentalité, nos tendances, notre formation, notre pays..., certaines personnes, certaines décisions, certaines orientations nous semblent conservatrices ou libérales, parfois archi-conservatrices ou ultra-libérales.

Vous-même, êtes-vous du genre conservateur ou libéral? Votre situation, à gauche, au centre ou à droite, est-elle toujours idéale? Cette position n'influence-t-elle pas votre jugement? N'en va-t-il pas ainsi pour tous?

Il y eut de fortes réactions, ces dernières années, sur le choix d'évêques par le Pape. Les élus furent critiqués et aussi le processus d'élection. L'histoire fera mieux saisir la valeur ou la faiblesse des décisions prises.

La meilleure attitude à adopter est de nous rallier à ces décisions du Saint-Père, même si nous ne sommes pas toujours d'accord. À lui revient la tâche lourde et délicate de choisir et de nommer! Il n'agit pas à la légère. À nous de conserver la paix, la charité, l'union des coeurs! À nous de respecter le Vicaire du Christ! Il a les grâces de son ministère, pas nous!

Prions pour lui et aussi pour notre pasteur, notre évêque, successeur des Apôtres.

Ne tombons pas dans ce défaut qui ne date pas d'hier, celui d'opposer Pape et évêques. Ce zèle intempestif nuit à l'Église.

LES ÉVÊQUES SONT TROP LIBÉRAUX

Les évêques, surtout en Europe et en Amérique du Nord, sont beaucoup trop libéraux. Ils font le contraire des directives du Pape: absolution générale, danse à la messe... Les prêtres ne portent plus l'habit noir propre aux prêtres; on dirait qu'ils ont honte de se faire reconnaître. Tel évêque semble d'accord avec l'ordination des femmes; d'autres, avec un clergé marié...

Je garde le respect pour la prêtrise, jamais pour celui qui s'oppose aux directives du Pape, qu'il soit évêque ou prêtre.

* * *

Je ne veux pas jouer le jeu de l'autruche face aux limites humaines, mais la première misère que chacun et chacune devraient déplorer est de ne pas être un saint ou une sainte.

La critique peut, en certains cas, être constructive. Pour qu'elle le soit, elle doit se faire selon une saine conception de l'Église, dans la charité et la paix.

La critique surgit parfois d'une mauvaise compréhension de l'Église. On met tout dans le même panier, sans distinction: vérités de foi, points de doctrine proches des vérités de foi, opinions discutables, et discipline... La doctrine révélée vient de Dieu, ne change pas, bien qu'elle puisse toujours mieux se comprendre. La discipline relève du Pape, mais aussi des évêques, unis au Pape. Les règles de discipline n'ont pas l'importance de la doctrine et elles n'ont pas toutes la même importance.

Les évêques sont autorisés à prendre de véritables décisions. Ils ne sont pas des marionnettes. Ils peuvent adapter à leurs églises locales certains points de discipline universelle.

Mgr James H. MacDonald, archevêque de Saint-Jean, Terre-Neuve, écrivait que les évêques ne sont pas des gérants de succursales dans le monde. Le concile Vatican II affirmait: «Les évêques gouvernent les Églises locales qui leur sont confiées en qualité de vicaires et légats du Christ... En vertu de ce pouvoir, les évêques ont le droit sacré et, aux yeux du Seigneur, la charge de légiférer pour leurs sujets, de juger et de régler tout ce qui touche au domaine du culte et de l'apostolat... Ils ne doivent pas être considérés comme vicaires des Pontifes romains, car ils sont revêtus d'un pouvoir qui leur est propre et sont appelés en toute vérité chefs spirituels des peuples qu'ils gouvernent» (Lumen Gentium, 27).

«Les évêques, en tant que successeurs des Apôtres, ont de soi, dans les diocèses qui leur sont confiés, tout le pouvoir ordinaire propre et immédiat... Chaque évêque a la faculté de dispenser de la loi générale de l'Église, en un cas particulier, les fidèles sur lesquels il exerce son autorité selon le droit, chaque fois qu'à son jugement la dispense profitera à leur bien spirituel, à moins qu'une réserve spéciale ait été faite par l'Autorité suprême de l'Église» (La charge pastorale des évêques, 8).

Même si nous ne sommes pas d'accord avec toutes les décisions et tous les comportements, laissons-leur une responsabilité qui n'est pas nôtre. «Les laïcs, comme tous les fidèles, accueilleront avec promptitude et dans l'obéissance chrétienne ce que les pasteurs, représentants du Christ, auront décidé...» (Lumen Gentium, 37).

Ce qui ne défend pas aux laïcs de s'exprimer: «Que les laïcs manifestent donc aux pasteurs leurs besoins et leurs désirs... Selon la science, la compétence et l'autorité dont ils jouissent, ils peuvent, et même parfois ils doivent donner leur avis en ce qui concerne le bien de l'Église... D'autre part, les pasteurs doivent reconnaître et promouvoir la dignité et la responsabilité des laïcs dans l'Église, utiliser volontiers leurs avis prudents...» (l.c.).

Les deux volets de ma réponse sont importants!

QUI ÉCOUTER: LE MAGISTÈRE OU LES THÉOLOGIENS?

Devons-nous suivre l'enseignement du magistère de l'Église, le Pape et les évêques, ou l'enseignement des théologiens qui agissent comme s'il n'y avait pas d'autorité voulue par Dieu dans l'Église?

* * *

Nous devons être à l'écoute de nos pasteurs, le Pape et les évêques.

Mais, il n'y a pas nécessairement conflit entre l'enseignement officiel de l'Église et celui des théologiens même modernes. Il ne faudrait pas négliger, encore moins mépriser, les écrits des théologiens. Leur rôle est précieux, et même nécessaire, dans l'Eglise.

Il est vrai que certains peuvent troubler les consciences par des énoncés en désaccord avec la doctrine enseignée par les pasteurs de l'Église. C'est parfois le prix à payer pour la liberté de la recherche théologique. Ne jetons pas, cependant, le bébé avec l'eau qui pourrait être trouble.

Certains théologiens énoncent des opinions qui semblent des dogmes ou des certitudes doctrinales. Il ne faut pas confondre leurs opinions personnelles avec la doctrine officielle, même si ces opinions sont largement diffusées par les mass médias.

Nous devons adhérer à la doctrine officielle de l'Église, telle qu'enseignée par le Pape et les évêques. Il ne faut pas conclure qu'il faille mettre de côté l'étude de la théologie et damner tous les théologiens et théologiennes. Ce serait une erreur de grave conséquence.

«C'est en particulier la recherche théologique qui approfondit la connaissance de la vérité révélée» (Catéchisme de l'Église catholique, 94).

De grands saints de l'Église ont été d'illustres théologiens, saint Augustin, saint Thomas d'Aquin, sainte Thérèse d'Avila, saint Alphonse de Liguori... Plusieurs sont des Docteurs de l'Église.

LE PRÊTRE MARIÉ EST-IL TOUJOURS PRÊTRE?

A-t-il le droit de continuer à célébrer la messe?

* * *

Le prêtre est prêtre pour l'éternité. Rien ne peut effacer le caractère indélébile du sacrement de l'Ordre qu'il a reçu.

Il reste prêtre, garde encore le «pouvoir» d'exercer ses fonctions, mais il perd la «faculté» de les exercer. Il ne peut donc célébrer l'Eucharistie. S'il le fait, son action est valide, mais gravement illicite.

Cependant, tout prêtre, même celui qui a «laissé» la prêtrise, peut pardonner les péchés de toute personne en danger de mort. Le Code de Droit canonique stipule: «En cas de danger de mort, tout prêtre, même dépourvu de la faculté d'entendre les confessions, absout validement et licitement de toutes censures et de tous péchés tout pénitent, même en présence d'un prêtre approuvé» (Can. 976) . C'est la seule situation où un prêtre, dispensé de ses obligations sacerdotales, peut donner une absolution valide.

S'il «laisse la prêtrise», c'est-à-dire s'il abandonne ses fonctions sacerdotales, il n'en demeure pas moins prêtre. S'il est «laïcisé», s'il n'appartient plus à l'état clérical, il garde son sacerdoce à jamais. En fait, «il ne peut plus redevenir laïc au sens strict car le caractère imprimé par l'ordination l'est pour toujours» (Catéchisme de l'Église catholique, 1583).

UN PRÊTRE PEUT SE MARIER, MAIS NON UNE PERSONNE SÉPARÉE. POURQUOI?

À la télévision, un prêtre a déclaré être marié à l'Église Catholique après avoir laissé son sacerdoce. Est-ce que le sacrement de l'Ordre n'est pas un sacrement comme le Mariage? Comment se fait-il qu'une personne séparée ne peut, elle, se remarier au sein de l'Église Catholique?

* * *

La différence peut sembler subtile, mais elle ne l'est pas.

L'Ordre et le Mariage sont deux sacrements qui viennent de Jésus. Celui qui reçoit le sacrement de l'Ordre est ordonné pour l'éternité. Le sacrement du Mariage est indissoluble.

L'Église a ajouté une condition pour recevoir le sacrement de l'Ordre, et c'est l'engagement au célibat. L'Église peut dispenser du célibat qu'elle a elle-même imposé à ses prêtres. Le prêtre peut alors se marier. Mais, en le dispensant du célibat, l'Église lui demande de ne plus exercer son sacerdoce, bien qu'il demeure prêtre pour l'éternité.

Vous voyez la ressemblance et la différence. Il y a deux sacrements, l'Ordre et le Mariage, que l'Église traite avec le même respect.

Et il y a pour le prêtre une obligation, qui n'est pas un sacrement: le célibat consacré. Si le prêtre obtient sa laïcisation, il est dispensé de son voeu de chasteté, non du sacrement de l'Ordre; il demeure prêtre. En d'autres mots, il gardera toujours son pouvoir sacramentel sur le Corps du Christ, c'est-à-dire ce triple pouvoir de sanctifier, de gouverner et d'enseigner comme prêtre, même s'il ne peut plus exercer ces fonctions. Quant à son statut personnel, en vertu des dispenses reçues, il peut adopter le style de vie d'un laïc.

De même, les religieux peuvent être dispensés de leurs voeux, car il ne s'agit pas d'un sacrement.

QUE PENSER DU «MOUVEMENT SACERDOTAL MARIAL»?

* * *

Voici quelles furent les origines de ce Mouvement dont l'expansion, bien que discrète, ne cesse de s'amplifier partout dans le monde.

Dom Stefano Gobbi, prêtre italien de Milan, de passage à Fatima, le 8 mai 1972, reçut de Marie l'inspiration de lancer cette oeuvre. L'expansion rapide atteste que la Vierge Marie est vraiment à l'origine de ce Mouvement Sacerdotal Marial (M.S.M.) dont les laïcs ne sont pas exclus.

Le succès tient sans doute aux trois grands objectifs du Mouvement: 1) la consécration au Coeur Immaculé de Marie; 2) la fidélité au Pape et à l'Église; 3) l'effort pour répandre la consécration mariale.

Ce Mouvement n'est affilié à aucune autre association. Il ne possède pas de structure juridique, se révèle esprit plus qu'organisation. Il est vraiment un don de Marie à l'Église, à notre Église contemporaine en proie à de lourdes épreuves.

Dom Gobbi reçoit des messages de Marie grâce à des «locutions intérieures». Ces «locutions intérieures» sont-elles d'origine divine?... Il faut toujours discerner selon les critères de l'Écriture et de l'enseignement de l'Église; aussi selon les fruits. Ces messages sont publiés dans un livre traduit en de nombreuses langues. Ce «livre bleu», tiré à plusieurs centaines de milliers d'exemplaires, est expédié gratuitement, bien que tout don soit bienvenu pour défrayer les dépenses. Ce livre est le document de base du Mouvement Sacerdotal Marial.

Les messages s'adressent «aux prêtres, les fils de prélilection de la Vierge». Ils nourrissent aussi la piété des laïcs, des religieux et religieuses, de ces membres associés qui aiment leurs prêtres et se soucient de leur sanctification. Beaucoup de ces prêtres et de ces laïcs se groupent en des cénacles pour prier et fraterniser, progresser spirituellement, se recommander à la Vierge et devenir des apôtres de Marie. Parfois, des retraites ou des journées de ressourcement leur sont offertes pour intensifier leur abandon filial.

Dom Gobbi est venu au Québec. Plus d'une fois, une grande assistance l'accueillait avec joie au Sanctuaire de Sainte-Anne-de-Beaupré.

Grâce à lui, de nombreux prêtres et de nombreux laïcs aiment mieux le Seigneur et la Vierge, prient avec plus de ferveur, s'unissent fraternellement et produisent de bons fruits. Au Canada français, le Mouvement Sacerdotal Marial rassemble plusieurs milliers de personnes en des centaines de cénacles de prière.

Il est facile d'établir un cénacle. Il suffit que deux personnes ou plus, prêtres ou laïcs, s'unissent pour réciter le chapelet, méditer les messages, prier pour le Pape et renouveler leur consécration mariale.

ILS SOUHAITENT QUE LES PRÊTRES SORTENT SI CE N'EST PAS LEUR VOCATION

Plusieurs nous disent qu'ils n'ont plus confiance aux prêtres. Ils ne comprennent pas qu'ils soient humains comme eux.

* * *

Qu'ils sortent si ce n'est pas leur vocation, voilà un peu ce qui se fait, car plusieurs prêtres, pour différents motifs, ont cessé leur ministère sacerdotal. D'autres ont obtenu la permission de se marier, en étant dégagés du voeu du célibat ecclésiastique.

Selon l'enseignement du Christ, ce n'est pas à nous de juger les personnes, leurs motivations intérieures (Mt 7, 1). Pas même les prêtres qui nous semblent fautifs!

Vous dites bien qu'ils sont humains comme les autres, même si leur vocation est sublime, la plus noble qui soit. En devenant prêtres, ils ont répondu généreusement à l'appel divin.

Ils gardent les pulsions des passions humaines. Aujourd'hui, ils vivent dans un monde à l'atmosphère viciée. Il ne leur est pas possible de se préserver de tout mal, à moins de trouver dans la prière et la vie intérieure la force divine. Souhaitons-leur aussi l'appui de saines amitiés qui stimulent au bien et qui appuient les prêtres de la prière et de la collaboration.

Si la vocation sacerdotale est en état de crise, sachons qu'il en est ainsi de toutes les vocations, même de celle au mariage.

Admirons l'Église qui, sous la force de l'Esprit, continue de nous soutenir par ses pasteurs, par une multitude de saints prêtres, chez nous et dans les pays de mission. Il y a dans le monde plus de 4000 évêques et plus de 400 000 prêtres.

Et, si la télévision, la radio et les journaux font leurs manchettes de quelques prêtres qui faiblissent, ne généralisons pas. Souvenons-nous du proverbe qui dit: «L'arbre qui tombe fait beaucoup de bruit, mais on n'entend pas la forêt qui pousse».

Il y a une forêt qui, sans bruit, pousse sans cesse...

POURQUOI L'ÉGLISE DÉFEND-ELLE AUX PRÊTRES DE PRENDRE UNE ÉPOUSE?

La Bible ne le défend pas, les diacres permanents et les pasteurs des autres dénominations le font, et ça ne va pas si mal.

* * *

Les diacres permanents, une fois ordonnés, ne peuvent se marier, ni se remarier s'ils deviennent veufs.

Le célibat du prêtre est une richesse d'Église depuis près de deux mille ans. Très tôt, beaucoup de prêtres ont choisi la virginité pour le Christ. Tellement que l'Église fit du célibat consacré, du célibat pour le Royaume, une loi et une condition du sacerdoce! Ce célibat devint obligatoire au 4e siècle, d'après une législation qui remonte à cette époque; le concile de Latran, en 1139, l'a plus officiellement instauré.

Il y a exception pour les Catholiques de rite oriental qui, selon leurs coutumes, peuvent se marier avant l'ordination, mais non après.

Saint Paul écrit: «Je voudrais vous voir exempts de soucis. L'homme qui n'est pas marié a souci des affaires du Seigneur, des moyens de plaire au Seigneur. Celui qui s'est marié a souci des affaires du monde, des moyens de plaire à sa femme; et le voilà partagé» (I Co 7, 32-33). «Il y a des eunuques», disait Jésus, «qui se sont eux-mêmes rendus tels en vue du Royaume des cieux; comprenne qui pourra!» (Mt 19, 12). Il ne faudrait pas pour autant et d'aucune façon dévaloriser la beauté du sacrement de mariage. La plus belle vocation est l'appel qui nous vient du Seigneur.

Forte d'une tradition qui remonte à ses débuts, je ne crois pas que l'Église autorise jamais le mariage des prêtres. Il en est de même pour l'Église Orthodoxe. Cependant, l'Église pourrait permettre, un jour, que des prêtres soient choisis parmi des hommes mariés de conduite exemplaire. Le mariage aurait alors lieu avant l'ordination à la prêtrise. C'est ce qui est autorisé depuis toujours dans l'Église Orthodoxe et dans l'Église Catholique de rite oriental. Cette Église Catholique de rite oriental représente environ 12 millions de Catholiques.

Malgré la pénurie des prêtres, le Pape maintient la loi de l'Église plutôt que de s'ajuster aux valeurs de la société contemporaine. Les avantages spirituels et pastoraux lui semblent plus importants.

L'Église exige le célibat ecclésiastique pour que le prêtre se donne généreusement au Seigneur; il est libre d'aimer totalement son unique épouse, l'Église, et de se dévouer pour elle. Le prêtre prolonge le Christ et suit son exemple. Par son célibat, le prêtre annonce le Royaume à venir (Directoire pour le ministère et la vie des prêtres, 58-59).

«L'Église, comme Épouse de Jésus Christ, veut être aimée par le prêtre de la manière totale et exclusive avec laquelle Jésus Christ Tête et Époux l'a aimée» (Pastores dabo vobis, 29).

LES ABUS SEXUELS DE CERTAINS PRÊTRES

Pourquoi parle-t-on à la radio contre les prêtres catholiques comme quoi ils violent des femmes et peut-être des enfants?

* * *

Les moyens de communication moderne, télévision, cinéma, radio, presse, mettent facilement en lumière tous les drames de la vie, la guerre, la violence conjugale, les actes immoraux. La vertu, elle, ne cause pas de bruit et ne fait pas la une des journaux.

C'est ce qui explique la notoriété donnée à certains actes scandaleux, surtout s'ils sont l'oeuvre de personnes bien en vue. Ainsi en est-il au sujet de certains membres du clergé. N'oublions pas que les mass médias traitent aussi d'autres faits scandaleux, attribués à des parents incestueux, à des notables de la vie civile, etc.

En 1993, le Pape Jean-Paul II transmettait un message aux évêques américains, au sujet de la pédophilie et d'autres abus sexuels. Aux évêques canadiens des Maritimes, il déclarait: «J'ai personnellement partagé cette angoisse avec vous et elle a été le motif de beaucoup de prières pour ceux qui ont été victimes de ces inconduites sexuelles, ainsi que pour ceux qui s'en sont rendus coupables».

Il citait le Christ: «Malheur au monde à cause des scandales», surtout quand il s'agit de jeunes (Mt 18, 6-7). Le Pape s'unit à la souffrance des évêques, des prêtres et des fidèles devant ces faiblesses de quelques prêtres, dont plusieurs se sont repentis, et les traumatismes subis par les victimes. Il faut secourir les uns et les autres. Le Saint-Siège et les évêques étudient la situation avec des experts afin d'y remédier.

Il est malheureux, ajoute le Saint-Père, que les médias, tout en jouissant d'une juste liberté d'information, fassent du mal moral une occasion de sensationnalisme dont se nourrit l'opinion publique. Ce sensationnalisme constitue un danger pour la moralité.

Que ces gestes déplorables étalés devant le grand public, écrit le Pape, ne nous fassent pas oublier la somme incalculable d'actes de vertu et de charité d'hommes et de femmes consacrés au service du Seigneur.

Ne généralisons pas le nombre de personnes consacrées ou de prêtres pris en défaut. Il est aisé de garder nos yeux rivés au sol à y fixer des fruits tombés de l'arbre de l'Église. Levons les yeux. Contemplons l'arbre millénaire de l'Église toujours chargé d'une multitude de bons fruits. Il y a de fervents religieux et religieuses et d'excellents laïcs. Il y a une foule de prêtres saints et zélés.

PLUSIEURS PRÊTRES NE PORTENT PAS LE COLLET ROMAIN...

C'est un honneur d'être prêtre, on pourrait reconnaître les prêtres en les voyant. Les prêtres anglicans le portent.

* * *

Je ne sais si les ministres anglicans le portent tous et toujours.

J'aimerais, cependant, que chacun et chacune s'examinent, moins sur le comportement des prêtres, mais sur sa façon personnelle d'agir en chrétien. À la fin de notre vie, chacun sera jugé, non sur la conduite des autres, mais sur la sienne. Surtout sur l'essentiel, la charité!

Je ne veux pas condamner mes confrères prêtres qui ne portent pas le collet romain. S'ils ne le portent pas, c'est probablement qu'ils ne veulent pas créer une distance inutile avec les fidèles, surtout auprès des jeunes.

Tous ne sont pas d'accord. Laissons-leur la décision, même si nous n'approuvons pas leur conduite.

Plusieurs prêtres portent le collet romain, du moins lors de cérémonies religieuses. D'autres affichent une petite croix qui les distingue assez clairement.

L'essentiel, c'est de vivre pleinement notre vie de disciples du Christ et d'honorer le Seigneur du fond de notre coeur, et non seulement par des insignes extérieurs qui, cependant, ne sont pas sans valeur de témoignage, comme le rappelle le «Directoire pour le ministère et la vie des prêtres» publié en 1994: «On ressent aujourd'hui particulièrement la nécessité que le prêtre - homme de Dieu, dispensateur de ses mystères - soit reconnaissable par la communauté, également grâce à l'habit qu'il porte...» (66).

Ce Directoire, à la suite de l'Exhortation «Pastores dabo vobis» (1992), répond aux interrogations que se posent les prêtres face aux défis de la nouvelle évangélisation.

DES PRÊTRES ONT BÉNI LA GUERRE...

Est-ce que l'Église Catholique a demandé pardon pour ses prêtres qui bénissaient la guerre?

* * *

L'Église Catholique se compose de prêtres et aussi de laïcs...

Elle enseigne qu'il peut exister une guerre juste et légitime, par exemple pour défendre son pays contre l'agresseur. Par contre, aujourd'hui, alors qu'il y a destruction horrible de vies humaines lors de guerres qui peuvent être nucléaires, les Papes répètent sans cesse: «Jamais plus la guerre!». Qu'on lise les interventions fréquentes de l'Église pour que s'établisse la paix, surtout dans les pays où elle est menacée. Ces interventions continuelles de l'Église ne font pas toujours les grands titres des journaux, et des Catholiques en demeurent ignorants.

De nos jours, il y a déification de la nation, dans un nationalisme à la Hitler qui n'a rien du patriotisme légitime. Suite aux actes barbares perpétrés en certains pays, le Pape Jean-Paul II a proclamé la licéité d'une ingérence humanitaire, d'une intervention armée qui serait légitime pour que prennent fin la tuerie d'êtres innocents, l'élimination ethnique, les viols et les déportations. Personne ne se surprend d'interventions policières quand il y a meurtre ou actes de violence; pourquoi en serait-il autrement quand des peuples sont brutalement décimés ou anéantis?

POURQUOI ES-TU DEVENU PRÊTRE?

Un enfant

* * *

Ma réponse est personnelle et, pourtant, elle ressemble à la réponse que pourraient livrer nombre de prêtres, de religieux et religieuses.

Je suis devenu prêtre parce que Dieu l'a voulu. Je crois qu'il a daigné me choisir et m'appeler. Son appel, je l'ai entendu dans mon coeur, alors que j'étais jeune. Dieu avait préparé ma vocation en me donnant des parents simples, bien ordinaires, mais bons. Aussi en mettant sur ma route des éducateurs consciencieux et des prêtres qui étaient de bons pasteurs.

Quand j'y pense, je ne vois rien d'extraordinaire dans les débuts de ma vocation. Les racines ont poussé, mais avec le temps. Elles ont grandi au fur et à mesure que j'ai vieilli, grâce à la prière, aux conseils reçus, au secours du Seigneur. Mes motivations ont gagné en profondeur.

Je suis devenu prêtre après avoir reçu une formation spirituelle et doctrinale appropriée. Les études se sont poursuivies pendant des années, jusqu'au matin de mon ordination sacerdotale.

Les ans ont passé. La vie n'a pas toujours été facile; elle ne l'est pour personne, quel que soit l'état de vie. Je te dis seulement que j'ai connu de grandes joies comme prêtre, d'extraordinaires consolations spirituelles et pastorales, de fortes amitiés chrétiennes.

Je m'efforce de mieux aimer le Seigneur à qui j'ai donné ma vie. J'espère qu'il continuera d'être bon pour moi. J'aime ma famille du ciel, surtout la Vierge Marie, sainte Anne, les saints et les saintes de Dieu. J'aime aussi ma famille naturelle et cette grande famille terrestre, ces hommes, ces femmes, ces jeunes que je côtoie chaque jour.

Je n'ai jamais regretté d'être prêtre. Pas un seul instant!

Toi, jeune, prie pour qu'il y ait beaucoup de bons prêtres.

Si le Seigneur t'invitait à devenir prêtre, je te dirais que tu es privilégié, qu'il n'y a rien de si emballant! Surtout aujourd'hui!

QUE SONT DEVENUS LES FAMEUX «PRÊCHES» D'AUTREFOIS?

Où s'en va la religion catholique? Il y a 40-50 ans, tout était péché. À présent, ça sent la pourriture, avec le divorce, les jeunes qui font l'amour à 12 ans...

Vous, les prêtres, ça ne vous dérange pas que les gens aillent communier la grande allée pleine dans l'église, avec des divorcés remariés, etc.?

Je ne voudrais pas être à votre place car, en conscience, vous êtes responsables des âmes qui se perdent.

* * *

Il ne faut pas tout caricaturer.

Il y a un fond de vérité dans ce que vous écrivez. Trop de chrétiens et de chrétiennes ont basculé d'une religion de lois sévères dans une religion vide de tout dogme et de toute morale.

D'un Dieu-Juge on a passé à un Dieu-Gâteau.

À bon droit, nous mettons l'accent, aujourd'hui, sur un Dieu qui est Amour, sur un Père du ciel qui nous aime, nous, ses enfants, sur la Bonne Nouvelle qu'il a envoyé son Fils pour nous sauver. Mais nous devons nous souvenir que notre vie consiste, en retour, à aimer Dieu de tout notre coeur et le prochain comme nous-même. Nous ne pouvons aimer Dieu sans garder ses commandements (Jn 15, 10). Il faut aimer le Seigneur et le prochain par nos actions (I Jn 3, 18).

Est-ce uniquement la faute des prêtres, si tant de personnes ont chaviré dans la vie facile et libre, dans la négligence du Seigneur, de l'Église et des commandements? Faut-il, comme dans le passé, fulminer contre le péché et tonner les menaces de l'enfer? Évidemment, les pasteurs ne doivent pas devenir «des chiens muets, incapables d'aboyer» (Is 56, 10), mais la déchristianisation est un phénomène complexe.

Je vous réponds: «Aimez vos prêtres, ne critiquez pas vos prêtres. Ils sont les représentants de Dieu. Respectez-les si vous respectez Celui dont ils tiennent la place comme pasteurs. Dieu sera leur Juge, pas vous! Vos prêtres ont une mission qui les dépasse.

Soutenez-les de votre affection, de votre collaboration, de vos prières. Les catholiques qui bâtissent l'Église de Jésus estiment les prêtres de Jésus et les soutiennent».

«Si tous ceux qui nous critiquent priaient pour nous, nous deviendrions vite des saints» (Mgr Ancel).

LES PRÊTRES N'ONT PAS TOUS LA MÊME ATTITUDE PASTORALE

Tel prêtre refuse l'absolution à une personne qui ne va pas à la messe le dimanche, afin de l'inciter à revenir à l'église. Tel autre baptise les enfants d'un couple qui vit en concubinage, en espérant qu'ils comprendront mieux les richesses de la vie chrétienne. Par ailleurs, un autre prêtre a refusé de baptiser les enfants de ma nièce dont la situation semble identique à la précédente.

Je m'aperçois que les prêtres n'ont pas tous la même attitude envers ce qui se passe dans la vie.

* * *

Comment guider les âmes sur le chemin de Dieu, sur la voie du salut? C'est l'action de la pastorale.

Quand tous vivaient sans heurts et de façon apparemment identique la vie chrétienne, la pastorale était plus facile.

Aujourd'hui, dans un monde en rapide mutation, chaque individu adopte une vitesse de croisière qui diffère de celle de son voisin. La pastorale doit s'adapter à chaque personne pour l'aider à progresser vers une meilleure fidélité au Seigneur.

Il faut fuir la rigidité et l'intransigeance qui risquent de briser le roseau froissé et d'éteindre la mèche fumante (Mt 12, 20). D'autre part, il ne faut pas taire les exigences de l'évangile. C'est là le ministère ardu et délicat des prêtres.

Il est souvent difficile de comparer deux situations. Il faut en connaître toutes les données. Il ne suffit pas de comparer les solutions finales sans savoir l'état d'âme des personnes. Les rôles peuvent se ressembler extérieurement sans que les personnes soient rendues au même point spirituel. La pastorale, tout en respectant les bornes de la doctrine, s'adapte à chacun et à chacune. La pastorale n'est pas pour les personnes déjà au but, ni pour les personnes qui ne veulent pas avancer.

Jésus lui-même a agi ainsi; nous le constatons en lisant l'Évangile attentivement. Lui, le Seigneur de tendresse, a exigé beaucoup du riche notable pour qu'il progresse spirituellement (Lc 18, 22-23). Il a été ferme et apparemment dur avec plusieurs pharisiens (Mt 23, 33).

Je sais qu'il peut y avoir des excès, soit dans une attitude trop rigoriste, soit dans un laisser-faire trop libéral. Les extrêmes, heureusement, sont rares. L'attitude de l'Église fondée par le Christ en est une de sagesse et de bonté. L'Esprit Saint continue de la guider. Faisons confiance à ses pasteurs. Appuyons-les de nos encouragements et de nos prières.

POURQUOI DES DIACRES?

Le diacre a-t-il le même pouvoir qu'un prêtre quand il baptise un enfant?

* * *

Oui, le diacre a le même pouvoir qu'un prêtre quand il baptise.

Le diacre permanent, tout comme le diacre qui se prépare au sacerdoce, a reçu le sacrement de l'Ordre. Il a été mandaté, de façon particulière, pour baptiser et proclamer la Parole de Dieu.

Quand donc il baptise, il le fait au nom du Seigneur et de l'Église. Tout comme l'évêque et le prêtre, il est le ministre ordinaire du baptême (Can. 861, 1).

Le diacre permanent, imitant Jésus Serviteur et l'Église Servante, est ordonné pour servir le Peuple de Dieu dans le domaine de la liturgie, de la Parole et de la charité. Son épouse, s'il est marié, l'appuie dans son ministère.

Il ne faudrait pas demander au diacre permanent l'impossible. Il n'est pas l'homme à tout faire. C'est pour cela que l'évêque détermine son ministère particulier. Il n'est pas un simple suppléant du prêtre.

La présence du diacre permanent dans l'Église ne diminue en rien le devoir de tout laïc d'utiliser ses charismes et même d'exercer un ministère. Le diacre permanent doit susciter une meilleure collaboration de tous les membres de l'Église. Il fait le lien entre les prêtres et le monde temporel dans lequel il continue lui-même de vivre. Il ne faut pas que la présence de diacres permanents crée une nouvelle classe et cléricalise davantage l'Église.

Si le ministère du diaconat permanent est bien compris par les prêtres, les laïcs et les diacres eux-mêmes, il est vraiment un don de l'Esprit à l'Église contemporaine.

N'Y A-T-IL PAS TROP DE DIACRES?

N'y a-t-il pas un danger qu'il y ait trop de diacres permanents et pas assez de prêtres?

* * *

Il y a, dans l'Église, trois ministères ordonnés au sein du clergé, celui de l'évêque (y compris l'évêque de Rome, notre Saint-Père le Pape), celui du prêtre et celui du diacre. Ces ministères sont d'origine apostolique, et nous voyons saint Ignace (mort en 107) en parler explicitement comme de ministères ordonnés bien reconnus.

Je me réjouis de la restauration du diaconat permanent par le concile Vatican II (Lumen Gentium, 29; Les Églises orientales catholiques, 17). C'est un cadeau de l'Esprit à l'Église. Je suis heureux de constater le nombre grandissant de diacres permanents et je souhaite qu'il croisse beaucoup plus.

Jean-Paul II disait: «Une exigence particulièrement ressentie lors de la décision de rétablir le diaconat permanent fut celle d'une présence plus grande et plus directe des ministres de l'Église en divers milieux: la famille, le travail, l'école, etc., ainsi que dans les structures pastorales existantes».

Ce ministère est une véritable vocation du Seigneur. Il ne peut donc entrer en compétition avec cette autre vocation de Dieu, la prêtrise.

C'est Dieu qui appelle, qui suscite des vocations. À lui de savoir le nombre idéal. À nous de le prier d'envoyer des ouvriers dans sa Vigne: prêtres, diacres, laïcs...

PARLEZ-NOUS DE LA VIE CONSACRÉE?

Qu'est-ce que les associés? J'ai 29 ans. Quoi faire?

* * *

Selon le Code de Droit canonique, il y a trois formes de vie consacrée: les instituts religieux, les instituts séculiers et les sociétés de vie apostolique.

⁄Les communautés religieuses traditionnelles, contemplatives ou actives, sont un «don essentiel à l'Église» qui compte plus d'un million de religieux et religieuses. Il existe 2 973 instituts religieux féminins et 492 masculins.

Nous connaissons aussi ces Instituts séculiers qui adoptent une Règle de vie, alors que ses membres vivent dans le monde.

Il y a enfin les Sociétés de vie apostolique, d'action apostolique et missionnaire.

Aujourd'hui, d'anciennes modalités de vie consacrée revivent: les ermites et les vierges consacrées.

De plus, des formes nouvelles de vie consacrée sont possibles; leur approbation est réservée au Siège apostolique (Canon 605). Sans cesse, nous voyons surgir de nouveaux bourgeons d'Église, des communautés nouvelles, souvent mixtes et même familiales.

À plusieurs de ces communautés, traditionnelles ou récentes, s'adjoignent des associés, des affiliés, des oblats, hommes et femmes... Ces personnes, tout en gardant leur état de vie et leurs occupations dans le monde, et sans se lier par des voeux publics, gravitent autour de ces communautés dont elles adoptent la spiritualité, le charisme et des modalités de prière. Elles sont soutenues alors qu'elles s'engagent au coeur du monde. Le phénomène des laïcs associés aux communautés prend de l'ampleur. Ces laïcs associés se comptent par milliers.

D'autres, sans s'affilier à une communauté, d'accord souvent avec l'évêque ou un prêtre, prononcent des voeux privés, alors que rien ne les distingue extérieurement. Ces personnes se consacrent au Seigneur dans le célibat ou dans la chasteté conforme à leur état de vie. Certaines le font qui sont célibataires, d'autres mariées, d'autres dans le veuvage, la séparation ou le divorce.

Les personnes qui s'engagent dans la virginité peuvent le faire lors d'une messe spéciale pour la consécration des vierges.

Priez, renseignez-vous auprès de l'office diocésain de vocation, peut-être auprès d'une communauté qui vous intéresse, consultez une personne avisée. L'appel de Dieu est un don précieux. Mais il faut discerner.

Le Synode des évêques, en octobre 1994, a étudié «La vie consacrée et sa mission dans l'Église et dans le monde», ses formes anciennes et nouvelles. Le temps est à la floraison...

UNE PERSONNE NE PEUT DEVENIR RELIGIEUSE À CAUSE DE SA SANTÉ

Est-il possible pour cette personne de consacrer sa vie à Dieu et à son service sans être religieuse?

* * *

Nous pouvons et nous devons tous consacrer notre vie à Dieu et à son service. De lui nous avons tout reçu; nous lui appartenons.

Il s'agit ici de consécration spéciale et explicite. La personne dont il est question peut-elle vivre une consécration spéciale et se donner totalement au Seigneur?

Oui, bien sûr! Trop l'ignorent!

Il existe une diversité de communautés, religieuses ou non, anciennes ou nouvelles.

Certaines communautés requièrent des candidates, de par leur but même, une bonne santé. D'autres ouvrent leurs portes à des jeunes dont la santé est plutôt faible. Beaucoup de religieux se sont sanctifiés en communauté malgré une santé précaire. Aux supérieurs et supérieures de décider des aptitudes!

L'éventail des communautés nouvelles fournit des avenues à explorer.

Plusieurs ne connaissent pas, non plus, l'existence des Instituts Séculiers, des Unions Apostoliques et des Associations de fidèles. La jeune fille concernée trouverait peut-être là une réponse.

N'oublions pas les Ordres séculiers, les Tiers-Ordres d'autrefois. Ma mère n'a jamais fait profession religieuse; elle l'aurait désiré. Sa joie était grande à la fin de sa vie; elle était devenue membre d'un Ordre séculier, celui des Servites de Marie.

Il y a des célibataires dans le monde qui ont fait voeu privé de chasteté et se sont consacrés au Seigneur. Il y a des personnes séparées et divorcées qui, voulant vivre dans la fidélité à l'évangile, ont fait de leur séparation une consécration. Plusieurs, hommes et femmes, appartiennent à la communauté «Solitude Myriam».

Existe une infinité de possibilités pour qui veut se consacrer spécialement au Seigneur.

Priez et consultez un conseiller spirituel.

Par-dessus tout, il y a l'appel à la sainteté, quel que soit l'état de vie!

QUEL EST LE RÔLE DES LAÏCS DANS L'ÉGLISE?

* * *

Un rôle de participation entière à la vie de l'Église. Le Synode d'octobre 1987 a insisté sur la vie et la mission des laïcs dans l'Église. L'exhortation apostolique de Jean-Paul II, «Christifideles laici», le 30 décembre 1988, ouvrait de nouveaux horizons.

Les laïcs chrétiens sont des baptisés, et ils ont le droit et le devoir d'exercer leurs responsabilités dans l'Église (Vatican II, L'Apostolat des laïcs, 3).

Le droit et le devoir...

Pourvu que ce soit en union avec leurs frères et soeurs, en union surtout avec les pasteurs, dans un partenariat légitime et la coresponsabilité.

Déjà, dans le Nouveau Testament, on voit saint Paul entouré de collaborateurs laïcs, hommes et femmes (Rm 16, 1ss; Ph 4, 3; Phm 24...).

On constate la contribution importante des laïcs à la vie ecclésiale au cours du Moyen-Âge, dans les cercles de la société, dans la vie religieuse, autour des abbayes, dans les corporations, les confréries, les Tiers-Ordres.

Pas au point d'éclipser la hiérarchie ou les fonctions du ministère ordonné! Ce fut l'un des dangers de la réforme protestante au 16e siècle.

Ni au point de tomber dans le laïcisme, celui du 18e siècle et du 19e siècle, alors qu'il y avait mépris de l'Église et du monde clérical!

Sous la poussée de l'Esprit Saint, les laïcs redécouvrent leur vocation et leur mission dans l'Église. Cela, depuis les origines de l'Action Catholique, et surtout récemment. Je me demande si ce n'est pas là la plus grande grâce accordée à l'Église depuis Vatican II.

Il faut prier pour les vocations sacerdotales, toujours nécessaires. Il y a un «bon cléricalisme»... Il faut aussi rendre grâce pour le nombre croissant de laïcs engagés dans l'Église, comme catéchètes et agents et agentes de pastorale, dans les paroisses et le diocèse, les mouvements, les écoles, la vie sociale et caritative. Plusieurs sont mandatés ou reconnus comme agents et agentes de pastorale. Leur ministère, s'il n'est pas le magistère, n'en garde pas moins toute sa nécessité. C'est le service, la diaconie, à la façon du Christ.

Écoutons Jean-Paul II: «Votre mission de fidèles laïcs, c'est d'être le sel, la lumière, l'âme du monde...».

D'abord au sein de votre famille, intacte ou non! Comme l'écrivaient les évêques du Canada, que la famille soit «le lieu par excellence de l'apprentissage et de l'expérience de l'amour inconditionnel, de la croissance, de la communication, de la transmission des valeurs, de la valorisation personnelle, du pardon, du bonheur et de la paix dans notre société». N'est-ce pas là le souci de l'organisme canadien et catholique «Action-Famille»?

COMMENT PRÉPARER LES LAÏCS QUI VEULENT S'ENGAGER?

Le prêtre aura de plus en plus besoin de laïcs pour le ministère.

* * *

Ce n'est pas la diminution du nombre de prêtres qui justifie en premier lieu le rôle plus actif des laïcs. C'est l'ecclésiologie nouvelle mise de l'avant par Vatican II; c'est cette conviction que l'Église est formée de tous les baptisés qui ont chacun et chacune une responsabilité dans l'Église. Les laïcs ont un rôle à assumer dans l'Église. Ce n'est pas une simple suppléance de ce que le prêtre n'arrive plus à faire. Le manque de prêtres ne fait que créer une urgence pour que les laïcs agissent.

Parmi ces laïcs se trouveront des agents et agentes de pastorale. «L'expression 'agents de pastorale laïques' désigne les personnes qui exercent une fonction reliée à la présidence de la communauté chrétienne (i.e. participation à la charge pastorale), sans pour autant être 'ordonnées'» (Les nouvelles pratiques ministérielles, p. 28).

Présence active des laïcs dans l'Église, d'accord! Ils ont leurs charismes. Toujours est-il qu'une préparation adéquate doctrinale et spirituelle s'avère nécessaire.

L'Église s'éveille à ce besoin prioritaire. Les diocèses ont mis sur pied des cours de formation aux nouveaux ministères, des écoles de la foi pour laïcs engagés. Les sessions se multiplient sur des points théologiques, sur des questions bibliques, sur des procédés de pastorale. Si nous aimons le Seigneur, si nous voulons le proclamer avec efficacité, ne négligeons pas ces cours et ces sessions.

Nombreux sont les laïcs, hommes et femmes, qui se spécialisent en théologie et en pastorale!

POURQUOI DES LAÏCS NE PEUVENT-ILS CÉLÉBRER LA MESSE?

Les laïcs ne peuvent-ils baptiser validement, tout aussi bien que le prêtre? Nous manquons de prêtres pour célébrer la messe.

* * *

Oui, les laïcs, hommes ou femmes, peuvent baptiser validement. Le Code de Droit canonique stipule que «là où le besoin de l'Église le demande par défaut de ministres, les laïcs peuvent aussi... présider les prières liturgiques, conférer le baptême et distribuer la sainte communion...» (Can. 230, 3).

Toutefois, pour baptiser licitement, il leur faut une raison sérieuse. Nous lisons dans le Code: «Le ministre du baptême est l'évêque, le prêtre et le diacre...»(Can. 861). En guise d'exemple, l'administration du baptême fait partie des fonctions spécialement attribuées au curé (Can. 530, 1). «Si le ministre ordinaire est absent ou empêché, un catéchiste ou une autre personne députée à cette charge par l'Ordinaire du lieu confère licitement le baptême, et même, dans le cas de nécessité, toute personne agissant avec l'intention requise...» (Can. 861).

S'il en est ainsi du sacrement du baptême, ne peut-on agir de la même façon au sujet de l'Eucharistie, permettre à des laïcs de célébrer la messe en l'absence d'un prêtre?

Consultons de nouveau le Droit Canon. Très explicitement, il est écrit: «Seul le prêtre validement ordonné est le ministre qui, en la personne du Christ, peut réaliser le sacrement de l'Eucharistie» (Can. 900).

«Par le sacrement de l'Ordre, d'institution divine, certains fidèles sont constitués ministres sacrés par le caractère indélébile dont ils sont marqués...» (Can. 1008). Seul le prêtre peut consacrer le pain et le vin. Rappelons-nous que «le Sacrement le plus vénérable est la très sainte Eucharistie» (Can. 897). Elle est l'action du Christ lui-même et de l'Église. Elle s'accomplit sous la présidence de l'évêque ou du prêtre sous l'autorité de l'évêque (Can. 899).

La loi de l'Église est formelle; elle repose sur le choix fait par Jésus des Apôtres et de leurs successeurs, à qui il a confié de faire ceci, la consécration du pain et du vin, en mémoire de lui (Mt 26, 26; Mc 14, 22; Lc 22, 19; I Co 11, 24).

En 1983, la Congrégation pour la Doctrine de la Foi rappelait la nécessité de l'ordination sacerdotale pour la célébration de l'Eucharistie. Elle ne faisait qu'entériner ce qui fut toujours la foi et la pratique de l'Église. C'est d'ailleurs ce qu'enseignent le concile de Trente et Vatican II. Les prêtres sont les ministres de la liturgie et, dans le mystère du sacrifice eucharistique, ils exercent leur fonction principale (Le ministère et la vie des prêtres, 13). Le 22 avril 1994, le Pape mettait l'accent sur les «différences irréductibles» entre fidèles laïcs et prêtres.

Pour nous convaincre que les prêtres seuls, de par leur ordination et l'imposition des mains, ont cette mission de célébrer l'Eucharistie, il faut comprendre l'Église telle que voulue par le Christ, avec sa hiérarchie et les fonctions sacerdotales de cette hiérarchie.

QUE PENSEZ-VOUS DES FEMMES DANS L'ÉGLISE?

* * *

Je ne veux pas entrer dans des controverses, et faire le jeu de tendances qui, de part ou d'autre, peuvent devenir excessives et trop émotives. Mais des injustices sont à corriger. La quatrième Conférence mondiale sur les femmes, tenue à Beijing en 1995, y aura travaillé.

Certains ne peuvent admettre que des femmes enseignent dans l'Église. Ils se réfèrent à l'épitre de saint Paul à Timothée (I Tm 2, 12-15). Mais, l'Église, de par son magistère, a nommé des femmes doctoresses de l'Église, sainte Catherine de Sienne, sainte Thérèse d'Avila. Bientôt, nous l'espérons, s'ajoutera le nom de sainte Thérèse de l'Enfant-Jésus. Cette jeune sainte nous a montré le vrai chemin du Royaume, la voie de l'enfance.

Saint Paul a écrit: «Baptisés dans le Christ Jésus, ... il n'y a ni Juif ni Grec, il n'y a ni esclave ni homme libre, il n'y a ni homme ni femme; car tous vous ne faites qu'un dans le Christ Jésus» (Ga 3, 27-28).

La femme et l'homme sont membres égaux dans la Famille de Dieu, même s'il y a diversité de fonctions, comme l'affirme l'Église.

L'Église du passé a fait beaucoup pour la femme. Nous le constatons en comparant l'évolution de la société chrétienne face à d'autres sociétés. Il suffit de voyager quelque peu pour s'en rendre compte.

Sans tomber dans un féminisme excessif, et parfois plus païen que chrétien, nous pouvons espérer une présence toujours plus grande et plus sentie de la femme dans l'Église et la société. Peut-être a-t-on attaché trop peu d'importance au texte de Jean-Paul II: «Dignité et vocation de la femme».

Il y a encore beaucoup à faire pour que la femme, déjà très active, puisse remplir toutes ses responsabilités. Le langage inclusif, même s'il affronte des difficultés, assure un plus grand respect du sexe féminin. Il peut, toutefois, devenir excessif, par exemple en ce qui regarde la Trinité. Cependant, tout féminisme n'est pas radical! Une opposition rigide, et peu conforme à l'esprit du Christ, causerait une hémorragie dans l'Église, croit le cardinal Danneels.

QUELLE ATTITUDE ADOPTER VIS-À-VIS LE SACERDOCE DES FEMMES?

Je suis mal à l'aise face à l'attitude des femmes qui revendiquent la prêtrise dans l'Église.

* * *

Il existe une controverse touchant l'ordination des femmes. Les pasteurs, canonistes, théologiens et théologiennes, expriment en une multitude de livres, de revues, d'articles, des opinions diamétralement opposées...

La place de la femme dans l'Église semble vouloir se concrétiser dans le ministère ordonné; sinon, elle est un leurre pour beaucoup. Les pasteurs de l'Église, qualifiés parfois de misogynes, évolueront-ils là-dessus? Le peuvent-ils?

Vous êtes mal à l'aise face à l'attitude des femmes qui revendiquent la prêtrise dans l'Église. Vous avez droit à votre position qui est celle de l'Église officielle.

Mais, respectez, sans devoir les approuver, les personnes qui diffèrent de votre opinion.

Si beaucoup souscrivent à la position actuelle du Magistère, sont d'avis que rien ne peut changer là-dessus sans trahir le Christ et cette longue Tradition qui remonte aux temps apostoliques, d'autres, par contre, croient que, selon l'exemple de l'Église anglicane, la position de l'Église peut et doit changer, qu'il existe une discrimination fondée sur le sexe et une culture patriarcale dépassée, que rien ne s'oppose théologiquement à l'ordination des femmes, que la Tradition doit rester vivante.

Il importe de discerner la volonté de Dieu. Cette volonté de Dieu n'est pas simplement la satisfaction de notre pensée et de nos goûts personnels. La vocation au sacerdoce demeure toujours un appel, non pas d'une foule, mais de Dieu. «Nul ne s'arroge à soi-même cet honneur, on y est appelé par Dieu» (He 5, 4).

La femme a des richesses, des qualités et une mission que l'homme n'a pas. Elle a tout lieu de s'en réjouir. Pour nous en convaincre, lisons le livre de Jo Croissant «La femme sacerdotale ou Le sacerdoce du coeur»; c'est un trésor de sagesse à saveur biblique.

Le Seigneur faisait fi des préjugés de son temps et honorait la femme. Librement, il n'a choisi que des hommes pour le ministère sacerdotal. Le prêtre représente le Christ, l'Époux qui se dévoue pour l'Église, l'Épouse, au sein de l'alliance nouvelle. Ce symbolisme, ancré dans l'Écriture Sainte, est important pour l'Église Catholique et l'Église Orthodoxe.

La femme, elle, représente Marie, Vierge, Épouse et Mère. Max Thurian, membre de la communauté oecuménique de Taïzé, France, souligne que les Églises qui ordonnent des femmes n'ont, en général, pas de communautés religieuses féminines.

Si nos pasteurs, surtout le pasteur suprême qu'est le Pape, insistent pour dire que la volonté de Dieu n'est pas que les femmes soient ordonnées prêtres, je crois que cette prise de position comporte un élément important de discernement...

Rappelons-nous la déclaration «Inter insigniores» de Paul VI en 1977, celle de la Congrégation pour la Doctrine de la Foi le 15 octobre 1986, et la lettre apostolique sur la «Dignité et vocation de la femme» de Jean-Paul II en 1988.

Il ne faut pas lire l'Écriture Sainte sans référence à la Tradition. Cette Tradition doit demeurer vivante, mais fidèle à elle-même. Il ne doit pas y avoir de hiatus, de brisure avec le passé, mais une croissance homogène. C'est au Magistère qu'est dévolu le discernement à cet égard. Quel que soit le désir, fut-il d'une majorité, l'Église ne peut pas faire ce qu'elle veut, pas même le Pape; l'Église doit se conformer à la volonté du Christ.

L'attitude de l'Église Catholique est aussi l'attitude très ferme de l'Église Orthodoxe, bien que certains théologiens et théologiennes orthodoxes commencent à se questionner à ce sujet. À la suite de la décision du Synode de l'Église d'Angleterre, le 11 novembre 1992, en faveur de l'ordination des femmes, le Patriarcat de Constantinople a exprimé son désappointement: «Quant à l'ordination des femmes, l'Église Orthodoxe suit, pour des raisons théologiques, canoniques et historiques, la tradition séculaire de l'Église indivise... Elle ne permet pas aux femmes l'accès à la prêtrise et encore moins à l'épiscopat, n'excluant cependant pas la possibilité de restaurer l'ordre distinct des 'femmes diacres', qui fut très répandu dans la pratique de l'Église ancienne».

Le Pape lui-même réagissait devant cette position des Conférences de Lambeth. Il maintenait la position de Paul VI: «La Congrégation pour la Doctrine de la Foi estime devoir rappeler que l'Église, par fidélité à l'exemple de son Seigneur, ne se considère pas autorisée à admettre les femmes à l'ordination sacerdotale» (Inter insigniores).

Nombre de ministres anglicans, qui n'approuvent pas la décision de leur Église d'ordonner des femmes, ont décidé de se joindre à l'Église Catholique et, quelques-uns, à l'Église Orthodoxe. Ils n'auraient pas agi ainsi s'ils n'avaient eu la certitude que la position de l'Église Catholique et de l'Église Orthodoxe est sérieuse, et même irrévocable.

Il y a une trentaine d'Églises anglicanes dans le monde, avec 520 évêques et 70 millions de fidèles... La décision de ces Églises d'ordonner des femmes prêtres et évêques crée-t-il un nouvel obstacle pour l'effort oecuménique? Non, répond le cardinal Ratzinger, car existe depuis le 16e siècle une conception différente du sacerdoce, considéré par les uns comme sacrement voulu par le Christ, par les autres comme service décidé par la communauté.

La position de l'Église, ajoute le cardinal, n'enlève rien à «l'égale dignité de l'homme et de la femme, surtout par rapport à la sainteté... Devant Dieu, à la fin, ne compte que la sainteté».

Le Pape lui-même adressait une lettre aux femmes, le 29 juin 1995, pour souligner leur dignité et leurs droits à la lumière de la Parole de Dieu.

Mais la décision de l'Église catholique touchant la non-ordination des femmes s'avère inaltérable. Dans sa Lettre Apostolique du 22 mai 1994, le Pape écrivait: «C'est pourquoi, afin qu'il ne subsiste aucun doute sur une question de grande importance qui concerne la constitution divine elle-même de l'Église, je déclare, en vertu de ma mission de confirmer mes frères (Lc 22, 32), que l'Église n'a en aucune manière le pouvoir de conférer l'ordination sacerdotale à des femmes et que cette position doit être définitivement tenue par tous les fidèles de l'Église» («Ordinatio sacerdotalis»).

Le 28 octobre 1995, la Congrégation pour la Doctrine de la Foi déclarait que cette doctrine appartenait «au dépôt de la foi» et qu'il fallait la «tenir de manière définitive». Elle «exige un assentiment définitif», affirme la Congrégation, «parce qu'elle est fondée sur la Parole de Dieu écrite, qu'elle a été constamment conservée et mise en pratique dans la Tradition de l'Église depuis l'origine et qu'elle a été proposée infailliblement par le Magistère ordinaire et universel».

Les évêques du Canada adhèrent loyalement à cette position du Pape touchant la non-ordination des femmes, tout en faisant preuve de sensibilité pastorale pour une meilleure participation des femmes à la vie de l'Église.

- III -

CERTAINS SACREMENTS

Dans cette section, je réponds
à certaines questions qui portent
sur la liturgie et divers sacrements.
Je traiterai, plus loin, des questions
qui touchent au mariage.

PARLEZ-NOUS DES SACREMENTS

Des parents évangélistes me disent que c'est l'Église qui a rajouté les sacrements.

* * *

Jésus Christ est le grand Sacrement ou Signe de l'amour de Dieu. Il a créé l'Église pour qu'à son tour, elle soit le signe, le sacrement de salut pour tous les humains. Elle le devient grâce, en particulier, aux sept sacrements institués par Jésus.

Les sept sacrements sont des signes efficaces de l'amour de Dieu. Ils nous accompagnent à toutes les étapes importantes de notre vie, de la naissance à la mort, au temps du mariage ou du sacerdoce. Ils nous confirment dans la foi et nous fortifient dans la maladie ou l'âge avancé. Ils nous nourrissent de Dieu.

Les sacrements répètent, en l'Église, les gestes sauveurs de Jésus qui ne nous laisse pas orphelins, comme il l'a promis (Jn 14, 18).

Le Nouveau Testament mentionne des actions qui devinrent des rites fixes; l'usage prouva qu'ils étaient salutaires. Exemples: imposition des mains, pardon des péchés, onction des malades...

Yves Congar, O.P., soulignait l'importance primordiale du baptême et de l'Eucharistie. Leur importance spéciale vient d'un désir formel de Jésus.

Le Christ, soulignait le Père A.-M. Roguet, O.P., a institué chaque sacrement, c'est-à-dire, «l'octroi d'une grâce spéciale, garantie à certaines conditions, exprimée dans certains signes, pour répondre à un besoin de l'homme que le Christ a jugé bon de satisfaire».

Derrière les sept sacrements, écrit saint Thomas, il y a une «force divine» qui produit divers effets, selon chaque sacrement. C'est le Christ lui-même qui opère dans ce sacrement. Les éléments essentiels de ce signe ne peuvent être modifiés par l'Église.

ILS NOUS DISENT QU'IL FAUT RENAÎTRE

***

En plusieurs milieux, on insiste sur la nécessité de renaître pour être de vrais disciples du Christ. Ceux qui ont des amis de langue anglaise sont invités à se joindre aux «Reborn» ou «Born again».

Mais faire une expérience religieuse de Jésus, nous donner à lui, recevoir l'effusion de l'Esprit, n'est pas une re-naissance comme le fut notre baptême.

Le Seigneur enseigne à Nicodème l'obligation de renaître d'eau et d'Esprit pour entrer dans le Royaume de Dieu (Jn 3, 1-21). Le Seigneur Jésus envoya ses apôtres en mission et leur enjoignit de baptiser (Mt 28, 19; Mc 16, 16). C'est pour ces raisons que nous avons été baptisés. Le baptême nous a fait renaître. Nous sommes, nous, Catholiques, des «renés», des «reborn», selon la volonté de Jésus. À nous d'en devenir conscients et d'utiliser les grâces de notre baptême! Le baptême sacramentel nous a fait re-naître une fois pour toutes à une vie spirituelle et éternelle.

La re-naissance du baptême nous obtient le salut. Pourvu qu'ensuite nous demeurions fidèles au Seigneur! Saint Paul, s'adressant aux re-nés, aux «reborn» de son temps, leur enjoint de travailler fermement à leur salut (Ph 2, 12).

POURQUOI LE BAPTÊME DES PETITS ENFANTS?

Dans le Nouveau Testament et au cours des premiers siècles, on ne baptisait que les adultes.

***

Je ne suis pas d'accord avec une telle assertion. Au contraire, je crois qu'elle contredit les données du Nouveau Testament et de l'histoire.

Le Christ n'a pas restreint la nécessité du baptême aux seuls adultes, tout comme il ne rejette pas de son Royaume les petits enfants. «Laissez les petits enfants venir à moi!» (Mc 10, 14). Lorsque saint Paul baptise des familles entières, pourquoi supposer qu'il exclut les enfants (I Co 1, 16; Ac 16, 15. 33)?

Quant aux Pères de l'Église, ils soutiennent l'importance du baptême des enfants. Saint Irénée, martyrisé en 202, l'affirme quand il parle des nouveau-nés. Origène, mort un peu plus tard au 3e siècle, soutient que le baptême des enfants remonte au temps des Apôtres. Saint Cyprien, à la même époque, est de la même opinion. Aussi le grand saint Augustin, mort en 430! Dès 418, le concile de Carthage condamnait l'opinion contraire! Même si la pratique du baptême des enfants n'était pas généralisée, elle était en vogue.

Hans Urs von Balthasar rappelait que la pratique de baptiser les enfants «remonte aux premiers siècles de l'Église». «Si on la supprimait, quelque chose de précieux manquerait à l'Église, quelque chose ne serait pas exprimé de l'amour de Dieu pour les petits enfants. En baptisant des nouveau-nés, l'Église dit admirablement que l'espérance de vie offerte par Dieu s'adresse à tout homme, quel que soit son âge» (Porté au baptême, 41). La Congrégation pour la Doctrine de la Foi invite les parents à faire baptiser les enfants sans tarder.

«La pure gratuité de la grâce du salut est particulièrement manifeste dans le baptême des enfants» (Catéchisme de l'Église catholique, 1250).

L'Église demande de ne pas retarder le baptême de l'enfant. Dès que la maman a repris ses forces, il convient de le faire baptiser.

Rendus adultes, les enfants auront à se prononcer sur Jésus Christ. Mais, déjà, ils auront connu Jésus, la vie en Église, les richesses chrétiennes, ce qu'il y a de meilleur. Ils jouiront des grâces du sacrement.

POURQUOI BAPTISER LES PETITS ENFANTS QUAND LA FAMILLE NE PRATIQUE PAS?

Ne vaudrait-il pas mieux attendre l'âge adulte?

* * *

D'autres m'écrivent: «Pourquoi ne pas baptiser les petits enfants, même quand leurs parents ne pratiquent pas? Faut-il pénaliser les enfants, les priver de cette grâce du salut?».

Tous les pasteurs font face à ce dilemme. Eux et les agents de pastorale savent que le baptême est le début d'une vie sur-naturelle pour l'enfant. Pour grandir dans cette vie, l'enfant aura normalement besoin de ses parents.

Le souci pastoral de l'Église n'est pas là pour brimer le droit des enfants, mais pour le protéger! Non pour lui refuser un don de Dieu, mais pour lui permettre d'en jouir! Non pour lui fermer le ciel, mais pour l'y orienter!

Il faut se référer à chaque cas. La foi des jeunes parents n'est pas morte parce qu'elle est faible et mal nourrie. Ils révèlent souvent cette foi qui dort en eux en demandant le baptême pour leur enfant. Faut-il leur dire non tout bonnement?

Ne vaut-il pas mieux profiter de leur demande pour faire un bout de chemin avec eux? N'existe-t-il pas une pastorale du baptême qui tient compte de la foi des parents?

Différer le baptême de l'enfant peut ne rien régler. Cette solution empêche de recevoir la vie surnaturelle dès que possible. Elle ne mise pas sur la grâce de Dieu, sur la grâce du baptême reçu. La décision radicale de refuser le baptême, au moins de le retarder, n'est heureusement pas fréquente. La présence de parrains ou de grands-parents chrétiens est un appui précieux en certains cas; elle permet d'espérer un accompagnement chrétien pour l'enfant.

Dans le doute, il me semble préférable de baptiser, tout en voyant à la meilleure préparation possible au baptême. Nous devons éviter le jansénisme pastoral qui n'accorderait le baptême qu'aux enfants de parents déjà adultes dans leur foi.

Le baptême demeure la porte des sacrements et une nécessité pour le salut, qu'il soit reçu ou, en certaines circonstances, désiré. Il délivre des péchés, rend enfant de Dieu et semblable au Christ; il incorpore à l'Église (Can. 849).

PUIS-JE BAPTISER DES ENFANTS NON BAPTISÉS?

Je garde le bébé d'une personne qui ne le fait pas baptiser. Est-ce que je peux le baptiser? Je ne le dirai au curé que s'ils se décident à le faire baptiser.

* * *

Non, vous ne pouvez baptiser ce bébé. La responsabilité de le faire baptiser relève de ses parents. Ils donnent la vie naturelle à leur enfant; ils doivent aussi lui procurer la vie surnaturelle. S'ils ne le font pas, vous ne pouvez pas pour autant prendre la décision de baptiser l'enfant.

Il ne suffit pas de baptiser. Il faut aussi s'assurer que la vie divine reçue au baptême puisse se développer. Ce rôle est le devoir premier des parents.

L'Église n'accepte pas de donner le sacrement sans le consentement des parents et une garantie sérieuse que l'enfant baptisé recevra une éducation catholique (Can. 868, par. 1, n. 2). Il s'agit moins d'un refus du baptême que d'un ajournement, puisque les pasteurs doivent maintenir le contact avec les parents jusqu'à ce qu'ils obtiennent, si c'est possible, les conditions requises.

À l'été 1985, l'archidiocèse de Québec publiait une directive déjà connue: «On ne peut baptiser un enfant malgré la volonté expresse de ses parents. Il faut le consentement d'au moins l'un d'entre eux».

Et si l'enfant était aux portes de la mort, quelle devrait être l'attitude à adopter?... «Si l'enfant est en danger de mort, il sera baptisé sans aucun retard», déclare le Code de Droit canonique

(Can. 867, par. 2). Et aussi: «En cas de danger de mort, l'enfant de parents catholiques, et même de non-catholiques, est licitement baptisé, même contre le gré de ses parents» (Can. 868, par. 2).

QUI CHOISIR COMME PARRAINS?

À quoi s'engage-t-on quand on accepte d'être parrain ou marraine? Est-il préférable de prendre un jeune couple, ou les grands-parents?

* * *

Le concile Vatican II a déclaré: «Les parents, ayant donné la vie à leurs enfants, ont la très grave obligation de les élever, et à ce titre ils doivent être reconnus comme leurs premiers et principaux éducateurs» (L'éducation chrétienne, 3).

La figure du parrain et de la marraine doit être restaurée pour qu'elle ne soit plus une simple convention sociale, mais que lui soit rendu son sens religieux véritable. Leur rôle est de collaborer avec les parents à l'éducation chrétienne de l'enfant. Leur aide peut être précieuse et parfois nécessaire.

Le parrain et la marraine doivent seconder les parents (Can. 872), et même les remplacer advenant leur décès. Il faut donc choisir les personnes qui peuvent le mieux exercer ce rôle si important dans l'éducation chrétienne des enfants, qu'elles soient un jeune couple ou les grands-parents déjà en amour avec ces enfants. Elles peuvent également être d'autres personnes qualifiées qui vivent de façon exemplaire leur vie chrétienne et sont prêtes à communiquer leur foi catholique.

Il peut y avoir un seul parrain ou marraine. Il convient que le parrain et la marraine de la confirmation soient les mêmes que ceux du baptême (Can. 893) ou jouissent des mêmes qualités. Les parents, soucieux du progrès de la foi dans l'âme de leur enfant, inviteront des catholiques convaincus et pratiquants comme parrain et marraine, sans cependant tomber dans une attitude inquisitoriale.

Parents et parrains doivent comprendre la signification du sacrement de baptême (Can. 851). Les parrains, âgés normalement d'au moins 16 ans, doivent être catholiques et confirmés, et «mener une vie cohérente avec la foi et la fonction» qu'ils vont assumer. Toujours selon la loi de l'Église, ils doivent aussi avoir «les aptitudes et l'intention de remplir cette fonction» (Can. 874).

POURQUOI RIEN NE SE MANIFESTE APRÈS LE BAPTÊME ET LA CONFIRMATION?

Quand je vois les merveilles qu'opère le «baptême dans l'Esprit» chez certaines personnes (réveil de la foi, dons et charismes), je me demande pourquoi ces mêmes effets ne se font pas sentir dans les sacrements de baptême et de confirmation?

Est-ce parce que nous les avons reçus trop jeunes?

On a beau dire que tous les chrétiens sont remplis de l'Esprit Saint du seul fait de leur baptême, comment le croire si rien ne le manifeste extérieurement dans leur vie?

* * *

Vous avez raison,... mais il faudrait préciser.

Il n'est pas normal que le fait d'être disciple de Jésus, d'être baptisé et confirmé, d'avoir reçu l'Esprit Saint, ne paraisse pas. Au début de l'Église, la vie menée suite au baptême devenait une vie transformée et un témoignage non équivoque.

S'il n'en était pas ainsi, il y avait lieu de se questionner. C'est ce qui advint à saint Paul quand il arriva à Éphèse. Il lui semblait que quelque chose manquait aux chrétiens... Il leur demanda s'ils avaient reçu l'Esprit Saint... (Ac 19, 2). Ce qui leur manquait, c'était l'Esprit Saint!...

Il est normal que se manifeste l'action du Saint-Esprit reçu au baptême et à la confirmation. Vous avez raison de vous étonner.

Toutefois, je précise... Si cette présence de l'Esprit Saint doit produire des signes évidents, il ne faut pas limiter ces signes à certains charismes extérieurs, qu'il ne faut certes pas mépriser.

Je connais trop de chrétiens et de chrétiennes, mûs par l'Esprit, qui ne sont pas doués de certains charismes plus manifestes, mais qui possèdent les dons sanctifiants et les grands charismes de bonté, de sagesse, de prière, de discernement. En leur âme, mûrissent les fruits d'amour, de paix et de joie (Ga 5, 22).

Cela dit, une vie chrétienne, sous l'influence de l'Esprit, doit révéler de façon évidente cette présence de l'Esprit Saint qui ne vient jamais sans dons, charismes et bons fruits.

L'importance de l'Esprit Saint dans notre vie (Jn 16, 7ss) doit nous porter à nous laisser guider par lui (Ga 5, 16), sans l'éteindre par le péché (I Th 5, 19).

EST-CE QUE LE SACREMENT DE CONFIRMATION EST OBLIGATOIRE POUR LE MARIAGE?

* * *

La vie chrétienne ne peut être vécue comme elle se doit sans l'aide de tous les cadeaux de Jésus. Le sacrement de confirmation est l'un de ces cadeaux.

Le sacrement de confirmation «con-firme», rend ferme le sacrement de baptême que nous avons reçu. Il nous donne de recevoir en plénitude le don par excellence qu'est l'Esprit Saint, ainsi que les dons et les fruits de l'Esprit. Il nous unit plus étroitement à l'Église. Il nous fortifie pour que nous puissions témoigner courageusement de notre foi. Ce sacrement, je le répète, est nécessaire à tout chrétien. Il est malheureusement mal compris ou incompris.

Le concile Vatican II a insisté sur le fait que le mariage chrétien constitue un chemin de sainteté (Lumen Gentium, 41). Il est donc tout à fait normal que le sacrement de confirmation soit reçu avant le mariage. Si, pour certaines raisons, il n'a pas été reçu par quelqu'un qui veut se marier, il faudrait prendre les mesures pour y remédier. Si, malgré tout, une personne se mariait sans avoir été confirmée, son mariage serait valide.

«Les catholiques qui n'ont pas encore reçu le sacrement de confirmation le recevront avant d'être admis au mariage, si c'est possible sans grave inconvénient» (Can. 1065, 1).

QUELLE EST L'IMPORTANCE DU SACREMENT DES MALADES?

Faut-il être en état de grâce pour recevoir le sacrement des malades?

* * *

Il y a la communion des malades, l'onction des malades et le viatique (communion pour les fidèles en danger de mort). Nous y découvrons l'attitude de bonté qu'avait Jésus vis-à-vis les souffrants. N'a-t-il pas guéri nombre de malades (Mc 1, 32-34; 6, 56)? Ses apôtres l'imitèrent (Mc 6, 13). Jésus annonça que des signes accompagneraient ceux qui croiraient en lui: «Ils imposeront les mains aux infirmes et ceux-ci seront guéris» (Mc 16, 18).

Au cours de l'histoire, l'Église a manifesté son souci des malades. L'Église «est à l'origine des hôtels-Dieu et des hôpitaux. Combien de congrégations religieuses ont été fondées, au cours des siècles, pour s'occuper des malades, des infirmes et des handicapés?». Aujourd'hui, il y a les communautés de Mère Teresa, les Arches de Jean Vanier, et des millions de chrétiens et de chrétiennes qui font de même! (Béguerie-Duchesneau).

Il convient, pour que «le sacrement de l'Onction», ou «l'Onction des malades», soit reçu dans les meilleures dispositions et pour qu'il soit plus profitable, de se confesser avant de le recevoir, surtout s'il y a eu faute grave. Rappelons-nous, toutefois, selon l'enseignement de saint Jacques, que ce sacrement, reçu avec repentir et bonne résolution, remet les péchés (Jc 5, 15).

Avec le 7e siècle, l'accent fut mis sur ce pardon des péchés plutôt que sur la guérison, et les malades se mirent à le recevoir à l'article de la mort. Ils désiraient s'assurer de l'entrée au ciel. L'Onction des Malades devint l'Extrême-Onction, le sacrement des mourants. Le malade le recevait au dernier moment de la vie, alors que, souvent, il était devenu inconscient. Pourtant, selon saint Jacques, il est normal que le malade soit celui qui, le premier, demande le sacrement: «Quelqu'un parmi vous est-il malade? Qu'il appelle les presbytres de l'Église...» (5, 14).

La réforme liturgique du concile Vatican II nous a remis sur un meilleur chemin. Le temps pour recevoir l'Onction des malades «est déjà certainement arrivé lorsque le fidèle commence à être en danger de mort par suite d'affaiblissement physique ou de vieillesse» (La sainte liturgie, 73).

Le Pape souligne que «la maladie n'est jamais seulement un mal physique; c'est en même temps un temps d'épreuve morale et spirituelle...». Par l'onction sacramentelle, le Christ manifeste au malade son amour et lui donne un soutien intérieur. L'onction avec l'huile devient signe efficace de la grâce et du salut spirituel. Elle obtient parfois la santé du corps. Il y a dans le sacrement de l'Onction, affirme Jean-Paul II, une grâce de force spirituelle qui développe le courage et la capacité de résistance du malade.

Il convient qu'il y ait cérémonie communautaire, pour que tous entourent de leur amour et de leurs prières la personne qui reçoit le sacrement. Tous participent ainsi au sacrement et l'Église entière en profite spirituellement.

N'hésitons pas à proposer l'Onction des malades aux personnes malades ou âgées.

UN PÉCHÉ, C'EST QUOI?

Existe-t-il toujours?

* * *

Le péché, c'est de ne pas aimer, comme nous le devons, Dieu, le prochain et nous-même. Le péché est un esclavage.

Le Catéchisme de l'Église catholique enseigne: «Le péché est une faute contre la raison, la vérité, la conscience droite; il est un manquement à l'amour véritable, envers Dieu et envers le prochain, à cause d'un attachement pervers à certains biens... Il a été défini comme 'une parole, un acte ou un désir contraires à la loi éternelle'» (art. 1849).

Le péché, c'est une faute de notre volonté libre, un acte personnel. Si nous disons que nous sommes sans péché, «nous nous abusons, la vérité n'est pas en nous», dit saint Jean (I Jn 1, 8).

Le péché est un refus et une opposition à Dieu. Ce n'est pas simplement une faiblesse psychologique.

Nous savons que grande est la variété des péchés. Rappelons-nous les commandements de Dieu (Ex 20, 1-17; Dt 5, 1-22). Lisons saint Paul quand il parle des oeuvres de la chair (Ga 5, 19-21). Le péché peut être mortel ou véniel.

Dieu, dans sa miséricorde, nous a libérés de l'infidélité de nos péchés. Ne disons-nous pas dans le credo: «Je crois au pardon des péchés»?

Ce pardon, nous l'obtenons par le baptême et aussi par le sacrement de pénitence (Jn 20, 22-23). Le sacrement des malades libère également de tous péchés (Jc 5, 15). La communion elle-même nous éloigne du péché (Mt 26, 28). «Où le péché s'est multiplié, la grâce a surabondé» (Rm 5, 20).

Depuis le péché originel, nous avons tous besoin du salut apporté par Jésus. La Bible ne se comprend pas si nous disons que le péché n'existe pas; elle en fait si souvent mention. Elle parle avec éloquence de notre Rédempteur, «l'Agneau de Dieu qui enlève le péché du monde» (Jn 1, 29).

À nous de supplier le Seigneur: «Remets-nous nos péchés...» (Lc 11, 4).

Avec la grâce de Dieu, nous sommes appelés à fuir les ténèbres du péché et à nous conduire en enfants de lumière (Ep 5, 8). Nous sommes conviés à la sainteté (Mt 5, 48).

COMMENT COMPARER LE PÉCHÉ MORTEL ET LE PÉCHÉ VÉNIEL?

Quels exemples peuvent illustrer la différence?

* * *

Se basant sur l'Ancien et le Nouveau Testament, l'Église parle constamment de péché mortel et de péché véniel.

Le Pape déclare: «L'Église a une doctrine propre à ce sujet..., tout en sachant qu'il n'est pas toujours facile, dans les situations concrètes, de délimiter nettement les frontières».

Le péché mortel sépare de Dieu; le péché véniel ne prive pas de l'amitié de Dieu. Le péché mortel, s'il n'est pas remis, fait contracter une peine éternelle; le péché véniel mérite une peine simplement temporelle.

Le péché mortel tue la vie divine en l'âme. Le Pape Jean-Paul II écrivait: «On devra éviter de réduire le péché mortel à l'acte qui exprime une 'option fondamentale' contre Dieu» (La splendeur de la vérité, 69). «Est péché mortel tout péché qui a pour objet une matière grave et qui, de plus, est commis en pleine conscience et de consentement délibéré» (La splendeur de la vérité, 70). Si le péché est véniel, cela ne signifie pas qu'il est négligeable (Réconciliation et Pénitence, 17).

Quant aux exemples de péchés mortels, nous n'avons malheureusement que l'embarras du choix. Il y a le rejet de Dieu, l'idolâtrie, l'apostasie; il y a toutes les désobéissances aux commandements de Dieu en matière grave, tout ce qui est sérieusement désordonné. Je pense à certaines fautes graves contre le prochain, le meurtre, l'avortement, l'euthanasie, l'infidélité conjugale, les injustices sociales criantes; je pense aussi à certains péchés qui détruisent notre dignité de fils et de filles de Dieu, dans les domaines de la sexualité, de la boisson, de la drogue...

Un jour, le Seigneur dira: «J'avais faim, j'étais malade...» (Mt 25, 31ss); peut-être aurons-nous péché par omission sérieuse en n'aidant pas le prochain dans des moments de grandes détresses.

En réfléchissant sur le péché, n'oublions jamais la miséricorde de Dieu pour qui se repent. «Il naît de la joie devant les anges de Dieu pour un seul pécheur qui se repent» (Lc 15, 10).

RÉPONDEZ PAR OUI OU NON SI C'EST PÉCHÉ

Est-ce un péché mortel de manquer la messe le dimanche?
Est-ce un péché mortel de se masturber?
Est-ce un péché mortel de refuser la famille?
Est-ce un péché mortel de refuser de pardonner?

* * *

Répondre à certaines questions par un simple oui ou non serait souvent trahir une réalité complexe. Répondre oui risquerait de trop culpabiliser certaines personnes qui, subjectivement du moins, ne sont pas gravement coupables. Répondre non risquerait de donner l'impression qu'il n'y a rien de grave dans des situations qui le sont.

Je veux être bien compris. Il y a des actions mauvaises qui, en soi, sont des péchés sérieux, mortels si l'on veut. Il y a des manquements intrinsèquement graves, c'est-à-dire des fautes en soi toujours sérieuses (La splendeur de la vérité, 67). Subjectivement, la personne qui les commet n'est pas toujours pleinement responsable. Il peut y avoir des circonstances atténuantes, manque de connaissance et de liberté, qui enlèvent ou atténuent la gravité de la faute.

Ce genre de questions me laisse perplexe. C'est une mauvaise approche pastorale que de répondre oui ou non à de telles questions. Si je le faisais, je risquerais de tomber dans une certaine casuistique. M'adressant à un auditoire plutôt adulte, j'aime mieux expliciter davantage, faire saisir chaque situation, plutôt qu'être simpliste et schématique.

―――――

QU'EST-CE QUE LE SCANDALE?

Existe-t-il toujours des scandales?

* * *

La Bible nous parle du scandale; de même, la longue Tradition de l'Église. Cependant, Bible et théologie morale n'en parlent pas toujours de la même façon.

Dans la Bible, il est question de scandale comme d'un piège. Les Juifs de l'Ancien Testament risquaient de se laisser scandaliser par les nations païennes environnantes et de succomber à l'idolâtrie.

Puis, Jésus est venu... Son enseignement, sa conduite, surtout sa mort sur la croix, furent un scandale pour les Juifs. Ces derniers ne comprenaient pas...; ils ne pouvaient croire en un Messie qui mangeait avec les pécheurs et leur pardonnait, qui souffrait et acceptait le crucifiement... Saint Paul parle donc du scandale de la croix (Ga 5, 11). La conduite de Dieu fut pour les Pharisiens une pierre d'achoppement.

Pour nous, le mot «scandale» se comprend surtout comme un mauvais exemple qui entraîne au péché. Surtout, s'il s'agit de la foi! En ce sens, Jésus s'est prononcé fortement contre ceux qui scandalisent les petits, les gens simples, et les éloignent du salut. Il a dit: «Malheur à celui par qui le scandale arrive!» (Lc 17, 1). Il a dit aussi: «Si ta main ou ton pied sont pour toi une occasion de péché, coupe-les...» (Mt 18, 8). Il faut donc rejeter énergiquement tout ce qui scandalise, tout ce qui porte au mal, tout ce qui éloigne de Jésus ou de sa doctrine.

Le scandale moral n'a jamais cessé d'exister. Il continue d'éloigner bien des gens du Seigneur et de son salut. Il faut réagir avec fermeté contre tout ce qui nous porte au mal, couper, retrancher... Il nous faut aussi éviter tout ce qui peut nuire au prochain et le porter au mal. C'est toujours l'enseignement de la Bible et de l'Église.

Même si nous croyons que le prochain n'a pas raison de se scandaliser de notre façon d'agir, nous devons par charité éviter, si possible, ce qui le porte au mal, ce qui le scandalise. C'est saint Paul qui nous l'enseigne et qui nous invite à respecter ceux qui sont faibles (I Co 8, 1-13).

LA LOI CIVILE OBLIGE-T-ELLE EN CONSCIENCE?

A. Premier cas: Dans les cas de déclaration de douanes:

Une personne a fait de nombreux voyages à l'étranger. Elle rapporte nombre de cadeaux qui dépassent le montant fixé par la douane. Cette personne cache la vérité pour éviter les «rigueurs» de la douane mais, moralement, sa conscience ne lui fait pas de reproche sur ce point.

Je crois qu'elle ne commet pas de faute. Peut-elle rester en paix?

B. Deuxième cas: Dans le cas de déclaration d'impôt:

Une personne omet, volontairement, de déclarer un travail rémunéré. Après coup, la personne se pose des questions. Je soutiens qu'elle ne commet pas de faute morale, si sa conscience ne lui a rien reproché avant et pendant sa déclaration.

C. Troisième cas: *Mon fils a l'aide du gouvernement, mais il camoufle un certain montant qu'il reçoit d'ailleurs. Nous trouvons logique qu'il puisse prévoir pour l'avenir.*

* * *

Je ne m'attarderai pas à ces questions... Je ne veux pas entrer dans une casuistique tatillonne, surtout en ce qui touche aux petites gens qui ont tant à souffrir de la pauvreté, de la récession économique et de la cupidité des riches. Face aux problèmes mentionnés, l'épikie est de mise; elle est l'interprétation normale et saine des gens honnêtes.

Il faut, certes, éviter les véritables abus. Un jour, quelqu'un posa une question à Jésus: «Doit-on payer l'impôt à César, ou non?». Et Jésus de répondre: «Rendez donc à César ce qui est à César, et à Dieu ce qui est à Dieu» (Mt 22, 21).

Il existe des lois qui régissent la conduite des citoyens d'un pays. L'autorité qui les promulgue est légitime. Les gouvernements ont le droit d'imposer des taxes et des impôts. En principe, nous sommes tous tenus d'obéir aux lois justes. Sans devenir scrupuleux, nous devons nous conformer à ce qu'exige la douane et à ce que requièrent les rapports d'impôts.

D'autre part, les citoyens ordinaires ne doivent pas être seuls à porter le fardeau de devoirs à remplir. Le gouvernement se doit de décréter des taxes ou des impôts raisonnables. Les citoyens d'un pays peuvent protester légitimement lorsque les lois leur semblent odieuses ou trop onéreuses. Ils peuvent réagir démocratiquement, signer des pétitions et, aux élections, se choisir de meilleurs représentants.

La fraude la plus sérieuse, surtout dans les milieux bien cotés, prend l'allure d'habileté dans les affaires. Cette fraude, lorsqu'il s'agit de gens riches, de compagnies, de multinationales, me paraît fort sérieuse. Elle cherche à se justifier au nom du néo-libéralisme économique. Ce capitalisme sans contrôle écrase les petites gens du Tiers-Monde et même ceux de chez nous qui, souvent, vivent sous le seuil de pauvreté. Même s'ils ne sont pas pris en flagrant délit, ces gens riches et ces compagnies ne peuvent s'affranchir de la loi et de leurs devoirs financiers.

Pour ce qui est des gens ordinaires, comme la plupart d'entre nous, nous savons que le bien-être de la société ne peut se réaliser sans la droiture des citoyens. Mais il ne s'agit pas d'agir avec scrupule. Une interprétation raisonnable fait éviter une interprétation rigoriste.

Je vous invite à relire le premier paragraphe de ma réponse...

COMMENT FAIRE UNE CONFESSION VALABLE?

Avec l'examen de conscience, le déroulement, les prières nécessaires...

* * *

Par-dessus tout, que votre désir soit de plaire à Dieu dans votre démarche de confession.

Il faut, bien sûr, éviter le scrupule mais, en même temps, développer une conscience délicate par amour pour Dieu.

Si vous péchez, regrettez immédiatement votre faute et demandez au Seigneur de vous pardonner.

Quand vient le moment de vous confesser, recueillez-vous et priez. Faites un examen de conscience en utilisant, si possible, la Parole de Dieu, celle qui nous parle de la charité, des commandements, des béatitudes, de l'enfant prodigue...

Prenez un temps raisonnable pour l'examen de votre conscience. Si vous ne vous confessez que d'une façon générale et vague, votre progrès spirituel sera faible ou nul.

Ceux qui ne se confessent que rarement en viennent à ne plus trouver de péchés. Plus nous aimons le Seigneur, plus nous découvrons nos faiblesses. Plus nous nous approchons de la lumière de Dieu, plus nous voyons la poussière sur notre âme.

Il faut, autant que possible, préciser la nature et le nombre des fautes graves.

Quant aux prières à dire pendant la confession, elles ne sont pas obligatoires. Il est bon, toutefois, d'utiliser les formules traditionnelles: «Pardonnez-moi, mon Père, parce que j'ai péché. Je ne me suis pas confessé depuis... Voici mes fautes... J'en demande humblement pardon à Dieu, et à vous, mon Père, la pénitence et l'absolution».

Consacrez du temps au regret de vos péchés, et pour prendre la ferme résolution de les éviter. Le regret et le ferme propos sont tellement importants pour une confession sanctifiante!

Apprenez par coeur l'acte de contrition et enseignez-le à vos enfants. Pourquoi ne pas réciter cet acte de contrition chaque jour, surtout avant le repos de la nuit? Faites-le avant de vous confesser ou, le moment venu, pendant votre confession. Peut-être vaut-il mieux le réciter avant la confession pour mieux écouter la prière d'absolution que récite le prêtre.

Après avoir écouté les conseils du prêtre et avoir reçu l'absolution, ne tardez pas à accomplir votre pénitence. Surtout, remerciez le Seigneur pour son pardon.

Confessez-vous toujours pour mieux aimer. Alors, jamais vos confessions ne seront routinières. La confession demeure un grand moyen de sanctification, selon l'exemple des saints.

POURQUOI LES PRÊTRES NE PERMETTENT-ILS PAS PLUS SOUVENT LA CONFESSION GÉNÉRALE?

C'est plus facile pour eux et pour les gens.

* * *

Nul doute que ce soit plus facile, et même plus agréable! Mais est-ce mieux?

Du simple point de vue humain, la conscience ne se sent-elle pas plus apaisée, pacifiée, quand l'aveu est bien individuel et personnel? La rencontre individuelle avec un prêtre, représentant le Seigneur, intensifie les dispositions intérieures favorables à la conversion, à la réconciliation et à un nouveau départ vers la sainteté de vie. Pourvu qu'il n'y ait pas de routine!

Les fautes furent personnelles, pourquoi pas la démarche du repentir et la demande du pardon? Je sais que, déjà, il en est ainsi dans la confession générale, mais, encore une fois, pas au même niveau, pas toujours avec la même intensité. L'illusion est facile.

Il demeure toujours vrai que la réconciliation individuelle des pénitents «constitue l'unique manière normale et ordinaire de célébrer ce sacrement» (Jean-Paul II, La réconciliation et la pénitence, 32). À l'instar du Curé d'Ars, les prêtres sont invités à pratiquer ce que Jean-Paul II appelait «l'ascèse du confessionnal».

Le Catéchisme de l'Église catholique motive cet enseignement en disant: «La confession personnelle est la forme la plus significative de la réconciliation avec Dieu et avec l'Église» (1484). Faut-il négliger cette doctrine parce qu'elle est l'enseignement officiel de l'Église?

Cette réconciliation individuelle comprend l'aveu des fautes, au moins des fautes graves, des conseils appropriés, et une absolution individuelle. Elle peut se faire au confessionnal, comme dans une salle de réconciliation.

Souvent, une séance de confessions individuelles est précédée d'une cérémonie pénitentielle qui dispose les coeurs à recevoir la miséricorde de Dieu.

L'évêque diocésain peut autoriser la confession générale avec absolution collective, en cas de nécessité grave, selon certaines conditions (Can. 961, 962, 963). Elle l'est dans plusieurs diocèses, surtout pendant le temps de l'Avent et du Carême. Elle n'est pas sans valoriser le progrès spirituel de nombreux croyants qui viennent se reconnaître pécheurs et recevoir le pardon de Dieu.

La forme du sacrement revêt de l'importance, comme nous venons de le signaler, mais il ne faudrait pas s'y limiter. N'oublions pas les dispositions intérieures, le sens spirituel de cette démarche de réconciliation. Les résultats sont fructueux quand le coeur est bien disposé.

DEVONS-NOUS AVOIR PEUR DE LA MORT EN PENSANT À NOTRE VIE PLEINE D'ACCROCS?

Devons-nous nous demander sans cesse si Dieu nous a vraiment pardonné nos fautes et notre passé?

* * *

Le Seigneur est venu pour les malades; il est venu pour les pécheurs (Mt 9, 12-13).

Il est venu, non pour juger le monde, mais pour que, par lui, le monde soit sauvé (Jn 12, 47).

La plus grande faiblesse de tous les chrétiens et chrétiennes, c'est de manquer de confiance dans la miséricorde de Dieu.

La mort est le passage vers la vraie vie. La mort est le jour de «la grande paye». Dieu, qui a promis de récompenser un simple verre d'eau donné en son nom, nous ouvrira la porte d'un bonheur inconcevable et sans fin. Ce sera le festin, un banquet de noces (Mt 22, 2). Il essuiera toute larme de nos yeux (Ap 21, 4).

Il pardonne généreusement nos fautes, notre passé, dès que nous nous tournons vers lui avec repentir et amour. Il oublie nos péchés. «Quand vos péchés seraient comme l'écarlate, comme neige ils blanchiront» (Is 1, 18).

Notre confiance en lui ne peut être trop grande! Non à cause de nos vertus, mais à cause de son amour infini et personnel, gratuit et fidèle.

Nous sommes les enfants de Dieu, cohéritiers avec le Christ (Rm 8, 17). N'ayons pas crainte de notre Père du ciel.

JE SUIS HANTÉ PAR MES PÉCHÉS CONFESSÉS

Est-il préférable que je les confesse de nouveau ou vaut-il mieux ne plus en parler?

* * *

Si votre enfant a commis une faute, si vous lui avez pardonné cette erreur, ne lui direz-vous pas de tout oublier s'il continue d'être tourmenté par cette faute? Dieu est infiniment meilleur que nous!... Jésus l'a affirmé en parlant de l'enfant prodigue (Lc 15, 11-32). Il est mort sur la croix pour nous pardonner.

Nos péchés sont comme des branches enflammées jetées dans l'océan de l'amour de Dieu. Cet amour est infiniment plus grand que nos péchés.

Notre mémoire, qui ne se contrôle pas à volonté, nous rappelle les péchés commis. Profitons-en pour remercier Dieu de nous les avoir pardonnés. Que leur souvenir fasse chanter en nous la reconnaissance! Qu'il nous porte à aimer Dieu!

Vous craignez de vous être mal exprimé en confession... Dieu ne demande pas l'impossible. Il suffit de faire une préparation raisonnable et un aveu franc, avec la volonté d'être désormais fidèle au Seigneur. Le pardon fut accordé. Je le répète: «Soyez en paix!».

Seule la confession sacrilège n'est pas valide. Elle consiste à cacher volontairement un péché grave, ou à n'avoir aucune intention de s'en corriger.

Ne vous laissez pas distraire par le passé. Regardez en avant, toujours en avant, pour mieux aimer. Trop de disciples du Christ ne progressent pas spirituellement, car ils ont la tête tournée vers l'arrière. Ils trébuchent.

L'amour est une marche en avant et une ascension.

Cessez de vous regarder pour regarder Jésus. Se regarder soi-même, c'est se décourager. Fixer son regard sur le Seigneur fait renaître la confiance et la joie.

_____

LE SCRUPULE EST-IL UNE MALADIE?

Est-il un déséquilibre mental? Les personnes qui en sont affligées font-elles plus de mal que les autres? Je souffre énormément d'appartenir à ce groupe?

Une âme tourmentée

* * *

Si j'étais Dieu, j'aurais des égards particuliers pour les personnes qui souffrent de scrupules. Leur condition inspire la pitié, car elles sont malheureuses.

Je ne m'attarderai pas à chercher la cause du scrupule. Question de tempérament, d'éducation, je ne sais! Ce que je sais, c'est que ces personnes sont fort délicates, ce qui est une qualité, même si elles le sont à l'excès.

Vous n'êtes pas plus coupable parce que vous êtes scrupuleuse. Le scrupule n'est pas un péché. Le scrupule ne crée pas le péché; même s'il le fait voir là où il n'existe pas.

Dans vos confessions, n'ayez qu'un souci: celui d'obéir à votre confesseur. S'il vous dit: «Je vous pardonne vos péchés», croyez qu'ils sont pardonnés au nom du Seigneur. S'il déclare: «Allez dans la paix», partez dans la paix. C'est là le désir de Dieu. Et, alors, allez communier sans hésitation.

_____

SI NOUS N'AVONS PAS DE PÉCHÉ MORTEL, DEVONS-NOUS NOUS CONFESSER?

Depuis 20 ans, je vais communier à tous les dimanches et ne vais pas à la confesse.

* * *

Vous avez raison, si vous n'avez pas de faute grave, la confession n'est pas obligatoire.

Cependant, je me questionne... Le sacrement du pardon est un cadeau du Seigneur. Ne faudrait-il pas, à l'occasion, le déballer?

Le sacrement de réconciliation nous permet de réfléchir avec humilité sur notre condition de pécheur pour mieux accueillir la miséricorde de Dieu.

Nous sommes tous pécheurs. Tant mieux s'il n'y a pas de faute grave en notre âme. Mais la vie chrétienne ne consiste pas uniquement à éviter le péché mortel. Elle consiste aussi à grandir sans cesse dans l'amour de Dieu et du prochain. Un examen de conscience sérieux fait découvrir les faiblesses de notre vie, développe les racines de l'humilité, nous ouvre à un amour confiant mais jamais satisfait.

Le sacrement du pardon nous purifie de toute faute et aussi de l'attache au mal. Il nous procure l'aide du Seigneur pour mieux aimer, pour mieux ressembler au Christ.

C'est pourquoi l'Église recommande la réception de ce sacrement.

LES INDULGENCES EXISTENT-ELLES ENCORE?

* * *

L'Église, ces dernières années, a revu la pratique des indulgences, pour que les chrétiens et chrétiennes en fassent un meilleur usage. Mais la doctrine de l'Église demeure la même. Les indulgences sont toujours de mise. Elles peuvent s'appliquer aux vivants ou aux défunts.

Qu'est-ce donc qu'une indulgence?

«L'indulgence est la rémission devant Dieu de la peine temporelle due pour les péchés dont la faute est déjà effacée, rémission que le fidèle bien disposé obtient à certaines conditions déterminées, par l'action de l'Église. L'Église, en tant que dispensatrice de la rédemption, distribue et applique par son autorité le trésor des satisfactions du Christ et des saints. L'indulgence est partielle ou plénière, selon qu'elle libère partiellement ou totalement de la peine temporelle due pour le péché» (Paul VI). Il n'est plus question de quantité selon les termes de jours, semaines, mois, années, quarantaines. Dieu seul sait quelle peine est remise.

Le péché porte des conséquences. Le péché mortel, non pardonné, entraîne une peine éternelle. Tout péché, même pardonné, peut comporter aussi des peines temporelles, c'est-à-dire un attachement au mal; nous devons nous en purifier par la charité, la prière, la pénitence. «La communion des saints», c'est-à-dire la famille des amis de Jésus, au ciel, sur terre et dans le purgatoire, peut nous y aider.

Nous pouvons nous libérer de la peine temporelle due à nos péchés en puisant dans leurs biens, dans les mérites de la Vierge Marie et des saints, en puisant surtout dans les mérites du Seigneur. Ces biens, ces mérites forment le trésor de l'Église.

L'Église qui a obtenu de son divin Fondateur le pouvoir de remettre les péchés en son nom jouit aussi du pouvoir de remettre en partie ou totalement la peine temporelle due au péché. L'Église, par le Pape ou des personnes mandatées, accorde des indulgences.

Moyennant certaines conditions, un fidèle baptisé et en état de grâce peut jouir d'une indulgence. Il doit en avoir l'intention et avoir en son âme les dispositions requises: regret des péchés et désir d'aimer le Seigneur.

Il existe un Manuel des indulgences, ou Enchiridion, qui four-nit la liste des principales indulgences que nous pouvons gagner, selon les directives de l'Église, avec un coeur repentant. L'Église nous invite alors à accomplir des oeuvres de piété, de pénitence et de charité.

Une indulgence partielle est attachée à presque toutes les priè-res ou dévotions d'usage courant. Ainsi en est-il du Notre Père, du Je vous salue, Marie, du Gloire au Père, du signe de la croix, de l'usage de l'eau bénite, etc. Pourquoi ne pas exprimer, dès ce mo-ment, l'intention de gagner toutes les indulgences possibles?

Nous ne pouvons gagner qu'une indulgence plénière par jour. Pour en jouir, renonçons à tout péché, confessons-nous et commu-nions dans les jours qui précèdent ou suivent l'obtention d'une telle indulgence, et prions aux intentions du Saint-Père.

Tel est l'enseignement de l'Église que nous trouvons dans le Code de Droit canonique, canons 992 à 997, et dans le Manuel des indulgences, publié en janvier 1969.

CERTAINS DISENT QUE L'OFFICE DIVIN DEVRAIT TOUJOURS ÊTRE RÉCITÉ EN COMMUN

Y a-t-il une loi liturgique ou canonique à ce sujet?

Dans notre communauté, nous prions l'Office divin privément certains jours de congé, les mois d'été et les samedis et diman-ches.

* * *

En plus de la prière privée, individuelle ou communautaire, il y a la liturgie, la prière publique et officielle de l'Église. Cette litur-gie s'étend tout au long de l'année liturgique, et elle comprend les sacrements, l'Eucharistie surtout, l'Office divin... Tous devraient découvrir la richesse de la prière liturgique, de l'Office divin en particulier.

Pour ce qui est de la réponse à votre question, je vous réfère à vos Constitutions.

La loi liturgique n'oblige pas à une récitation en commun, sinon «les communautés obligées au choeur» (La sainte liturgie, 94). L'esprit de la liturgie nous invite à une prière commnuautaire. L'Office divin nous fait prier en union avec le Seigneur et toute l'Église. Tant mieux, alors, si nous le faisons avec d'autres qui forment avec nous l'Église concrète. Ne serait-ce pas pousser cet idéal à l'extrême que d'exiger qu'il en soit ainsi tous les jours de l'année? Votre communauté propose un peu de réalisme. Récitez alors l'Office divin privément, mais toujours au nom de l'Église.

Si je réponds à cette question, c'est pour souligner l'importance de l'Office divin, «ce divin cantique de louange» (l.c.), désigné comme le bréviaire, appelé aussi «Prière du temps présent» ou «Liturgie des heures».

Si le prêtre y est tenu de par son état, de plus en plus de laïcs, sans parler des religieux et religieuses, détectent la valeur de cette prière d'inspiration biblique et s'y adonnent quotidiennement.

Ils peuvent dépister une personne qui saura leur apprendre comment réciter l'Office divin. Peut-être peuvent-ils se joindre à une communauté qui utilise chaque jour cette liturgie des heures.

POURQUOI LE SABBAT A-T-IL ÉTÉ REMPLACÉ PAR LE DIMANCHE?

* * *

La Genèse nous parle du Sabbat du Seigneur, de son repos le 7e jour de la création, de ce jour qu'il sanctifia (Gn 2, 2). Nous devons l'imiter. «Souviens-toi du jour du sabbat pour le sanctifier» (Ex 20, 8). Le Deutéronome, lui, invite à sanctifier le Sabbat en souvenir de la libération de l'esclavage d'Égypte (Dt 5, 14-15).

Dans l'Ancien Testament, les Juifs célébraient le Sabbat, ou repos, le septième jour de la semaine, le samedi. L'obligation de rendre un culte à Dieu est plus importante que le jour choisi pour le faire. «Le sabbat a été fait pour l'homme, et non l'homme pour le sabbat», disait Jésus (Mc 2, 27).

Dans le Nouveau Testament, nous voyons la place primordiale que prend le dimanche, jour de la résurrection du Christ. Pour nous, chrétiens, nous avons remplacé le jour qui clôture la création par le jour qui inaugure la rédemption, celui de la résurrection du Christ. Et cela dès les temps apostoliques, comme nous le lisons dans les écrits de saint Ignace d'Antioche, mort en 107. C'est le dimanche.

Saint Justin, au début du 2e siècle, écrivait: «Le jour du soleil, nous nous réunissons tous. C'est le premier jour. Ce jour-là, Dieu a sorti le monde de la nuit. Il a créé l'univers. Ce jour-là, Jésus Christ, notre Sauveur, s'est levé du milieu des morts... Tous les chrétiens de la ville ou de la campagne se réunissent au même endroit. Selon le temps que nous avons, quelqu'un lit les évangiles et les écrits des prophètes... Puis, nous nous mettons debout et nous prions ensemble à haute voix. Ensuite, on apporte du pain avec du vin et de l'eau. Le président prie avec force. Et chacun répond amen. Et on donne à chacun le corps et le sang du Christ».

Dès le début de l'Église, les disciples du Christ ont sanctifié le premier jour de la semaine, le dimanche, le dies dominica, le Jour du Seigneur (Ac 20, 7). C'est le jour du soleil, en anglais «Sunday».

Ce jour-là, les chrétiens sont invités au repos en évitant les activités serviles... et fébriles. Ils célèbrent ensemble le Christ ressuscité qui les invite à son banquet.

QUE PENSER DU TRAVAIL LE DIMANCHE?

Le dimanche, c'est double salaire, la tentation de travailler est grande.

* * *

Le dimanche, c'est le jour du Seigneur qu'il faut célébrer dans la prière et le repos, en mettant de côté le travail, les soucis habituels. À la façon de Yahvé qui sut se reposer (Gn 2, 2-3).

Les chrétiens ont toujours respecté le dimanche.

Le travail sans nécessité le dimanche ne facilite pas la prière, ni la vie conjugale et familiale. Souvent, il fait passer l'argent au premier rang, au détriment des valeurs humaines et spirituelles.

Voici la loi de l'Église: «Le dimanche et les autres jours de fête de précepte, les fidèles sont tenus par l'obligation de participer à la messe; de plus, ils s'abstiendront de ces travaux et de ces affaires qui empêchent le culte dû à Dieu, la joie propre au jour du Seigneur ou la détente convenable de l'esprit et du corps» (Can. 1247).

Quant au magasinage, il est malheureux qu'il soit autorisé le dimanche.

Le dimanche, c'est le jour de la détente, des loisirs, de la culture. C'est le jour de la famille, celui des rencontres rendues difficiles sur semaine, alors que, souvent, les deux époux travaillent et que les enfants sont à l'école.

Le dimanche, c'est le jour où il faut refaire ses forces physiques et psychologiques, se remettre du stress causé par le souci quotidien.

Pour nous, chrétiens, le dimanche est la journée où nous célébrons le Seigneur, où nous le remercions en célébrant l'Eucharistie, qui signifie action de grâces.

LA MESSE À LA TÉLÉVISION EST-ELLE AUSSI BONNE?

Des personnes âgées écoutent la messe à la télévision plutôt que d'aller à l'église. Notre messe à la télévision est-elle aussi bonne que la messe à l'église?

* * *

Bien des gens âgés ou malades ne peuvent se déplacer et se rendre à l'église. Une messe radiodiffusée ou télévisée les aide beaucoup à prier, à s'unir à l'Église qui célèbre l'Eucharistie, à écouter la Parole de Dieu. Tant mieux! Profitons de ces moyens modernes de communication pour intensifier notre union au Seigneur et le prier.

D'autres, en bonne santé, écoutent à la radio ou regardent à la télévision la messe qui se célèbre. Ils prient et tirent grand profit spirituel de ces moments religieux. De quoi nous réjouir grandement!

Cependant, ces programmes religieux, même fort beaux, ne peuvent se substituer à la messe dominicale qui doit se vivre à l'église pour tous ceux et celles qui peuvent s'y rendre sans inconvénient sérieux.

SI NOUS SOMMES EN VOYAGE, FAUT-IL ALLER À LA MESSE DU DIMANCHE?

* * *

Si nous sommes en voyage, il nous est ordinairement facile de nous renseigner sur la proximité d'une église catholique et l'heure des messes dominicales. La plupart du temps, nous pouvons nous joindre à la célébration de l'Eucharistie.

Si, à cause de la distance ou pour d'autres inconvénients graves, nous ne pouvons nous rendre à l'église, il n'y a pas de faute.

Alors, sanctifions à la maison, au chalet, ou en des lieux que nous visitons, le jour du Seigneur; sachons prier. Il y a la lettre, il y a l'esprit.

Si, même pour des raisons graves, il fallait manquer souvent à la messe dominicale, il faudrait peut-être s'inquiéter. La messe est trop abondante en fruits spirituels pour que nous puissions nous en abstenir longtemps, à moins d'impossibilité absolue. Il faut aussi tenir compte des jeunes qui dépendent de nous. Notre fidélité à la messe dominicale leur enseigne l'importance de cette célébration du Seigneur en Église.

MA PRIÈRE MATIN ET SOIR VAUT-ELLE LA MESSE DU DIMANCHE?

Je suis une personne qui ne va pas à la messe tous les dimanches.

Je fais ma prière tous les matins et tous les soirs. Je dis merci au Seigneur pour ma journée. Est-ce que c'est aussi méritoire que d'aller à la messe tous les dimanches?

* * *

Ce que vous faites est très bien, et je vous félicite. Votre prière, matin et soir, vous fait entrer en communication amoureuse avec Dieu et nourrit votre foi. Continuez!

Mais une dimension importante de votre vie chrétienne fait défaut. Elle est absente, du moins en partie. C'est la dimension de la grande prière de l'Église, la prière liturgique dont le sommet est l'Eucharistie.

Cette prière vient de Jésus et se fait avec lui et toute l'Église, en union avec tous nos frères et soeurs chrétiens. C'est la prière par excellence, surtout le dimanche. Et cela, depuis le temps des catacombes (Ac 2, 42).

C'est le Seigneur Jésus qui s'offre de nouveau à Dieu son Père en sacrifice pour notre salut, et à nous comme Pain de vie.

Celui qui comprend cela ne manque jamais volontairement à la messe du dimanche, à ce «sacrement de l'amour» (La sainte liturgie, 47).

J'AIMERAIS QUE NOUS PUISSIONS ADORER LE SAINT-SACREMENT

Que puis-je faire? J'aimerais que nous puissions adorer le Saint-Sacrement pendant 24 heures, au moins une fois par mois.

* * *

Votre désir est fort légitime. Les chrétiens et chrétiennes redécouvrent l'importance de l'adoration du Saint-Sacrement, silencieuse ou animée. Cette foi respectueuse devant le Saint-Sacrement, exposé ou non, cette prière en sa présence, ont sanctifié bien des saints et des saintes au cours des siècles. Plusieurs s'attardaient longtemps au pied du tabernacle. Même si le travail abondait!

D'autres paroissiens et paroissiennes aimeraient peut-être que se réalise votre souhait.

Vous pouvez toujours en parler à monsieur le curé, qui verra ce qu'il est à propos de faire. Peut-être organisera-t-il d'abord une heure sainte occasionnelle. Si possible, n'hésitez pas à vous rendre souvent à l'église pour prier le Seigneur, et participez à l'Eucharistie quotidienne.

QUELLE EST L'UTILITÉ DU TABERNACLE?

Est-il uniquement pour le service des malades?

* * *

Dans le tabernacle, le prêtre dépose la Sainte Réserve, des hosties consacrées. Elles sont là «en quantité suffisante pour les besoins des fidèles»(Can. 939), en particulier pour le service des malades, surtout pour leur être distribuées en viatique quand vient la fin de la vie terrestre.

La Sainte Réserve est aussi là pour notre adoration, notre prière, notre consolation. Beaucoup de missionnaires ont trouvé devant le tabernacle la force de tenir bon dans l'apostolat, malgré la solitude et la souffrance.

C'est par respect pour cette présence de Jésus dans l'hostie du tabernacle que le chrétien génuflecte ou se prosterne lorsqu'il entre ou sort de l'église. C'est par respect pour cette présence de Dieu dans le tabernacle que le silence, qui facilite la prière, est normalement de mise dans l'église.

La grande prière de la messe se prolonge en quelque sorte dans cette adoration du Dieu de l'Eucharistie présent au tabernacle.

POUVONS-NOUS COMMUNIER QUAND NOUS VIVONS EN UNION LIBRE?

* * *

Je ne veux pas répondre par un non tranchant.

Vous posez la question parce que la réponse ne vous semble pas évidente. Je vous invite à comprendre le plan du Seigneur sur le mariage chrétien, sur la vie à deux. Lisez l'enseignement de Jésus (Mt 19, 1-9). Lisez la doctrine de saint Paul (Ep 5, 25-33). Méditez le projet du Créateur sur le mariage, élevé par Jésus à la dignité de sacrement. Vous verrez pourquoi l'Église demande aux baptisés de s'unir dans le sacrement du mariage. Leur vie à deux doit représenter un projet spécial bien exprimé, l'amour fidèle du Christ pour son Église. Le Seigneur bénit cette alliance scellée devant la communauté chrétienne.

Ceux et celles qui ne veulent pas vivre selon le désir du Seigneur exprimé par l'Église doivent s'abstenir de communier, car quelque chose d'important manque dans leur vie chrétienne. Cependant, ils sont toujours les bienvenus à l'église et à la messe.

MES JEUNES COMMUNIENT ALORS QU'ILS COHABITENT

J'insiste auprès de mes jeunes pour qu'ils aillent à la messe le dimanche. S'ils y vont, ils communient, même s'ils ont fait l'amour la veille. Si je leur dis qu'ils ne peuvent communier, ils ne voudront pas assister à la messe.

L'un de mes enfants cohabite hors du mariage; ils attendent un bébé. Ils vont communier aux grandes occasions. Comment leur parler du Seigneur sans les blesser?

* * *

Faut-il parler au point d'éteindre la mèche qui fume encore (Mt 12, 20)? Ou vaut-il mieux prendre un risque et rappeler cette parole de saint Paul: «Quiconque mange le pain ou boit la coupe du Seigneur indignement aura à répondre du corps et du sang du Seigneur» (I Co 11, 27)?

Vous connaissez vos enfants, vous les avez éduqués chrétiennement. Sans doute savent-ils déjà l'importance d'être en état de grâce, en état d'amitié avec le Seigneur, pour s'approcher de lui.

Souvent, ils ne se rendent pas compte de la gravité de leurs actions et ils ne s'en culpabilisent pas. Ainsi en est-il souvent avec les jeunes qui cohabitent.

Concrètement, que faire?

Je vous suggère beaucoup de bonté, de discrétion, de prudence, de discernement.

Vous faut-il parler? Oui, si vous prévoyez de bons fruits. Faites-le alors sans dureté, en profitant des moments de rencontre individuelle, confidentielle, affectueuse.

Dites à vos enfants combien vous êtes heureuse quand vous les voyez prier et participer à la messe. Celle-ci est au centre de la vie chrétienne.

Si l'occasion est propice, invitez-les à aimer de mieux en mieux le Seigneur, en vivant selon ses désirs, en appréciant la grandeur du sacrement de mariage. Sans sermonner, peut-être pourrez-vous leur rappeler qu'il faut s'approcher de l'Eucharistie avec un coeur purifié.

Puis, comptez sur l'action de Dieu dans leur vie.

MARIÉS AU CIVIL, POUVONS-NOUS NOUS CONFESSER ET ALLER COMMUNIER?

Le Seigneur nous donne-t-il des grâces quand même?

* * *

À la suite de son baptême, un chrétien doit poser des gestes chrétiens. L'Église exige de lui qu'il se marie sacramentellement, que son mariage, devant Dieu et la communauté, soit un signe de l'amour indéfectible du Christ pour son Église.

S'il se contente d'une cérémonie civile, l'Église lui demande de s'abstenir de ce signe d'unité qu'est l'Eucharistie, signe d'alliance entre le Seigneur et son Peuple. Tant que la situation demeure la même, l'obtention du pardon et l'approche de l'Eucharistie ne sont pas autorisées.

Le Seigneur continue d'aimer, même les personnes dont la conduite laisse à désirer. Il est venu, et c'est lui-même qui le dit, non pour les justes mais pour les pécheurs (Mt 9, 13). Il est certain que le Seigneur continue d'offrir ses grâces en abondance.

Le Christ Jésus demeure le Bon Pasteur qui connaît ses brebis, chacune par son nom, et, au besoin, part à la recherche de celle qui s'éloigne du bercail, jusqu'à ce qu'il la retrouve (Mt 18, 12). Nous avons tous besoin de ce Dieu «riche en miséricorde» (Ep 2, 4).

À nous de l'accueillir!

POURQUOI LES PERSONNES RÉENGAGÉES NE PEUVENT-ELLES COMMUNIER?

* * *

Le mariage sacramentel consommé est indissoluble.

Si un jour il y a rupture, si les époux se séparent ou même obtiennent un divorce civil, l'Église les considère toujours mariés. «Ce que Dieu a uni, l'homme ne doit point le séparer» (Mt 19, 6).

De tels époux peuvent recevoir le sacrement du pardon et communier, pourvu qu'ils ne contractent pas une autre union conjugale, pourvu qu'ils ne se remarient pas. S'ils le faisaient, ils seraient en faute contre leur premier mariage toujours valide. Des démarches pour obtenir une déclaration de nullité pourraient leur être suggérées.

Il y a donc des personnes séparées qui se «remarient» hors de l'Église, qui se «réengagent». Jean-Paul II invitait «à bien discerner les diverses situations» (Familiaris consortio, 84). S'il y a des conjoints qui trahissent ouvertement leurs obligations, il y en a d'autres qui sont trahis, délaissés, ou qui luttent pour la survivance de leurs enfants. Ces derniers méritent de la sympathie.

Des chrétiens et chrétiennes réengagés dans le mariage, alors que leur conjoint ou conjointe est toujours vivant, demeurent membres de l'Église; ils ne sont pas excommuniés. Ils sont invités à participer à la messe et à la vie de l'Église. Mais ils ne peuvent s'approcher du sacrement de réconciliation et de l'Eucharistie, car leur vie est en contradiction avec l'indissolubilité du mariage (l.c., 84).

Certains divorcés remariés ou réengagés vont communier. Laissons aux pasteurs d'intervenir s'ils le croient opportun; pour nous, demeurons dans la paix.

La décision de l'Église, contre l'admission des divorcés réengagés à la table de l'Eucharistie, montre l'importance qu'elle attache à la fidélité du mariage stable. Toutefois, il peut exister des circonstances que nous ignorons, soit au for externe, soit au for interne.

«Les personnes divorcées et réengagées sauront se renseigner sur l'enseignement moral qui les concerne, elles sauront également consulter des pasteurs ou d'autres personnes autorisées. Cela étant dit, c'est en définitive elles-mêmes qui, loyalement et sincèrement, décideront en conscience des gestes à poser dans leur participation à la vie de l'Église, y comprises les célébrations» (Mgr Jean Gratton).

Pour ce qui est des malades et des mourants, la pratique de l'Église est d'éviter les exigences déraisonnables.

Ne sacrifions ni l'enseignement du Christ ni sa compassion.

POURQUOI NE PAS COMMUNIER SOUS LES DEUX ESPÈCES?

Jésus a dit: «Ceci est mon corps, prenez et mangez. Ceci est mon sang, prenez et buvez». Pourquoi ne pas communier sous les deux espèces, celle du pain et celle du vin?

* * *

La pratique de communier sous les deux espèces a prévalu dans l'Église pendant des siècles, jusque vers le 13e siècle. Elle a cessé pour des raisons pratiques, une foule à faire communier, une hygiène à préserver... Dans les rites orientaux, la communion sous les deux espèces est demeurée la règle.

Dès le début de l'Église, il arrivait que des chrétiens ne communient que sous l'espèce du pain, des malades, des chrétiens à qui on apportait la communion...

Communier sous l'espèce du pain seulement n'est pas diviser le Christ ni le recevoir qu'en partie. L'Église a toujours cru à la présence réelle du Seigneur dans l'hostie, tout aussi bien que dans le Précieux-Sang. Le Christ est totalement présent sous chacune des espèces et dans chaque parcelle d'hostie, comme l'affirme le concile de Trente.

Le Christ ne se sépare pas en morceaux.

Saint Thomas d'Aquin, le grand théologien, énonce bien la doctrine dans une hymne célèbre souvent chantée: «Lauda, Sion, Salvatorem»:

«Mange la chair et bois le sang.
Sache que le Christ est présent
Tout entier sous chaque espèce.

Qui le reçoit ne le rompt point,
Ni le scinde ni le démembre.

Sa chair nourrit, son sang abreuve, mais sous chacune des espèces, on reçoit le Christ entier».

Le signe du repas est cependant plus évident quand nous communions sous les deux espèces. La réforme liturgique nous permet de le faire en plusieurs circonstances, selon le jugement de nos évêques, à l'occasion d'un mariage, d'une profession religieuse, d'une retraite, de messes pour petits groupes, etc. (La sainte liturgie, 55). L'une des façons de procéder est la communion par intinction: le prêtre alors trempe l'hostie dans le Précieux-Sang avant de la déposer sur la langue.

En communiant à l'hostie, je communie au Christ ressuscité, je reçois mon Sauveur et mon Dieu. Je reçois son corps, son sang, son âme et sa divinité.

LE JEÛNE EUCHARISTIQUE EST-IL OBLIGATOIRE?

Devons-nous attendre une heure après avoir mangé avant d'aller communier? Pouvons-nous communier deux fois la même journée?

* * *

Voici le texte de la loi de l'Église:

«Qui va recevoir la très sainte Eucharistie s'abstiendra, au moins une heure avant la sainte communion, de prendre tout aliment et boisson, à l'exception seulement de l'eau et des médicaments».

«Les personnes âgées et les malades, ainsi que celles qui s'en occupent, peuvent recevoir la très sainte Eucharistie même si elles ont pris quelque chose moins d'une heure auparavant» (Can. 919, 1 et 3).

Ce «quelque chose» ne devrait pas être un repas normal; ce serait alors abuser du texte. De plus, la piété et le respect dûs à la dignité du Sacrement doivent conduire à éviter, dans la mesure du possible, de communier immédiatement après avoir pris un aliment quelconque.

Pour ce qui est de communier plus d'une fois par jour, nous lisons, toujours dans le Code de Droit canonique:

«Qui a déjà reçu la très sainte Eucharistie peut la recevoir de nouveau le même jour mais seulement lors d'une célébration eucharistique à laquelle il participe...» (Can. 917).

Normalement, et pour éviter des abus dans la piété, que ce ne soit qu'une seule autre fois, selon l'interprétation officielle de Rome, le 11 juin 1984.

Ceux qui sont en danger de mort devraient recevoir la sainte communion, même s'ils l'ont déjà reçue ce jour-là (Can. 921).

PUIS-JE RECEVOIR LA COMMUNION DANS L'ÉGLISE ORTHODOXE?

* * *

En l'absence de prêtres catholiques, ce serait valable. Les Églises orthodoxes ont les sept sacrements et croient à la Présence Réelle.

«Chaque fois que la nécessité l'exige ou qu'une vraie utilité spirituelle s'en fait sentir, et à condition d'éviter tout danger d'erreur ou d'indifférentisme, il est permis aux fidèles qui se trouvent dans l'impossibilité physique ou morale d'avoir recours à un ministre catholique, de recevoir les sacrements de pénitence, d'Eucharistie et d'Onction des malades de ministres non catholiques, dans l'Église desquels ces sacrements sont valides» (Can. 844, par. 2). Il s'agit ici de situations exceptionnelles.

Il en serait autrement dans les Églises protestantes et anglicanes. Même si elles croient à la Présence Réelle, elles n'ont pas de prêtres reconnus par l'Église catholique comme pouvant consacrer validement l'Eucharistie (Can. 900).

UN PROTESTANT PEUT-IL COMMUNIER DANS L'ÉGLISE CATHOLIQUE?

* * *

Voici la réponse du Code de Droit canonique:

«Les ministres catholiques administrent licitement les sacrements aux seuls fidèles catholiques...» (Can. 844, par. 1).

«En cas de danger de mort ou si, au jugement de l'évêque diocésain ou de la conférence des évêques, une autre grave nécessité se fait pressante, les ministres catholiques peuvent administrer licitement ces mêmes sacrements, aussi aux autres chrétiens qui n'ont pas la pleine communion avec l'Église catholique, lorsqu'ils ne peuvent pas avoir recours à un ministre de leur communauté et qu'ils le demandent de leur plein gré, pourvu qu'ils manifestent la foi catholique sur ces sacrements et qu'ils soient dûment disposés» (Can. 844, par. 4).

J'AI COMMUNIÉ DANS UNE ÉGLISE ANGLICANE

J'ai assisté à un mariage dans une église anglicane. Le ministre a donné la communion; alors, je l'ai reçue. Ai-je fait quelque chose de mal?

* * *

Ne vous inquiétez pas du passé; vous avez cru bien faire.

Cependant, à l'avenir, dans de pareilles circonstances, il faudrait vous abstenir, pour la raison que voici.

À la fin du 19e siècle, par la bulle «Apostolicae curae», le Pape Léon XIII jugeait nuls les ministères ordonnés anglicans. La raison était que la théologie de l'Eucharistie et des ministères contenue implicitement dans le rituel anglican d'ordination, de 1550, était défectueuse. Elle excluait toute référence au caractère sacrificiel de l'Eucharistie. Aujourd'hui, le contexte du débat peut avoir changé. Si oui, «fondamentalement, les motifs capitaux pour lesquels ces ministères furent jugés invalides ne s'appliqueraient plus» (Cardinal Willebrands, président du Secrétariat pour l'Unité des chrétiens, 4 janvier 1988). Les études se poursuivent.

Selon la décision actuelle de l'Église, il y eut brisure dans la transmission du pouvoir sacerdotal chez les Anglicans. En d'autres mots, l'Église catholique ne reconnaît pas la validité des Ordres anglicans. Ce qui implique que la consécration de l'Eucharistie chez les Anglicans n'est pas reconnue chez nous.

À la suite de l'ordination de femmes dans l'Église anglicane, certains ministres anglicans se sont convertis au catholicisme. Tout en louant leur ministère, l'Église catholique exige qu'ils reçoivent l'ordination sacerdotale dans l'Église catholique, avant de les considérer comme prêtres.

Nous respectons, chez nos frères et soeurs anglicans, la croyance en la Présence Réelle. Nous pouvons nous réjouir du document sur le Baptême, l'Eucharistie et le Ministère (BEM) adopté par le Conseil Oecuménique des Églises en 1981, et qui affirme: «Sous les signes du pain et du vin, la réalité profonde est l'être total du Christ».

C'est pourquoi, un Anglican peut, en certaines circonstances, communier dans une Église catholique où nous avons la Présence Réelle. Mais, comme nous ne croyons pas qu'il en soit ainsi dans l'Église anglicane, nous ne pouvons faire de même en allant chez eux (Ut unum sint, 46).

- IV -

LE MARIAGE

Le mariage et tout ce qui le concerne:
bonne entente, éducation des enfants, etc.,
occupent beaucoup d'espace. Les questions
qui s'y rattachent sont fort nombreuses.
C'est pourquoi je lui consacre
cette section spéciale.

QUAND JÉSUS CHRIST A-T-IL INSTITUÉ LE SACREMENT DE MARIAGE?

En quel endroit est-ce signalé dans la Bible? Lorsqu'il est question des noces de Cana? Je ne le crois pas. À Cana, il a changé l'eau en vin: il n'a marié personne.

* * *

Tous les sacrements remontent au Christ dont ils redisent les paroles et refont les gestes. Tous les sacrements sont des signes de salut qui viennent de la bonté du Seigneur pour sanctifier toutes les étapes de notre vie.

Les sacrements ont toujours été une pratique, un comportement des disciples du Christ, pour vivre ce qu'il a enseigné. Ainsi en est-il du mariage. C'est plus qu'une cérémonie à l'église, c'est toute une vie vécue selon la volonté du Seigneur.

Cette réalité humaine, le Créateur l'a voulue. Dans l'Ancien Testament, Dieu fit connaître son amour en le comparant à l'amour d'un couple. Dans le Nouveau Testament, il fit plus. Il dit que l'amour d'un couple devait ressembler à son amour pour l'être humain: «Maris, aimez vos femmes comme le Christ a aimé l'Église: il s'est livré pour elle» (Ep 5, 21-33).

Je ne chercherai pas à savoir le moment précis de l'institution du sacrement de mariage. Je saurai que Jésus a voulu que le mariage soit selon le plan du Créateur: une alliance éternelle entre un homme et une femme (Mt 19, 3-9).

Même si Jésus n'a pas réglé les cérémonies du mariage, il lui a donné une signification. Nous lui devons ce sacrement. Il a parlé du désir de Dieu sur l'amour humain. Nous le lisons dans saint Matthieu, au chapitre 19. Nous voyons son amour pour les époux; son premier miracle, il l'a accompli à Cana, en faveur d'un jeune couple.

À ceux qui lui objectaient que Moïse accordait la possibilité de divorcer, Jésus répondit que ce n'était pas là la pensée du Créateur qui créa l'homme et la femme, et les unit dans un amour fidèle. Et

Jésus d'ajouter: «Ce que Dieu a uni, l'homme ne doit point le séparer» (Mt 19, 6). Jésus requiert une union qui soit monogame et indissoluble.

Il veut que cette union ne soit pas brisée par l'adultère (Mt 5, 27).

Paul, dans sa lettre aux Éphésiens, chapitre 5, compare l'amour et l'unité dans le mariage à l'amour de Jésus pour l'Église. Jésus aimait son Église et lui était uni au point de mourir pour elle. Ainsi doivent s'aimer les époux, dans un amour fidèle jusqu'à la mort.

En s'unissant dans le mariage, les baptisés, disciples du Christ, prennent devant Dieu et l'Église un tel engagement d'amour et de fidélité voulu par le Seigneur. Un tel mariage est alors un sacrement, une alliance beaucoup plus qu'un contrat.

Le Seigneur Jésus est présent en ce sacrement pour aider les couples qui s'engagent devant lui et la communauté à réaliser le projet de Dieu.

LA PRÉSENCE D'UN PRÊTRE EST-ELLE NÉCESSAIRE À LA VALIDITÉ DU MARIAGE?

Est-ce vrai que ce n'est pas le prêtre qui donne le sacrement de mariage, mais celui et celle qui ont décidé de s'unir en mariage?

Quelqu'un m'assure que les Protestants ne sont pas mariés, que, ne faisant pas partie de l'Église Catholique, ils n'ont point le sacrement de mariage.

* * *

La législation de l'Église est vaste en ce qui regarde le mariage et les circonstances qui entourent sa validité.

La présence d'un prêtre est-elle nécessaire à la validité du sacrement de mariage? Voyons ce qu'en dit l'Église: «Seuls sont valides les mariages contractés devant l'Ordinaire du lieu ou bien devant le curé, ou devant un prêtre ou un diacre délégué par l'un d'entre eux, qui assiste au mariage, ainsi que devant deux témoins, mais toutefois selon les règles exprimées dans les canons suivants et restant sauves les exceptions dont il s'agit aux canons...» (Can. 1108, 1).

«Là où il n'y a ni prêtre ni diacre, l'évêque diocésain, sur avis favorable de la conférence des Évêques et avec l'autorisation du Saint-Siège, peut déléguer des laïcs pour assister aux mariages» (Can 1112, 1). On parle ici du laïc comme ministre extraordinaire du mariage.

Le Code de Droit canonique prévoit une autre situation où le prêtre ou le diacre ne sont pas présents. Il s'agit du cas où une partie catholique se marie validement devant un ministre non catholique ou même devant un juge de paix, après dispense de forme canonique (Can. 1127, 2). La dispense s'accorde pour raisons graves.

Qui «donne» le sacrement du mariage?... Voici ce que nous lisons dans le Code de Droit canonique: «C'est le consentement des parties, légitimement manifesté entre personnes juridiquement capables, qui fait le mariage» (Can. 1057, 1). Ce sont donc les époux qui, par leur consentement, sont les ministres du sacrement de mariage. Le prêtre, ou le diacre, remplit la fonction de témoin privilégié au nom de l'Église. Il demande et reçoit les consentements des contractants.

Finalement, à la troisième question, celle qui concerne les Protestants et autres chrétiens... Nous trouvons de nouveau la réponse dans la législation de l'Église. Nous lisons que l'alliance matrimoniale a été élevée entre baptisés par le Christ Seigneur à la dignité de sacrement. «C'est pourquoi, entre baptisés, il ne peut exister de contrat matrimonial valide qui ne soit, par le fait même, un sacrement» (Can. 1055, 1-2). Des non-catholiques baptisés qui se marient validement s'unissent donc dans le sacrement du mariage. En d'autres mots, s'il est valide, le mariage entre les baptisés est toujours un sacrement.

Ajoutons que des personnes non-baptisées peuvent se marier validement sans qu'il y ait sacrement de mariage.

FAUT-IL CRAINDRE DE S'ENGAGER À VIE DANS LE MARIAGE?

* * *

Il y a un saut à faire dans l'avenir. Plus qu'hier, les jeunes hésitent à en prendre le risque, que ce soit dans le mariage, la vie religieuse ou la prêtrise. La vue de certaines défections et de mariages brisés les rend craintifs. S'engager à vie pose question.

Et pourtant, dans la prêtrise et la vie religieuse, Dieu n'en vaut-il pas la peine? Cessera-t-il d'apporter son secours?

Il en est de même dans le mariage! L'amour pour son conjoint ou sa conjointe, fort aujourd'hui, sera solide et grandira demain, surtout si la foi est active. Dieu est au creux de l'amour. Si des mariages ont abouti à l'échec, d'autres ont réussi. Le sacrement apporte ses grâces pour la vie entière.

Qu'il y ait préparation sérieuse et promesse sincère de fidélité dans l'amour! Les jeunes qui se préparent au sacerdoce et à la vie religieuse y consacrent des années; pourquoi pas les futurs mariés? Ce sera ensuite le début d'une belle vie à deux et avec les enfants qui égayeront le foyer. Que votre amour pour lui ou pour elle soit le reflet de l'amour que Dieu vous porte! Il faudra garder le contact avec Dieu dans la prière, car les tempêtes ou, du moins, les vents contraires, font partie de toute vie.

Dans un ton confidentiel, Jean-Paul II a écrit une «Lettre aux familles» le 2 février 1994. C'est une prière du coeur qu'il adressait au Christ pour les familles de parents et d'enfants, aussi pour la grande famille des nations. Il insistait sur les biens du mariage, de la famille et de la vie.

UN COUPLE QUI DIALOGUE A-T-IL BESOIN DE «LA RENCONTRE DE FIANCÉS»?

Ou d'un cours de préparation au mariage?

* * *

On pourrait aussi demander: «Croyez-vous qu'un couple marié qui s'exprime ouvertement ait besoin de vivre un 'Renouement Conjugal'»?

Même s'il ne s'agit pas de nécessité absolue, il serait heureux et profitable pour ces couples de vivre, soit une Rencontre de Fiancés (Engaged Encounter) avant leur mariage, soit un Renouement Conjugal (Marriage Encounter) après leur mariage.

Ces fins de semaine sont tellement agréables et profitables! J'ai vu nombre de couples découvrir dans la joie les vraies facettes de l'amour. J'en ai vu plusieurs pleurer de bonheur. J'ai vu des couples se réconcilier après d'amères souffrances. J'ai vu tous ces couples intensifier leur amour. Je les ai vus aussi faire la découverte d'un Dieu de bonté et d'une Église ouverte et fraternelle. Plusieurs se rendent compte que leur vocation désormais, c'est l'amour l'un pour l'autre, ensuite la procréation et l'éducation des enfants.

Je conseille à tous ceux et celles qui se préparent au mariage de vivre la Rencontre Catholique de Fiancés. Je suggère fortement à tous les couples mariés de s'accorder le bienfait d'un Renouement Conjugal. Personne ne le regrettera!

Même si ces couples s'expriment ouvertement!...

On peut s'exprimer ouvertement sans qu'il y ait une vraie communication, un véritable dialogue! Il y a trop de monologues, même quand les deux conjoints parlent! On oublie d'écouter l'autre! Avec son coeur, encore plus qu'avec ses oreilles! Ou bien, on dialogue sur bien des choses, mais pas sur certains points essentiels!

Une fin de semaine Rencontre de Fiancés ou Renouement Conjugal, c'est un temps de grandes découvertes pour l'amour, un temps enrichissant pour toute la vie! Quel magnifique cadeau à offrir à la personne qu'on doit aimer par-dessus tout, à cet être avec qui on bâtit sa vie!

Pourquoi tarder?

CHEZ NOUS, IL Y A DES RESTRICTIONS CONCERNANT LES FRÉQUENTATIONS

Nous autres, parents, nous n'avons pas les arguments et les paroles voulues pour expliquer à nos jeunes comment faire de bonnes fréquentations. Mon garçon a 20 ans et elle vient à peine d'avoir 18 ans, et ils commencent de longues études.

Lorsque nous n'y sommes pas, je lui défends de la laisser venir chez nous... Aujourd'hui, les filles sont très libres.

* * *

Que les jeunes se sentent aimés et compris! Ils veulent réussir leur vie. Eux aussi redoutent l'avenir dans une société difficile qu'ils ne peuvent contrôler.

Derrière les restrictions que vous leur imposez à juste titre, qu'ils devinent les richesses que vous voulez leur transmettre. Eux ne savent pas encore; l'expérience ne s'acquiert qu'avec le temps. Ils étudient beaucoup, ils sont évolués, mais ils n'ont pas l'expérience, la maturité! Vous avez, comme parents, cette expérience et cette maturité.

Ils veulent un bonheur solide. Ils se doutent bien que c'est vous qui en savez la recette. Cependant, ce ne leur est pas facile de garder la maîtrise de leurs passions.

Allez-vous vous taire? Tant de parents démissionnent devant les difficultés! Il faut engendrer vos enfants toute votre vie!... Les engendrer aux valeurs de la vie et au bonheur vrai!

Vous avez tout ce qu'il faut! Si vous étiez plus riches et plus instruits, vous ne seriez pas de meilleurs parents. Vous n'avez besoin que de votre amour et de vos convictions. Sans sermonner..., une parole en passant suffit. Votre exemple donne force à votre parole.

Vous pouvez exiger un comportement moral dans votre foyer, dans une meilleure préparation chrétienne du mariage.

DANS QUEL DOMAINE DU MARIAGE AURAI-JE LE PLUS DE DIFFICULTÉS?

* * *

Bien des joies et bien des problèmes sont propres à chacun, à chacune, ou à chaque couple.

Il se peut que l'adaptation la plus importante et la plus difficile soit de passer d'une vie de célibataire à une vie de couple. Quand vous aurez vécu le temps de la romance, peut-être trouverez-vous là la plus grande difficulté.

Votre conjoint devra occuper la première place dans votre vie. Vous devrez vivre pour lui, pour elle, en l'aimant et en cherchant son bonheur. L'amour est don de soi. À l'amour printanier doit succéder l'amour oblatif, l'amour qui se donne. Il ne faudra plus prendre de décisions unilatérales, sans consulter l'autre. Vous ne devez pas vivre en marié célibataire si vous voulez un mariage heureux et durable.

L'amour se construit. Quelqu'un disait: «On ne se marie pas parce qu'on s'aime, mais parce qu'on veut s'aimer». Peut-être que le conjoint continuera sa vie de célibataire; c'est trop souvent le cas! Aimez-le tel qu'il est, telle qu'elle est, avec son passé, son éducation, ses défauts,... et ses qualités! À la façon du Christ!

Ce qui semble pénible deviendra source de bonheur dans un amour en croissance.

DOIS-JE VISITER MES ENFANTS QUI COHABITENT?

J'ai deux garçons qui ne sont pas mariés. Ils demeurent, chacun, avec une amie. Je prie pour qu'ils se marient.

* * *

Aimez-les toujours. Ce sont vos enfants.

Ne leur portez pas rancune, même si vous ne pouvez approuver leur conduite. Il est fort probable qu'ils connaissent vos convictions chrétiennes et votre désapprobation de cette vie commune hors du mariage.

Vous pouvez certes les visiter, surtout s'ils savent vos convictions et que leur situation ne date pas d'hier. Montrez-vous une maman pleine de charité et de délicatesse, une chrétienne qui vit ce qu'elle croit et le vit joyeusement.

Priez pour eux. Qu'ils se marient, oui, mais pourvu qu'ils fassent un bon choix!...

MON GARÇON PEUT-IL COUCHER CHEZ MOI AVEC SA COMPAGNE?

Nous avons un fils qui vit avec une dame mariée; ils ont un enfant ensemble.

* * *

Ma réponse varierait selon les contextes.

Si votre garçon a un certain âge, vit avec cette dame depuis des années, ont eu un enfant, leur situation actuelle ne date pas d'hier. Elle est bien connue. Elle semble stable. Je ne crois pas qu'il y aurait scandale, alors, s'ils venaient chez vous pour y coucher. Surtout, s'il n'y a pas à la maison d'enfants en bas âge que leur conduite pourrait scandaliser.

Ma réponse serait différente s'il s'agissait de deux jeunes amoureux qui veulent coucher chez vous, surtout s'il y avait scandale pour d'autres. Dans de telles circonstances, il vous faudrait faire respecter vos principes chrétiens. Votre façon d'agir, ferme bien que douce et bonne, rendrait témoignage de votre foi et inciterait votre enfant à la réflexion sur sa vie chrétienne et sur les exigences requises pour demeurer fidèle au Seigneur.

MA FILLE, EN UNION LIBRE, VEUT FAIRE BAPTISER

Ma fille vit en union libre depuis sept ans. Elle et son compagnon travaillent. Ils ont un enfant qu'ils comblent de tendresse; ils en attendent un autre. Ils ne parlent jamais de faire bénir leur union. Pourtant, ils tiennent à faire baptiser leurs enfants. Les deux sont fidèles l'un à l'autre.

Nous, parents, que penser, que faire?

* * *

Réjouissez-vous de ce qu'ils soient fidèles l'un à l'autre, de ce qu'ils aiment leurs enfants, de ce qu'ils les feront baptiser.

«Conjoints de fait», leur amour est durable. Ils prennent à coeur le bien de leurs enfants. Leur volonté de les faire baptiser révèle qu'ils ont la foi. Dites-leur votre joie de les voir heureux et de les voir s'occuper si bien de leurs enfants.

Lors d'une préparation baptismale, voudront-ils aller plus loin? Désireront-ils mettre Dieu davantage au creux de leur amour en lui demandant de bénir leur mariage, d'en faire un sacrement? Si oui, devant Dieu et la communauté chrétienne, ils prendront l'engagement solennel de s'aimer jusqu'à la mort en demeurant fidèles l'un à l'autre. Leur foi atteindra une dimension nouvelle, celle voulue du Christ Jésus, normale pour tout chrétien. Leur vie s'accordera à la foi, à l'enseignement de Jésus et de son Église. Leur mariage se vivra à trois, puisque Jésus sera vraiment présent.

LES PRÊTRES DEVRAIENT EXIGER LA CONVERSION DE CEUX QUI COHABITENT

Les prêtres ne sont pas sans savoir, à moins de vivre six pieds sous terre, que les jeunes qui veulent se marier, pour la plupart, cohabitent avant de faire le grand saut.

Pourquoi l'Église ne refuse t-elle pas de les marier tant qu'ils ne sont pas «convertis»? L'Église se laisse aller.

* * *

La pastorale de l'Église n'est pas tracée une fois pour toutes. La pastorale n'est pas pour ceux qui sont au terme de la route. L'Église, par ses prêtres surtout, doit accompagner le peuple de Dieu que nous sommes, agir avec miséricorde comme fit Jésus. Il a accueilli la femme adultère, parlé à la samaritaine, accepté la visite tardive de Nicodème, mangé chez Matthieu, s'est invité chez Zachée; il prenait ses repas avec des pécheurs.

Il ne leur a pas demandé de se convertir d'abord. Sa présence et sa bonté les ont transformés.

Sa doctrine n'a pas changé. L'Église redit son enseignement sur le sacrement du mariage, sur la réconciliation après les fautes.

Votre opinion ne manque pas de justesse, ni de logique. Il est opportun d'offrir la possibilité du sacrement de réconciliation avant tout mariage.

Si vous étiez prêtre, un prêtre qui rencontre des jeunes qui cohabitent et veulent enfin se marier à l'église, iriez-vous jusqu'à ignorer ce pas en avant qu'ils veulent poser, en exigeant certaines conditions dont ils ne saisissent pas encore le bien-fondé? Plus ils s'approcheront du Seigneur, plus ils découvriront son offre de bonheur vrai et durable, plus leur foi leur révélera le mal du péché et le bien du pardon, plus ils profiteront des sacrements. Faut-il, dans leur foi présente, éteindre la mèche qui fume encore (Mt 12, 20)?

Les pasteurs savent que leur action pastorale doit stimuler à aller de l'avant. Ils veulent préserver la doctrine du Seigneur. Ils gardent un coeur bon et compatissant. Ne serait-ce pas une attitude évangélique?

POURQUOI NE PUIS-JE AVOIR DE DIALOGUE AVEC MON ÉPOUX?

* * *

C'est qu'il n'a jamais connu ce qu'est le dialogue. C'est qu'il n'en veut pas. C'est que sa psychologie masculine est moins portée au dialogue verbal. C'est que...

Ne cherchez pas trop à le changer. Je ne dis pas de perdre espoir. Je comprends toute l'importance du dialogue dans votre vie de couple. Une fin de semaine du «Renouement conjugal», ou toute autre expérience semblable, fait découvrir la valeur du dialogue.

Peut-être devez-vous devenir plus compréhensive, patiente, bonne, possiblement plus passionnée pour votre mari. Si votre mari vous voit attentive à ce qu'il est, respectueuse de ce qu'il est, vous avez la possibilité d'ouvrir la porte à un changement de sa part. Si je m'adressais à lui, je l'inviterais à dialoguer avec vous, à ne pas vous considérer comme «acquise», à ne pas vous donner la seconde place dans sa vie, mais la première.

Il arrive que l'épouse accuse son mari de mutisme, alors que le mari accuse sa femme de l'inonder d'un déluge de paroles. Entre le désert et le marécage...

Je suis conscient de la souffrance de beaucoup d'épouses. Elles me disent leur peine devant le silence de celui qu'elles aiment et qui semble, trop souvent, avoir épousé son travail plutôt que sa femme. Ne concluez pas pour autant qu'il ne vous aime pas.

COMMENT SE FAIT-IL QUE CE SOIT SI DIFFICILE DE SE COMPRENDRE?

Moi, j'ai été mariée et, au bout de trois ou quatre années, nous en sommes venus à nous dire qu'il n'y avait rien à faire. On ne se comprenait plus. Il valait mieux nous séparer et refaire notre vie chacun de son côté. Pourtant on a tellement dialogué.

Peu de temps après, j'ai refait ma vie avec un autre. Au bout de trois ou quatre ans, ce fut exactement la même chose.

Que dois-je faire ou ne pas faire? Je ne sais plus.

Au début, c'est le bonheur parfait. Nous sommes des amis très liés et il nous semble que nous sommes seuls au monde à vivre un tel bonheur. Nous nous comprenons, nous partageons tout. Quand nous commençons à nous découvrir en profondeur, tout commence à mal aller.

Doucement nous passons d'amis à ennemis si je peux dire. Nous sommes comme sur la défensive sur notre territoire. Il semble que nous ne parlons plus la même langue. Je n'en reviens pas! Dans les choses les plus simples!...

Nous en sommes rendus à ne plus nous parler, de peur que l'autre comprenne le contraire de ce qui lui est dit. C'est pas des farces!

Quand on a les deux pieds dedans..., c'est loin d'être rose! Faut-il donc croire qu'il vaut mieux vivre seule ou ne rester que des amis? Au nom de Jésus, répondez-moi!

* * *

Vous avez raison d'affirmer que beaucoup de couples vivent le même drame. Car c'est un drame de ne plus se comprendre, de se séparer ensuite! Les enfants sont angoissés devant un amour fané et la brisure du mariage.

Que faire?

Il importe de bien se préparer au mariage, d'en saisir la grandeur, d'aborder la discussion des points névralgiques, de dialoguer dans l'amour et le respect. Une vie à deux ne peut s'improviser! Il ne faut pas s'illusionner, croire que la flamme des débuts brillera toujours d'un même éclat. L'amour n'est pas que sentimentalisme superficiel. L'amour s'enracine dans une terre meuble où pousse le chiendent de nos défauts. Qui n'en a pas? Après un temps de vie conjugale, il est normal que les faiblesses de l'autre paraissent au naturel.

Votre amour pour lui, son amour pour vous, ne devront pas cesser pour autant. L'amour prendra de nouvelles dimensions, poussera des racines plus tenaces et robustes. J'admire beaucoup de couples âgés; ils ont passé à travers les intempéries des saisons de la vie. Les foyers brisés, même nombreux, ne doivent pas nous obscurcir la vue. Il existera toujours des couples dont l'amour perdure et même s'affine avec les années.

Il faut vouloir qu'il en soit ainsi, dès le départ. Il faut aimer l'autre tel qu'il est.

Il faut aussi aimer à la façon du Christ. Permettez-moi d'insister! Je ne soutiens pas que seuls les chrétiens peuvent réussir leur mariage. Ils ont, toutefois, des atouts qui leur sont propres, des avantages précieux. Ils ont la foi qui les éclaire sur l'amour vrai et durable, celui du Christ. Aimer comme lui, tendrement, fidèlement, jusqu'à la mort, tel devrait être l'amour des baptisés dans le sacrement du mariage. S'y engager, tel est le sens de la cérémonie du mariage et la base d'un bonheur bien ancré.

À cette conception du mariage, les chrétiens ajoutent la grâce de Dieu. Ils puisent la force d'affronter les lundis de l'amour, les jours gris, dans la prière et la réception des sacrements.

Il ne faut jamais cesser de croire à l'amour, au bonheur, au mariage. Le temps est aux bourrasques; l'amour survivra.

MON MARI NE S'INTÉRESSE QU'AUX SPORTS

Qu'arrive-t-il si toi, comme chrétienne catholique, tu veux aimer Dieu, vivre l'Église de Dieu, grandir avec tes frères et soeurs, partager, alors que ton mari ne s'intéresse qu'aux sports? Il affirme ne pas avoir besoin d'autre chose.

Il m'est arrivé de laisser des expériences communautaires pour avoir plus de paix dans la famille. Alors, je souffre beaucoup de ne pas vivre avec mes frères et soeurs, en amour avec eux.

J'aimerais tant vivre comme couple cette grande richesse que Dieu nous donne!

***

Votre communauté principale, c'est celle de votre vie de couple, celle de votre famille. Dans cette communauté, vous trouvez Dieu, sa volonté, son bon plaisir. Au sein de votre famille, vous pouvez vous sanctifier, rayonner le bonheur et votre foi chrétienne.

Le reste est bon, très bon, en autant que vous ne négligez pas votre «petite Église domestique».

Evidemment, comme vous, j'aimerais que vous puissiez participer régulièrement aux réunions de prière, à ces rencontres avec vos frères et soeurs qui partagent votre foi.

Faites-le, même seule, du moment que votre présence aux assemblées ne crée pas de malaise trop grand dans vos relations avec votre mari. Vous y trouverez une nouvelle énergie pour porter votre croix quotidienne. De plus, votre présence sera un soutien pour les autres membres du groupe de prière.

Si vous ne le pouvez pas, du moins pas autant que vous le désirez, offrez cette souffrance au Seigneur. Elle lui plaira plus que votre présence assidue à la communauté de prière.

C'EST DUR POUR LA FEMME DE VIVRE AVEC UN MARI PEU CATHOLIQUE

Si, dans un couple marié, la femme est fort catholique et l'homme catholique pas fort... C'est dur pour la femme si l'homme ne veut pas lire la Bible et dit:«Je ne veux pas que tu me tannes à prier. Si tu veux prier, prie et laisse-moi tranquille».

C'est dur pour la femme!

* * *

Peut-être aussi pour l'homme...

J'ai pensé terminer là ma réponse. Elle aurait paru une boutade, alors qu'elle aurait été une invitation à la réflexion.

Il faut respecter le cheminement de chacun. L'homme, celui de sa femme. Mais aussi la femme, celui de l'homme.

Je sais fort bien la souffrance de beaucoup d'épouses qui voudraient mieux partager leur foi avec leurs maris. Elles ne le peuvent pas et endurent une véritable épreuve de solitude. Espérons qu'un jour le partage se vivra en profondeur.

En attendant, madame, soyez patiente et votre patience gagnera le coeur de votre mari. Comme l'écrit saint Pierre, vous, les femmes, en regard de vos maris, faites en sorte que, «même si quelques-uns refusent de croire à la Parole, ils soient, sans parole, gagnés par la conduite de leurs femmes, en considérant votre vie chaste et pleine de respect» (I P 3, 1-2).

J'ajouterais, à l'adresse des hommes: «Vous, les maris, menez la vie commune avec compréhension...» (I P 3, 7).

LA DIFFÉRENCE DE RELIGION PEUT-ELLE DEVENIR UN OBSTACLE DANS LE MARIAGE?

* * *

La religion, si on l'estime à sa juste valeur, touche au coeur de notre vie. Au fur et à mesure que cette vie s'écoule, les données religieuses prennent une place prépondérante; ce qui est normal! Viennent les enfants et se pose le problème de leur éducation religieuse.

Il n'est pas étonnant qu'alors semble s'accentuer la différence des religions. Les époux cherchent une solution non seulement pour ce qui les concerne, mais surtout pour les jeunes êtres qui leur sont confiés.

Ce préambule situe le problème que l'amour ne peut éluder. Ce problème est d'importance, et il faut l'aborder avant le mariage dans la sérénité, la prière et la franchise.

Il est évident qu'un mariage entre deux êtres dont la religion diffère peut fort bien réussir. Se développent une ouverture oecuménique et le respect mutuel.

Il n'en est pas toujours ainsi. Refuser de le croire, c'est se leurrer. Toute différence entre époux peut devenir un obstacle, surtout si elle touche à la religion. Surgit le danger d'une mésentente profonde et, plus souvent, d'une indifférence religieuse. Quant aux enfants, ils sont tiraillés entre les croyances de papa et celles de maman.

C'est pour cela que l'Église voit là un empêchement de mariage; il faut alors une dispense pour se marier. Voici ce que prescrit la législation de l'Église: Le mariage entre deux personnes baptisées, dont l'une est catholique et l'autre non, «est interdit sans la permission expresse de l'autorité compétente» (Can. 1124). Tel est le cas des mariages mixtes.

Pour ce qui est du cas de disparité du culte, c'est-à-dire du mariage d'un conjoint catholique avec une personne non baptisée, l'Église déclare un tel mariage invalide à moins d'une permission accordée par l'évêque moyennant certaines conditions (Can. 1086).

La partie catholique d'un mariage mixte ou avec disparité du culte doit déclarer qu'elle est prête à écarter les dangers d'abandon de la foi et qu'elle promet sincèrement de faire son possible pour que tous ses enfants soient baptisés et éduqués dans l'Église catholique. L'autre partie doit être informée de ces promesses. De plus, les deux parties doivent être instruites des fins et des propriétés essentielles du mariage, qui ne doivent être exclues ni par l'un ni par l'autre des contractants (Can. 1125).

Le choix d'un compagnon ou d'une compagne de vie ne doit pas négliger l'aspect religieux de toute vie. Avant d'avancer sur le chemin d'un amour à deux, amour indissoluble, qu'il y ait un dialogue sincère pour bâtir un foyer heureux, là où Dieu sera présent dans l'union des coeurs.

AURIEZ-VOUS UNE SUGGESTION POUR LES COUPLES DE PLUS DE 30 ANS DE MARIAGE?

Les enfants sont tous partis, nous n'avons plus grand-chose à nous dire. Nous sommes dans la cinquantaine, nous entendons souvent parler des jeunes et des gens à la pension, mais peu des «in-between»... C'est mon cas.

* * *

La vie doit être belle pour les «in-between» dont vous parlez, les gens comme vous. Votre famille est élevée, vous n'avez pas encore atteint la vieillesse, votre santé est relativement bonne...

Sachez que vous vivez un temps de paix et de sérénité. Peut-être que vous n'avez pas grand-chose à vous dire entre époux. Mais votre amour l'un pour l'autre peut grandir, devenir plus attentif, plus délicat et plus empressé. Votre souci des enfants n'exige plus une présence comme autrefois. Donnez-vous le temps de vous prouver votre amour l'un pour l'autre. Soyez présents l'un à l'autre, même si les paroles n'abondent pas.

Continuez à vivre pour vos enfants et petits-enfants. Il y a tellement de services à rendre, beaucoup d'affection à donner, un témoignage chrétien à livrer, une maison à rendre accueillante. Que votre présence soit pétrie de foi et de tendresse.

Peut-être disposez-vous d'un peu de loisir. Il y a possibilité de bénévolat en de nombreux domaines, au sein de la paroisse, de mouvements, d'oeuvres de bienfaisance.

Et je suis certain que vous savez donner un peu plus de temps à la prière, à de saines lectures, à des activités enrichissantes.

Vive les «in-between» que vous êtes!

DOIT-ON RESTER QUAND IL N'Y A PLUS D'AMOUR?

Si une épouse n'a plus d'amour pour son mari, est-ce son devoir de rester quand-même dans le mariage?

Quoi faire quand ton conjoint te dit qu'il ne t'aime plus?

* * *

De quel amour s'agit-il? D'un amour simplement sentimental et physique? D'un amour humain plus profond?

Nous possédons ces deux sortes d'amour; il n'est pas toujours aisé de les distinguer. L'amour-sentiment, nous le voyons affiché partout, et il excite les jeunes. Cet amour devient vite sensuel. Il ne faut pas mépriser l'amour-sentiment, mais nous devons hiérarchiser nos amours. C'est là faire l'éducation de l'amour.

Le péché originel a désaxé nos puissances d'aimer. L'amour peut dégénérer en égoïsme.

Trop de mariages prennent fin parce que l'amour des conjoints n'est qu'un amour-sentiment, un amour influencé par la mode. C'est un amour 50-50, un amour qui dit: «Je t'aime si tu m'aimes». L'amour d'un mariage chrétien est un amour semblable à celui de Jésus. C'est un amour à 100 %, un amour durable malgré les bourrasques de la vie. À moins de s'engager dans un tel amour, le mariage risque d'éclater aux tempêtes saisonnières, et la vie peut devenir insupportable.

Aimer d'un tel amour est une décision. Dans le mariage, il devient une alliance, un engagement.

Dans un mariage chrétien à bel amour, il y a place pour le Seigneur. Il est le bienvenu. Il cimente l'amour des conjoints. Il est le Roc sur lequel s'édifie l'amour (Mt 7, 24). Cet amour chrétien peut toujours tenir bon.

Peut-il disparaître cet amour qui ressemble à celui du Christ, cet amour qui fait aimer même les ennemis, cet amour destiné à la fidélité jusqu'à la mort, cet amour qui transcende les aspérités de la vie?

Le mariage chrétien n'est pas un mariage à l'essai. Un amour total, vrai don de soi, ne peut exister à l'essai. Ce serait un non-sens.

Une dame me témoignait de son amour retrouvé pour son mari. Pendant des années, elle ne l'aima pas et se laissa séduire par les ensorcellements de la vie. Puis, plus proche du Seigneur, elle rectifia sa conduite et retomba en amour avec celui qu'elle avait choisi lors de son mariage.

Votre amour chrétien pour votre conjoint ne doit jamais cesser. Votre amour «simplement humain» peut revenir.

VINGT ANS DE MARIAGE, VINGT ANS DE CHICANES!

Ce n'est pas facile de changer un homme coulé dans le ciment!

Nous avons vécu une expérience religieuse récemment. Depuis ce temps, il s'aperçoit qu'il a des enfants.

Parlez-nous des pères irresponsables.

* * *

Pour être impartial, ne faudrait-il pas parler aussi des mères irresponsables? L'irresponsabilité est-elle le lot exclusif du sexe masculin?

Beaucoup de femmes sont venues me voir, pleurer et s'attrister de vivre avec un mari qu'elles croyaient, elles aussi, coulé dans le ciment. Aucun dialogue possible! Silence absolu! Mutisme qui étouffe l'amour!

Elles ont été seules à s'occuper de l'éducation des enfants.

Je me rappelle les mots de la chanson qui expriment la souffrance cachée et réelle de beaucoup d'épouses et de mères:

«Quand je me lève, déjà tu n'es plus là. Moi, je m'ennuie de toi!
J'essuie mes yeux et je replie les draps. Moi, je m'ennuie de toi!
Tu n'as jamais vu sourire tes enfants; tu n'as pas le temps!
Tu perds ta vie à vouloir la gagner; tu devrais y penser!»

Il ne faut jamais perdre l'espoir. Ne le constatez-vous pas depuis l'expérience religieuse que vous avez vécue? Votre mari se rend compte soudainement qu'il a des enfants. Il vous découvrira, vous aussi. L'amour est un long cheminement!

Ne cherchez pas à rendre votre mari semblable à vous. Ce serait une approche malheureuse. Il y a des maris qui en souffrent!

Les époux sont marqués par leur enfance et leur éducation. Ils sont peut-être plus silencieux par tempérament. Ils ont leurs défauts; ils en sont conscients. Ils doivent aussi supporter les limites humaines de leurs épouses, leurs sautes d'humeur, leurs impatiences. Tous, nous sommes en quête de bonheur. Quand les chemins se croiseront-ils sur la route du bonheur? Il faut pardonner, accepter l'autre tel qu'il est, l'aimer gratuitement et inconditionnellement, à la façon du Christ. N'est-ce pas là l'amour véritable? Votre vie chrétienne à deux est votre chemin de sainteté. Votre exemple marque la vie de vos enfants.

QUE FAIRE POUR AIDER MON MARI À AVOIR UN LANGAGE PLUS CATHOLIQUE?

Il blasphème (la lettre mentionne quelques exemples classiques...) Il prétend qu'il a promis à son confesseur de ne plus recommencer. Sa résolution s'est maintenue vingt-quatre heures. C'est de ma faute, paraît-il.

Il semble que, seule, la séparation va régler le cas. «Prends la porte si t'es pas contente, ma 'tab...' (ce qui me fait honneur!). Tout cela est supposément dit par un homme supposément sain d'esprit et libre de boissons alcooliques. Il semble se croire coupable de je ne sais trop quoi.

Quelle est la température de notre vie de couple d'après vous?

Couple aimant

* * *

C'est sans doute par ironie que la question est signée «Couple aimant».

Il est possible que l'amour demeure sous-jacent malgré les difficultés et l'écorce rugueuse.

En bien des foyers, existe ce problème d'un langage vulgaire. Existe aussi une manière rude et grossière de traiter sa femme, une violence verbale. C'est déplorable! Se maintient souvent l'hérédité d'un comportement qui n'exprime aucune délicatesse, ni vis-à-vis du Seigneur et des choses saintes, ni en ce qui concerne une épouse pourtant fidèle. L'enfant entend son père parler ainsi, traiter rudement la femme de sa vie et, plus tard, il est enclin à l'imiter. Tel est peut-être le cas de votre mari.

Je ne cherche pas à justifier; je m'efforce de trouver la cause d'une telle conduite. Peut-être aussi, comme vous le laissez entendre, y a-t-il dans la vie de votre mari un événement dont il se sent coupable. Il verbalise sa frustration.

Je n'aime pas les solutions radicales qui règlent temporairement un problème, mais en créent d'autres qui ne sont pas moindres. Tel m'apparaît le procédé de la séparation. Il ne faut y songer qu'en toute extrémité.

Votre mari a certainement des qualités malgré sa rudesse. Pacifiez-le par votre bonté et votre patience. N'essayez pas trop de le changer. S'il vous voit agir ainsi, il se pacifiera. De lui-même, il cherchera à s'améliorer, comme il en a manifesté l'intention à son confesseur. Il se sentira aimé malgré tout; son amour pour vous grandira. Il y aura plus d'oxygène dans l'air; il sera plus facile de respirer l'amour. Espérons-le!

QUE POUVONS-NOUS AU SUJET DE LA VIOLENCE CONJUGALE?

Est-ce que l'épouse et les enfants doivent rester?

* * *

Face à la violence conjugale, l'épouse et les enfants n'ont certes pas l'obligation de la subir... Comme mesure extrême, mais parfois nécessaire, ils devront s'éloigner de celui qui exerce cette violence conjugale. L'Église a toujours enseigné cette possibilité. Je ne soutiens pas qu'elle soit obligatoire, car la séparation comporte bien des problèmes; mais elle peut être légitime.

Si tel est votre cas, que pouvez-vous faire?... En autant qu'il dépende de vous, vous devez prévenir et empêcher la violence conjugale. Au besoin, il faut dénoncer la personne coupable, afin que des êtres innocents n'aient pas à souffrir de cette violence.

Cette violence conjugale, souvent physique, peut aussi être psychologique et verbale.

L'épouse qui en est victime est humiliée et écrasée par cette brutalité. Parfois, elle se culpabilise. Trop souvent, elle perd toute dignité et toute estime personnelle; elle ne croit plus en ses propres qualités. Il arrive qu'elle vive dans la peur constante. Elle craint de dénoncer celui qui la menace.

Si votre mari vous bat, s'il use de violence envers vos enfants, il me semble que la situation est sérieuse et que vous pouvez vous séparer, au moins temporairement. Pardonnez-lui, ce qui ne vous oblige pas à demeurer dans un tel climat de violence.

Il existe plusieurs centres d'accueil, des maisons ouvertes aux femmes battues, des conseillers sociaux, des gens qui peuvent vous apporter conseils et réconfort. Dans une situation pénible, n'hésitez pas à demander de l'aide. Il faut assurer votre protection et le bien-être de vos enfants.

MON MARI A ABUSÉ DE NOS FILLES PENDANT PLUSIEURS ANNÉES

Il ne m'a jamais dit: «Je t'aime», ou «Bonne fête», ou «Bonjour». Il ne me donnait jamais une cent noire. Je devais acheter à crédit.

Mon mari travaillait au loin... Parce que l'un de mes enfants est né avant terme, il me traitait de putain.

Après beaucoup d'années de vie de chien, j'ai demandé la séparation. J'ai obtenu la déclaration de nullité de mon mariage. Il ne m'avait mariée que pour le sexe.

Aujourd'hui, je souffre d'insomnie et de dépression.

Un gros pourcentage d'hommes se marient sans aimer. Ils feront l'amour quand ils en auront la chance. Ils ont les mains blanches.

Aidez-moi à trouver la paix du coeur. Ai-je bien vécu ma vie de femme ou non?

* * *

Ceux et celles qui liront votre lettre éprouveront, comme moi, de forts sentiments.

Un sentiment de pitié pour vous qui avez eu à endurer si longtemps et de façon si aiguë la fatigue physique et, plus encore, la souffrance morale.

Un sentiment de révolte envers celui qui vous traita durement, sans même respecter vos enfants.

Mais notre foi chrétienne doit aller plus loin que les sentiments naturels qui agitent notre coeur. Il ne faudrait pas, non plus, généraliser.

Comme le Christ, sans approuver le mal, nous devons pardonner.

J'éprouve une grande sympathie pour la maman que vous êtes, pour votre patience héroïque et votre générosité.

Non! Soyez sans crainte! Vous avez vécu admirablement votre vie malgré la pesanteur de votre croix quotidienne. J'espère que vous trouverez consolation dans vos enfants et petits-enfants. Je ne doute pas que le Seigneur saura récompenser largement votre fidélité et votre dévouement. L'évangile prouve qu'il aime avec prédilection des gens comme vous. «Heureux les affligés», a-t-il dit, «car ils seront consolés» (Mt 5, 5). Il vous serrera dans ses bras.

Des personnes comme vous, qui souffrent et font leur possible, il y en a beaucoup. Je compatis à leur détresse.

DANS LE MARIAGE, TOUT EST PERMIS...

Nous étions réunis... quelques-uns disaient: «Dans le mariage, tout est permis». Le Pape et les prêtres n'ont pas affaire dans la chambre nuptiale».

* * *

Disons qu'il existe une spiritualité et une morale conjugales, basées sur la Parole de Dieu, sur l'évangile. L'Église a le devoir de le rappeler. Tout n'est pas uniquement subjectif.

Tout n'est pas énoncé dans les détails en ce qui regarde la sexualité des époux, mais les principes sont là.

La conduite chrétienne concerne les époux tout aussi bien que les autres membres de la société.

L'attitude respectueuse et pieuse du jeune Tobie et de sa femme Sarra, le soir de leurs noces, nous est présentée dans la Bible comme exemple (Tb 8, 4-8).

Des chrétiens, même dans leur mariage, doivent respecter le projet de Dieu sur leur sexualité, et ne pas se laisser dominer par les convoitises de la chair au détriment de l'esprit (Ga 5, 16-24).

«Le corps», affirmait saint Paul, «n'est pas fait pour la fornication; il est pour le Seigneur... Ne savez-vous pas que vos corps sont des membres du Christ?... Votre corps est un temple du Saint-Esprit» (I Co 6, 13-19).

Paul livre son enseignement sur la sexualité conjugale, sur les relations entre époux, sur leur fidélité, sur le péché d'adultère (Rm 7, 1ss).

Dans la vie conjugale, il faut l'amour et un grand respect mutuel, un respect de la dignité d'enfant de Dieu. Tout n'est pas permis. Nous ne sommes pas des animaux, mais des êtres raisonnables et des chrétiens. L'Église a pour mission de nous le redire, en valorisant ce qu'il y a de meilleur chez l'individu et le couple.

AU SUJET DE L'ACTE CONJUGAL, EST-CE QUE TOUT EST LICITE?

Est-ce que tout est permis pour les personnes mariées? Moi, je ne le crois pas.

Jusqu'à quel point une femme est-elle obligée de dire oui à son mari qui veut faire l'amour avec elle?

* * *

Cette question rejoint la question précédente et l'explicite.

La publicité des moyens modernes de communication, télévision, vidéos, films, radio, journaux, revues, laisse croire que tout est permis dans l'amour, que ce soit au sein du mariage ou non.

Ils présentent des recettes pour un acte conjugal bien apprêté. Du moins, on l'affirme à renfort de paroles et d'images. Il y a des graphiques qui suggèrent une variété de possibilités, des postures acrobatiques et des prouesses sexuelles plus ou moins aguichantes.

Les médias offrent souvent une mécanique d'un amour sans âme.

Le bonheur n'est pas là. Le succès de l'amour non plus. Souvent, la dignité humaine est rabaissée. La femme devient un objet de plaisir, sans plus. Même si tout se passe au sein d'un mariage valide!

En évitant le scrupule, la pudibonderie, en sachant qu'entre époux, il y a le don réciproque des corps, une vie d'union dans l'amour même charnel, il n'en demeure pas moins que certaines façons d'accomplir l'acte conjugal avilissent et peuvent répugner à bon droit à l'un des conjoints. L'acte conjugal, l'extase de l'amour, et ce qui y conduit, est permis entre personnes mariées, mais toujours dans la dignité de la personne et le respect mutuel.

Saint Paul écrit: «Tout m'est permis, mais tout n'est pas profitable. Tout m'est permis; mais je ne me laisserai, moi, dominer par rien» (I Co 6, 12). Pour Paul, ce qui importe, ce n'est pas ce qui est permis ou défendu, mais de savoir ce qui aide ou nuit à la vie chrétienne.

Pour ce qui est de la deuxième question, il faudrait que s'établisse un dialogue avec votre mari.

Il arrive que, sans motif valable, l'épouse néglige les relations sexuelles et les demandes légitimes de son mari, comme s'il n'y avait rien là. C'est une erreur et un danger pour le couple. «La femme ne dispose pas de son corps, mais le mari. Pareillement, le mari ne dispose pas de son corps, mais la femme» (I Co 7, 4). Si l'époux se laisse aller à une attitude excessive, il n'y a pas nécessité de céder à ces abus.

Dans le mariage, il y a un don réciproque fait dans l'amour. «Que le mari s'acquitte de son devoir envers sa femme, et pareillement la femme envers son mari» (I Co 7, 3).

ENTRE PERSONNES ÂGÉES, TOUT SERAIT-IL PERMIS, SAUF L'ACTE SEXUEL?

J'ai été élevée dans le respect des commandements. Mais voilà que je suis confuse au sujet de ce que me dit un monsieur dont l'épouse est malade. Il m'assure que, pour nous deux qui sommes âgés, tout est permis, sauf l'acte conjugal. Il n'y a pas, dit-il, aucun mal. Alors, je consens quelquefois sous son influence, mais avec peine.

Il va même jusqu'à dire qu'on lui a conseillé d'agir ainsi.

* * *

Il y en a qui, non seulement se permettent des libertés, mais qui les justifient et... «chantent la pomme».

Je ne puis approuver ce monsieur. Le respect du corps est important, aussi celui du coeur et de l'esprit. Les fautes contre la chasteté ne sont pas uniquement certains gestes et certaines actions extérieures. «Quiconque regarde une femme pour la désirer a déjà commis, dans son coeur, l'adultère avec elle», dit Jésus (Mt 5, 28).

Ne soyez pas la dupe de paroles rassurantes. Beaucoup le sont aujourd'hui, avec une certaine naïveté.

Qui lui a conseillé d'agir ainsi? Je ne sais. Ce conseil a-t-il vraiment été donné? Si oui, est-ce un conseil judicieux et chrétien?

Gardez vos convictions. Respectez cette lumière intérieure qui vous met en garde contre certaines façons d'agir, païennes plutôt que chrétiennes.

IL ME DEMANDE DE POSER DES GESTES QUI ME DÉGOÛTENT

Quand mon mari et moi faisons l'amour, il me demande de poser des gestes qui lui procurent beaucoup de plaisir.

Je veux garder mon mari; je ne veux pas qu'il aille ailleurs. C'est pourquoi je me plie à ses caprices, même si ce qu'il me demande me dégoûte et paraît dégradant. Dois-je continuer d'agir ainsi?

* * *

L'acte conjugal est voulu par le Créateur comme l'expression d'un amour entre deux conjoints qui s'ouvrent à la vie. Cet acte ne manque pas de grandeur.

En notre monde érotique, la recherche du plaisir multiplie les modalités de l'acte sexuel pour que le plaisir soit varié et plus intense. Dans les kiosques de journaux, sont exposés des livres où sont explicitées des acrobaties sexuelles. Souvent au détriment de l'amour et simplement pour assouvir une passion animale! Gestes, postures, actions, veulent créer une race d'experts en accouplements physiques, sans souci de l'essentiel, de l'âme des relations, de l'amour qui fait battre deux coeurs à l'unisson. Ces conseils peuvent ne laisser qu'un relent d'amertume.

Vous et votre mari vous avez des droits l'un sur l'autre, y compris des droits mutuels sur vos corps. Vous ne cessez pas pour autant d'être des personnes raisonnables et des chrétiens. Vous devez vous respecter. Le corps de son conjoint n'est pas un objet. Il y a des gestes qui rabaissent l'autre et déshonorent. Il suffirait de questionner son épouse ou son époux pour savoir ce qui l'humilie dans tel procédé. L'amour, sans être scrupuleux, est délicat et attentif à l'autre.

Je ne dis pas qu'il y a nécessairement péché quand certains gestes sont posés entre époux. Cependant, ces gestes peuvent ne pas convenir.

Si la femme se plie à certains caprices qui lui répugnent, ne risque-t-elle pas de redouter l'acte sexuel et de développer la frigidité dans les relations?

L'idéal serait d'en discuter à l'amiable avec votre mari pour découvrir ses besoins légitimes et, en même temps, respecter votre sensibilité. L'amour se construit, même dans le dialogue sur le sexe. Votre amour doit s'exprimer joyeusement dans des rapports sexuels qui ne manquent pas d'une certaine noblesse car ils impliquent l'âme et le corps.

QUE PENSER DES ÉCHANGES DE COUPLES?

Faudrait-il que mon mari et moi nous fassions comme tant de nos amis? Je ne suis pas favorable... Pour moi, c'est une erreur et un péché.

Est-ce vrai que ces échanges aident les couples?

Que faire face à cette tentation? On me harcèle pour que je dise oui.

* * *

Il y a des réponses qui vont de soi.

Votre question aurait étonné toutes les générations qui nous ont précédés, tellement elle est païenne et immorale. Elle surgit d'une société où trône la jouissance, où s'infiltre le plaisir défendu.

Vous m'affirmez que votre mari vous harcèle pour que vous succombiez à cette tentation, pour que vous disiez oui à ses désirs passionnels dans l'échange de couples.

Fermement, continuez à dire non! Nous ne sommes pas des animaux poussés par l'instinct sexuel. Nous sommes des êtres humains qui voient dans les relations sexuelles légitimes l'expression d'un amour vrai, d'un don de soi total et permanent. Nous sommes des chrétiens et des chrétiennes mûs par l'esprit plutôt que par la convoitise de la chair (Ga 5, 16).

Rappelons-nous l'enseignement de saint Paul (Ga 5, 13-25), l'enseignement de saint Pierre (I P 2, 11; 3, 1-7; 4, 3-4), l'enseignement de Jésus lui-même (Mt 5, 27-30).

MA FEMME ME CONSEILLE DE PRIER POUR ÊTRE GUÉRI DE MA SEXUALITÉ

Vraiment, je n'en ai pas le goût.

Je ne peux plus avoir de relations sexuelles avec mon épouse, car sa santé ne le permet pas. Vu que je suis catholique, je n'envisage pas de la tromper. Mais nous avons beaucoup de querelles et je ne me sens plus un homme.

Conseillez-moi avant que notre couple tombe comme bien d'autres.

* * *

Souvent, dans les relations de couples, il y a manque de dialogue sur la sexualité, manque aussi de connaissance des besoins sexuels normaux de son conjoint. Lorsque votre épouse vous demande de prier pour la guérison de votre désir de sexualité, elle vous demande de guérir de ce qui n'est pas une maladie, mais de ce qui fait partie de votre être, de tendances normales.

J'admire vos sentiments chrétiens et votre volonté de demeurer fidèle au Seigneur et à votre épouse. Tenez bon, vous le pouvez! Priez, recevez les sacrements, surtout l'Eucharistie. Le Seigneur sera la force de votre vie. Soyez actif et dévoué.

L'absence de relations sexuelles devenues impossibles n'empêche pas le progrès de votre amour. Il faudra qu'ensemble, votre épouse et vous, vous deveniez créateurs d'un amour tendre et de gestes d'affection. Comme d'autres, dans des circonstances identiques, vous pouvez vous épanouir.

Pacifiez-vous. J'espère que votre épouse vous comprendra et se pacifiera, elle aussi.

APRÈS L'INFIDÉLITÉ, EST-IL POSSIBLE DE RETROUVER LA CONFIANCE?

* * *

Oui, à certaines conditions, et sans vouloir englober tous les cas. Sans naïveté, il y a, je crois, possibilité de rétablir la confiance réciproque. Il faudra d'abord le pardon.

Pour que revienne la confiance, il faut aussi, cela me semble évident, que le conjoint coupable manifeste son repentir et sa résolution de demeurer fidèle désormais. Peut-être a-t-il connu un moment de faiblesse... Peut-être a-t-il ensuite rencontré le Seigneur au point d'amender sérieusement sa vie...

Les évêques canadiens invitent au pardon dans le cas d'adultère. Quant à la confiance, à bon droit ébranlée, espérons qu'elle puisse se reconstruire graduellement.

MON MARI SAUTE LA CLÔTURE

Je vous demande de prier pour notre couple. Depuis plusieurs années, mon mari va ailleurs. Il saute la clôture. Présentement, il est encore parti. Je l'appelle, mais je n'ai pas de nouvelles. J'en suis malade...

* * *

Des milliers de conjoints en pleurs pourraient signer cette lettre. Que de souffrances, que de coeurs broyés, que de personnes en détresse! Que le Seigneur pardonne à qui crée de telles brisures de foyers, à qui mutile l'amour.

Chaque jour, réservons une part de nos prières pour ces couples désunis, pour le conjoint qui pleure à la maison, qui s'agite en vain dans une nuit sans sommeil.

Gardons un coeur de bonté pour soulager de telles misères. Glissons une bonne parole, un mot d'encouragement. Que notre présence soit respectueuse et compatissante.

MON MARI ME TROMPE AVEC MA MEILLEURE AMIE

Je suis mariée depuis 15 ans. J'aime beaucoup mon mari; je suis prête à lui pardonner son erreur. Je veux être éclairée pour que ma décision soit bonne. Je ne veux pas le garder de force.

Ce que je souhaite, c'est qu'on recommence ensemble; pourvu, toutefois, qu'on soit heureux.

Que Dieu éclaire mon chemin. Qu'il m'aide à survivre à cette peine, qu'il donne courage à mon mari! J'aime tant mon mari! Je veux ce qu'il y a de mieux pour moi et mes enfants. C'est une lourde épreuve!

* * *

Je n'ai pas de réponse toute faite. Je ne puis que glisser quelques conseils. Il faudra les adapter à une réalité peut-être changeante.

Continuez d'aimer beaucoup votre mari et manifestez-lui votre amour. Son erreur, espérons-le, n'est que passagère. Priez, confiez votre peine au Seigneur. Soyez bonne et patiente!

Vous aimez votre mari... L'amour vous fera prendre les meilleures décisions pour sauver votre mariage si possible et ramener votre mari. L'amour vous aidera à pardonner et à espérer.

Mais tout ne dépend pas de vous, ni de votre bonne volonté! Malgré tout ce que vous ferez, il est possible que votre mari, enivré par sa passion pour votre amie, s'éloigne davantage de vous.

Vous, du moins, vous aurez fait votre possible devant Dieu et devant vos enfants. Pour eux, pour vous, pour le Seigneur, demeurez fidèle à votre mari, à votre sacrement de mariage, quoi qu'il advienne. Votre conscience demeurera en paix et votre foyer aussi, pour le plus grand bien de vos enfants et l'édification de votre entourage.

Puissiez-vous trouver autour de vous des personnes amies qui vous soutiennent, vous encouragent, vous fournissent des conseils judicieux et chrétiens! Puissiez-vous trouver une communauté qui soit pour vous consolation, force et espoir!

Vivez au jour le jour, mettant votre espérance dans le Seigneur. C'est lui qui a dit: «À chaque jour suffit sa peine» (Mt 6, 34).

COMMENT ENVISAGER LA FIDÉLITÉ À UNE ÉPOQUE DE LIBERTÉ SEXUELLE?

* * *

Les Apôtres de Jésus croyaient déjà que les exigences d'un mariage selon la volonté de Dieu rendaient ce mariage tellement difficile qu'il valait peut-être mieux ne pas se marier. Jésus leur répondit: «Tous ne comprennent pas ce langage, mais ceux-là à qui c'est donné» (Mt 19, 11).

Nous vivons dans un monde hédoniste et païen. Un chrétien doit ramer à contre-courant.

Le Seigneur est là; il ne faut pas l'oublier.

Comment envisager la fidélité dans le mariage? Dans la prière, surtout la prière en couple ou avec la famille! Dans la fuite des occasions, comme on disait autrefois, comme il faut toujours le dire!

Comment rester fidèle quand les yeux se nourrissent volontairement de programmes pornographiques, quand les familiarités avec d'autres personnes s'introduisent? S'il y a des maladies que les remèdes peuvent guérir, il y en a d'autres qui nécessitent le bistouri; il faut alors couper à vif.

Une femme m'écrivait: «Certains hommes mariés ont cherché à me courtiser. J'ai simplement changé mon attitude en simple politesse. Je ne leur faisais pas de confidences. Je ne leur ai jamais parlé de mon attrait pour eux. Il ne faut pas que de tels hommes nous sachent vulnérables».

Sans être scrupuleux, évitons d'être naïfs.

Que les couples aient une attitude positive! Que leur amour l'un pour l'autre grandisse dans le dialogue, l'écoute de l'autre, les milliers de petites marques d'affection et de tendresse!

Quelle vie n'a pas ses petites tempêtes? Il y a des mariages qui éclatent. Il y a aussi nombre de mariages chrétiens qui sont marqués du sceau de la fidélité. On oublie cet amour loyal de tant de foyers. L'enfant y grandit en admirant papa et maman qui s'aiment. L'adolescent regarde et rêve d'un amour semblable. Les jeunes mariés croient à l'avenir en voyant ces époux à cheveux blancs demeurer fidèles l'un à l'autre, à la vie et à la mort, pour l'éternité.

MON AMIE, ENCORE JEUNE, S'EST AMOURACHÉE D'UN VIEUX

Ce monstrueux personnage s'est mis à la complimenter en lui disant qu'elle travaillait bien, qu'elle était belle et fine, et qu'elle avait de beaux yeux.

En premier lieu, mon amie refusa ses avances en lui disant: «Laisse-moi tranquille. Je suis mariée. J'ai un bon mari et de beaux enfants». Avec sa ténacité, il finit par la convaincre d'une rencontre nocturne et la voilà prise au piège.

Depuis, elle n'est plus capable de s'en déprendre; elle l'aime à la folie! Quand on lui dit qu'elle fait mal, elle nous répond: «Est-ce que c'est péché d'aimer?».

* * *

Qu'est-ce qu'aimer?

Aimer, est-ce une recherche égoïste de soi?

Aimer, est-ce simplement une question d'ordre physique et sentimental?

Aimer ne comprend-il pas un aspect spirituel?

Aimer n'a-t-il rien à voir avec le plan de Dieu?

L'amour véritable peut-il faire abstraction du projet du Créateur créant l'amour et l'union conjugale?

L'amour n'a-t-il pas une dimension de fidélité et d'indissolubilité pour être un vrai don de soi, un don total?

Ce n'est pas un péché d'aimer, pourvu qu'aimer soit bien compris.

Dieu est amour (I Jn 4, 8). L'amour vrai ressemble au sien.

L'amour d'époux, dit saint Paul, doit ressembler à l'amour du Christ pour son Église (Ep 5, 25), un amour fidèle jusqu'à la mort.

Agir autrement, comme le fait votre amie, est une infidélité grave envers Dieu, envers son mari, envers ses enfants.

Espérons que son amour frelaté, qui rend aveugle, ne durera pas.

POURQUOI TANT D'HOMMES VONT-ILS VERS UNE MAÎTRESSE?

* * *

Parce que les tentations sont là, toujours là, plus alléchantes que jamais.

Les plaisirs sexuels hors du mariage sont présentés par notre société païenne comme une recette de bonheur. Ils sont vécus sous les yeux de millions de spectateurs dans les programmes télévisés, dans les films érotiques.

Le mal existait dans le passé. Saint Paul parle de la lutte entre la chair et l'esprit (Ga 5, 16-25). De nos jours, le mal est étalé comme un produit de consommation, comme une nourriture quotidienne.

Il est apprêté avec un goût raffiné. Beaucoup s'en nourrissent qui, par la suite, font une indigestion malheureuse.

NOUS SOMMES CE QUE LES VIEUX ONT FAIT DE NOUS

Je connais un monsieur qui va à la messe et qui communie. Il est veuf, a dépassé la soixantaine, mais il peut coucher avec deux femmes à la fois, dont l'une est divorcée.

Je trouve que c'est un scandale pour les femmes qu'il entraîne et pour ses enfants.

Ils nous disent que nous, les jeunes, nous sommes pourris. Mais nous sommes ce que les vieux on fait de nous en mentant, trichant, buvant, etc.

Un groupe de jeunes écoeurés

* * *

Des jeunes, trop souvent, sont les victimes des conneries de certains adultes.

Je ne dis pas qu'il faut justifier les écarts de nombreux jeunes. Il n'en demeure pas moins vrai que les bêtises et les péchés les plus sérieux sont commis par ceux et celles qui, connaissant Jésus depuis leur tendre enfance, ont mis de côté leurs valeurs humaines et chrétiennes pour se livrer à la débauche.

Parce que ces adultes, et parfois ces personnes d'âge mûr, ont plus reçu, ne sont-elles pas plus responsables? Jésus déclare: «À qui on aura donné beaucoup il sera beaucoup demandé, et à qui on aura confié beaucoup on réclamera davantage» (Lc 12, 48). Il y a des personnes d'un certain âge qui ont bénéficié d'une bonne éducation chrétienne...

Trop d'adultes livrent un fort mauvais exemple aux jeunes, et dans le domaine de la morale, et dans le domaine de la pratique religieuse. Les jeunes, fort influençables, sont trop souvent dépourvus de modèles vertueux et chrétiens. La faute est grave.

Cette lettre, écrite par des jeunes, révèle frustration et aigreur. N'est-ce pas à bon droit?

SUR QUOI SE BASE L'ÉGLISE POUR UNE DÉCLARATION DE NULLITÉ?

* * *

L'Église, selon l'enseignement du Christ, croit à l'indissolubilité d'un mariage valide. Après enquête, elle peut déclarer que le mariage était nul dès son départ, qu'il n'a jamais existé. Le développement récent des sciences humaines nous permet de mieux juger des divers cas.

Sur quoi se base l'Église pour déclarer la nullité d'un mariage?

C'est dans le Code de Droit canonique, tel que publié en 1983 (canons 1055ss) que nous trouvons la loi de l'Église au sujet du mariage. Il existe des empêchements dirimants qui rendent invalide le mariage. Il est possible d'obtenir une dispense de certains empêchements, par exemple pour certains liens de consanguinité, certains liens de parenté. Par ailleurs, il y a des empêchements dont l'Église ne peut jamais dispenser: le lien d'un mariage antérieur, par exemple. Je ne puis ici tout indiquer. En principe, une personne qui contracte mariage dans l'Église alors qu'il y a un empêchement canonique à le faire, contracte un mariage nul, à moins qu'une dispense ait été obtenue.

L'Église peut découvrir qu'au moment de la cérémonie du mariage, telle condition essentielle manquait pour que le mariage soit valide.

L'Église peut déclarer nul un mariage s'il est prouvé qu'au moment de la cérémonie l'un des conjoints n'était vraiment pas libre de s'engager, n'avait pas l'usage de la raison, qu'il souffrait d'un grave défaut de discernement concernant les droits et devoirs essentiels du mariage, que, pour des causes de nature psychique il ne pouvait assumer les obligations essentielles du mariage. Ceux qui se marient doivent savoir que le mariage est une communauté permanente entre l'homme et la femme, ordonnée à la procréation des enfants par une certaine coopération sexuelle.

Voici plus clairement exposés des motifs d'invalidation d'un mariage, tel que nous les trouvons dans un document de juillet 1992 publié par le porte-parole des évêques de France:
- absence de liberté d'un conjoint;
- manque d'intention de s'engager jusqu'à la mort;
- refus de fidélité et de fécondité;
- immaturité affective grave;
- impossibilité majeure à vivre le mariage;
- absence de jugement;
- incapacité psychologique et physique d'assumer les obligations essentielles du mariage;
- tromperie sur la personne...

JE TROUVE QUE LES «ANNULATIONS» DE MARIAGE SONT EXAGÉRÉES

Pourtant, l'Église n'est pas pour le divorce. On joue sur les mots, il me semble.

* * *

Distinguons bien entre annulation de mariage et déclaration de nullité.

- *Annulation*: au départ, le mariage est valide, mais on dispense le couple de ses promesses de mariage. Il s'agit d'un mariage contracté, mais non consommé dans la chair, ou d'un mariage dans lequel un des deux conjoints ou même les deux ne sont pas baptisés. Si certaines conditions se réalisent, l'Église peut dissoudre le mariage.

- *Déclaration de nullité* (en anglais: annulment): au cours d'un procès devant un Tribunal ecclésiastique, après enquête approfondie, les juges déclarent: dans votre cas, il n'y a pas eu de mariage valide, même s'il y a eu cérémonie à l'église, échange de consentements, enfants. Vous comprenez qu'une telle conclusion doit être basée sur une enquête sérieuse.

Une déclaration de nullité n'est pas un divorce camouflé. L'Église croit en l'indissolubilité du mariage, en accord avec la Parole de Dieu. Les juges et les avocats d'une cour matrimoniale ecclésiastique y croient aussi et respectent cette donnée fondamentale.

Par ailleurs, ils connaissent les exigences du Droit canonique en matière de validité; ils connaissent aussi les développements récents des sciences humaines et l'apport de la psychologie. Ils font des interviews et colligent toutes les données informatives. Ils peuvent alors conclure que, dans tel cas, le mariage n'a jamais existé. À travers eux, c'est l'Église qui déclare la nullité d'un mariage.

LE PRIX D'UNE DÉCLARATION DE NULLITÉ VARIE-T-IL?

Quand le divorce est prononcé depuis quelques années pour de bonnes raisons: cruauté du mari et son manque de maturité, le prix devrait être plus bas, n'est-ce pas?

* * *

À chaque diocèse de légiférer en ce qui regarde les honoraires et frais judiciaires, les dépenses qu'il faut couvrir. Il y a des déboursés normaux quand il s'agit d'étudier des cas de mariage: emploi d'avocats et de juges, papeterie nécessaire, travail de secrétariat.

Ces dépenses sont inférieures aux dépenses encourues très souvent devant le tribunal civil.

Il y a, parfois, la croyance qu'il ne faut rien payer quand il s'agit des travaux effectués par des membres d'Église. Ce n'est pas réaliste. Surtout quand ces travaux exigent des recherches, des enquêtes, des interviews. De telles études ne peuvent se faire gratuitement, quel que soit le bien-fondé des raisons alléguées pour qu'il y ait déclaration de nullité.

Il est toujours possible de déterminer avec l'autorité compétente des modes de paiement qui ne soient pas trop lourds à porter. En outre, si une personne se trouve dans une situation telle qu'elle ne peut absolument rien payer, une assistance gratuite peut lui être accordée.

POUR DEMANDER LA NULLITÉ D'UN MARIAGE, QUE FAUT-IL FAIRE?

* * *

Si vous croyez avoir des raisons sérieuses pour que votre mariage soit déclaré nul, n'hésitez pas à contacter le prêtre de votre paroisse, ou l'évêché. Ces personnes que vous approchez vous diront comment procéder. Elles vous demanderont sans doute de remplir un formulaire pour quelques renseignements de base. Elles écouteront sympathiquement votre demande et vous indiqueront le processus à suivre.

LE DIVORCE EST-IL PERMIS PAR L'ÉGLISE?

* * *

La séparation est licite entre deux époux, pour des motifs graves.

Il y a des conjoints qui obtiennent leur divorce. C'est le divorce civil. Au point de vue civil et légal, les conjoints peuvent alors se remarier. Mais, aux yeux de l'Église, qui se base sur l'enseignement évangélique (Mt 19, 6), le divorce ne dissout pas le lien conjugal.

L'Église, tout comme le Christ, croit à l'indissolubilité du mariage. «Tout homme», dit Jésus, «qui répudie sa femme et en épouse une autre commet un adultère, et celui qui épouse une femme répudiée par son mari commet un adultère» (Lc 16, 18). Il en va de même pour l'autre sexe.

Seule la mort d'un des époux autorise un autre mariage.

À moins qu'il y ait «déclaration de nullité»! L'Église, par une cour matrimoniale, étudie des cas de mariage et, pour certains motifs, avec preuves à l'appui, elle peut déclarer nul et invalide un mariage. À la suite de cette étude et de cette décision, et à moins d'empêchement, il peut y avoir un «autre» mariage, en fait un premier mariage, puisqu'il n'y a jamais eu de mariage valide.

Donc, si un catholique a obtenu un divorce civil, l'Église ne permet pas qu'il se remarie du vivant de son conjoint, à moins de déclaration de nullité.

POURQUOI LES GENS SÉPARÉS NE PEUVENT-ILS REFAIRE LEUR VIE?

Comment se fait-il qu'un couple dont le mariage est un échec ne peut refaire sa vie selon la religion catholique? Jésus n'est-il pas supposé nous pardonner?

* * *

Ce qui touche aux divorcés remariés s'inscrit dans la catégorie des questions délicates. Il y a de la souffrance là-dessous; je ne veux pas l'aggraver ni la traiter avec désinvolture.

Par contre, il faut saisir ce qu'est un mariage chrétien. Autrement, nous demeurons sur le plan simplement humain.

Tout mariage est une alliance par laquelle un homme et une femme constituent entre eux une communauté de toute la vie, ordonnée au bien des conjoints et à la génération et à l'éducation des enfants. Cette alliance a été élevée entre baptisés par le Christ à la dignité de sacrement (Can. 1055).

Pour le chrétien, cette alliance est le signe de l'union durable entre Dieu et l'homme, entre le Christ et son Église. Une telle alliance ne peut se terminer que par la mort d'un époux, tout comme la fidélité du Christ à son Église s'est poursuivie jusqu'à sa mort. «Ce que Dieu a uni, l'homme ne doit point le séparer» (Mt 19, 6).

Tout mariage, aussi bien celui des chrétiens que celui des non-chrétiens, est indissoluble, c'est-à-dire qu'il ne peut être dissous ni disparaître par la seule volonté des contractants. Dans le mariage chrétien, l'indissolubilité acquiert une solidité particulière du fait qu'il signifie l'union du Christ et de l'Église.

Dieu pardonne toute faute regrettée. Mais s'engager dans un second mariage du vivant de son conjoint, s'oppose au projet de Dieu et l'Église ne peut le permettre. Elle accorde, cependant, quand les circonstances l'autorisent, une déclaration de nullité de ce «premier» mariage.

Nous sommes le Peuple de Dieu en marche. Si nous avançons en bonne santé, remercions le Seigneur, sans oublier que le Christ Jésus est venu appeler les pécheurs (Mt 9, 13).

JE SUIS MARIÉ CIVILEMENT. COMMENT SUIS-JE CONSIDÉRÉ PAR L'ÉGLISE?

Est-ce que je suis rejeté? Nous ne faisons de mal à personne en vivant ainsi.

* * *

L'Église ne vous rejette pas. Trop de gens dans votre situation le croient, et ils s'éloignent de l'Église.

Au sujet de votre situation... D'après votre lettre, votre compagne était mariée... L'Église croit à l'indissolubilité de son mariage, même si elle est divorcée civilement. L'Église n'accepte donc pas qu'il y ait remariage et ne peut approuver votre mariage civil.

Votre compagne pourrait entreprendre des démarches pour voir s'il ne lui est pas possible d'obtenir une déclaration de nullité pour son mariage.

Comme de telles demandes sont nombreuses, l'attente de la décision peut sembler longue. D'autant plus que l'Église ne peut agir à la légère, car tout mariage chrétien est indissoluble, à moins de preuves d'invalidité. Mais l'espoir d'une solution justifie pleinement les démarches.

Ne faire du mal à personne ne suffit pas... La volonté de Dieu importe aussi. Notre religion n'est pas simplement horizontale. Le bonheur profond a pignon sur rue à l'enseigne de la fidélité à Dieu. La loi du Seigneur est pour le bien du couple et celui des enfants.

Par fidélité à l'enseignement du Seigneur et à l'indissolubilité du mariage, l'Église ne peut admettre les divorcés remariés, ou les personnes qui cohabitent suite à un mariage brisé, à la communion eucharistique, mais elle ne cesse de les considérer comme ses enfants.

Non! L'Église ne vous rejette pas! Dans l'exhortation apostolique «Familiaris consortio», le Pape Jean-Paul II écrivait, en parlant des divorcés remariés, qu'il ne faut pas les abandonner. Sans se lasser, dit le Pape, l'Église doit s'efforcer de mettre à leur disposition les moyens de salut qui sont les siens.

Il y a, en beaucoup de diocèses, des associations pour aider des groupes marginalisés. Il y a, à l'échelle nationale, des mouvements pour les divorcés réengagés, v.g. Reflets et Lumière.

Les divorcés remariés ou les gens qui cohabitent participent toujours à la vie de l'Église, affirme le Pape. Participer à la vie de l'Église peut revêtir diverses modalités: présence active à la messe; éducation chrétienne des enfants; ministères nombreux; appartenance aux Mouvements; apostolat auprès de ceux et celles qui vivent une situation analogue et qui, souvent, souffrent silencieusement et s'éloignent de l'Église... Pourtant, leur foi est peut-être plus forte que jamais!

Si votre situation ne trouve pas de solution externe, gardez vos bonnes dispositions intérieures. Vous demeurez un enfant de Dieu et un membre de l'Église. Cherchez à vivre intensément votre vie chrétienne, dans la prière, dans la participation à la messe, dans l'engagement social et caritatif, en élevant bien vos enfants. Gardez la foi et l'espérance.

COMMENT RÉVÉLER DIEU À MON ENFANT DE TROIS ANS?

* * *

Votre foi et votre instinct maternel ou paternel vous dicteront comment procéder.

Vous parlerez à votre enfant bien simplement. Vous lui montrerez le crucifix et des images que vous lui expliquerez. Vous l'inviterez à se mettre à genoux près de vous et vous formulerez votre prière, lui la sienne. Peut-être que vous pourrez lui apprendre le signe de la croix, le Notre Père, le Je vous salue, Marie. Vous le bénirez dans son lit avant qu'il ne s'endorme. Vous lui direz combien Dieu est bon, le Père, Jésus, l'Esprit Saint. Vous lui apprendrez à dire merci, pardon, «je t'aime». Vous l'emmènerez à l'église, la maison de Dieu, et vous lui ferez comprendre la joie de l'Eucharistie. Vous lui direz qu'il a une Maman au ciel qui l'aime tendrement. Vous lui chanterez des cantiques.

En votre enfant, il y a Dieu, et il y a une âme de saint. Cultivez la beauté de cette âme; le Seigneur la cultive avec vous.

COMMENT APPRENDRE AUX ENFANTS À PRIER

Ils ne veulent à peu près jamais le faire, ou le font mal. Doit-on les forcer?

* * *

Quel âge ont vos enfants?

Si vous êtes une jeune maman, un jeune papa, apprenez-leur à prier en priant vous aussi, même à genoux. L'enfant se souviendra.

Priez près du berceau, à haute voix.

Priez ensemble, à la table, avant le repos de la nuit, en d'autres circonstances, pour demander l'aide dont vous avez besoin, pour remercier le Seigneur, pour vous recommander à Marie. Récitez le chapelet en voiture.

Priez en participant à la messe, le jour du Seigneur, avec vos frères et sœurs chrétiens.

L'enfant apprendra de votre exemple. Expliquez-lui la bonté de Dieu, la joie de lui parler et de l'aimer.

Commencez alors qu'il est jeune, même bébé.

Dieu agit en lui, Dieu l'habite puisqu'il est son enfant par le baptême. Dieu agit à travers vos paroles, votre exemple, votre dialogue, même si ce dialogue semble maladroit.

LES ADOLESCENTS NE VEULENT PLUS ALLER À L'ÉGLISE

S'ils demeurent encore à la maison, est-ce bien de les encourager ou est-ce mieux de les laisser libres de venir à la messe?

* * *

Jugez avec sagesse ce qu'il est opportun de faire. Car beaucoup dépend de votre milieu familial et de vos jeunes eux-mêmes.

Si je connaissais une recette-miracle, je deviendrais fort populaire auprès de beaucoup de catholiques angoissés au sujet de leurs grands enfants. Il n'existe pas de formule magique. Mais croyez que l'Esprit de Jésus est à l'oeuvre, même quand vos jeunes font des détours dans la vie. Devenez contagieux de votre foi optimiste.

Il est toujours bon, en soi, d'encourager au bien. Et c'est certainement un bien de rendre un culte à Dieu, notre Créateur et Sauveur. Nous lui devons tout! Quel meilleur moment de le remercier que celui de la messe? L'Eucharistie, c'est Jésus qui prie son Père en notre nom.

Tout en encourageant vos enfants, vous ne brimez pas leur liberté.

S'ils étaient encore de jeunes enfants, il y aurait lieu d'insister davantage, car, jeunes enfants, ils ne sont pas encore capables de bien comprendre leur vie chrétienne ni ce qui leur est profitable. Ils n'ont pas atteint la maturité de décisions vraiment personnelles.

Le problème de la religion se situe dans l'ensemble de la vie et de l'éducation de vos jeunes adolescents. L'adolescence commence de plus en plus tôt et se termine de plus en plus tard. Pendant cette étape de leur vie, vos jeunes ont besoin de votre exemple, de votre compréhension, de votre appui et de votre aide, au niveau de la foi, aussi bien qu'aux autres niveaux.

MES DEUX ADOLESCENTS ME POSENT DES QUESTIONS SUR LA RELIGION

Je vous assure que ça m'embête de leur répondre. La religion catholique a tellement changé. C'est difficile de guider ses enfants dans la pratique de leur religion.

Voici les questions que mes enfants me posent parfois:

1. Est-ce que les jeunes peuvent faire l'amour avant de recevoir le sacrement du mariage? Pour moi, c'est non.

2. Deux jeunes vivant ensemble sans être mariés peuvent-ils recevoir l'Eucharistie? Pour moi, c'est non.

3. Est-ce que la messe est obligatoire le dimanche? Je leur dis oui, et j'ajoute que ce n'est pas une obligation si dure que ça.

4. Faut-il accuser ses fautes graves à un prêtre? C'est quoi, maman, une faute grave?

Dois-je répondre à mes jeunes selon ce que j'ai appris, ou dois-je leur donner des réponses en fonction des modes, des tendances, des professeurs de catéchèse qui ne pratiquent même pas leur religion?

Vous savez, la pratique de la religion, c'est parfois mêlant. Il arrive que les prêtres se contredisent, les animateurs de pastorale aussi.

* * *

J'admire la lucidité de votre raisonnement, ainsi que votre foi. Je souscris à ce que vous écrivez. Je sais qu'au besoin vous apportez des précisions.

Continuez de répondre à vos jeunes en faisant appel à votre tête comme à votre coeur, en utilisant les données de votre foi. Pourquoi ne pas vous procurer et utiliser le Catéchisme de l'Église catholique?

Vos jeunes ont besoin de puiser en vous les réponses vraies et la foi qui fait vivre en chrétiens. C'est vous, comme parent, qui pouvez le mieux faire connaître Jésus Christ et sa doctrine, qui est celle de l'Église. L'Esprit Saint vous meut à parler et il invite vos enfants à écouter et à croire, même si, parfois, leur réaction semble négative.

Dieu se servira de vous pour nourrir ces jeunes qui sont affamés de Dieu. À travers vous, il accomplira le miracle nécessaire.

FAUT-IL SE TAIRE ET LAISSER PLEINE LIBERTÉ À NOS ENFANTS?

* * *

Taisez-vous et parlez...

À force de moraliser, certains parents dépassent parfois la mesure. Ils ne dialoguent plus avec leurs adolescents, ils monologuent. Il importe d'écouter vos jeunes. Ils vous écouteront plus facilement si vous savez les écouter.

Si vos enfants sont devenus des adultes, ils volent désormais de leurs propres ailes.

S'ils sont encore à la maison, vous ne pouvez nier votre responsabilité.

Non pas qu'il faille tomber dans une rigidité excessive et sévir à temps et à contretemps. Mais vous gardez, dans un monde difficile, la merveilleuse obligation de faire tout en votre possible pour aider vos enfants, par la parole et surtout par l'exemple.

Habituez-les à plus de liberté, au fur et à mesure qu'ils vieillissent. En autant qu'il dépende de vous, gardez toujours ouverte la ligne de la communication, dans la confiance et l'amour.

Trop de parents démissionnent, lâchent la bride et laissent pleine liberté à des jeunes qui, inexpérimentés, déboussolés, sans emploi stable, peut-être après un décrochage scolaire, deviennent parfois dépendants de l'alcool et de la drogue, commettent des gaffes malheureuses, ne trouvent plus de sens à la vie.

Si vos enfants traversent l'époque difficile de l'adolescence, gardez pour eux toute votre affection et l'accueil confiant. Évitez les discours inutiles, l'approche tatillonne. Confiez-leur des responsabilités, et sachez les féliciter. Ils se sentiront compris, aimés, et ils s'épanouiront.

MES ADOLESCENTS M'ONT DÉJÀ DIT: «IL N'Y A PLUS DE PÉCHÉ!»

* * *

Avant de parler du péché, parlons de Dieu, de son amour, de son alliance avec nous.

Quand nous découvrons qui est Dieu, jusqu'à quel point il nous aime, l'importance du plan de bonheur qu'il nous offre, alors, nous comprenons que nous éloigner de lui, refuser son amour, préférer nos caprices à ses lois, est un mal; il y a péché.

Il est nécessaire de croire en Dieu et en son amour, pour bien saisir ce qu'est le péché.

Le prêtre, l'agent ou l'agente de pastorale, les catéchètes, les parents, doivent «prêcher» l'amour de Dieu et du prochain. Ils doivent aussi faire connaître ce qui est mal.

Qu'ils indiquent, selon les circonstances, les dangers de la route spirituelle et disent clairement que telle chose ne convient pas, qu'elle est péché. Qu'ils rappellent les commandements de Dieu; ils sont toujours d'actualité. On ne peut les enfreindre volontairement sans faute.

«Crie à pleine gorge, ne te retiens pas, comme le cor, élève la voix, annonce à mon peuple ses crimes, à la maison de Jacob ses péchés» (Is 58, 1).

Si, aujourd'hui, il ne convient pas de crier à pleine gorge, sachons que, derrière ce style et ce langage symbolique, réside une vérité, celle de faire connaître ce qui est bien et ce qui est mal. Il faudra toujours préparer le chemin du Seigneur et rendre droits ses sentiers (Mt 3, 3).

Le bon pasteur demeure responsable de ses brebis et ramène celles qui s'égarent.

***

QUE FAUT-IL PENSER DES ÉCOLES OÙ LA CATÉCHÈSE EST BIEN PAUVRE?

Que faut-il penser des commissions scolaires qui fournissent condoms et pièces théâtrales scandalisantes?

* * *

Que la catéchèse soit bien pauvre, je ne sais, et c'est possible! Pourtant, en divers milieux, les équipes qui préparent la catéchèse, avec l'appui de nos évêques, sont conscientes des défis majeurs que pose l'éducation de la foi auprès des jeunes. Il y a des catéchètes et des agents et agentes de pastorale auprès des jeunes qui méritent nos louanges et tout notre appui.

Le 5 novembre 1993, une entente entre l'Assemblée des évêques du Québec et la Conférence de la pastorale scolaire marquait un tournant positif. Cette entente soulignait la contribution de l'animation pastorale scolaire à l'évangélisation; elle mandatait en quelque sorte les agents et agentes de pastorale scolaire comme témoins du Christ et de l'Église. Tant mieux si ces agents et agentes jouissent de la collaboration de professeurs de catéchèse convaincus!

Si la catéchèse laisse à désirer, ce qui semble le cas en certains milieux, parlez-en avec les responsables des cours. Le dialogue engendre la bonne entente, aussi le progrès. L'éducation des enfants relève en premier lieu des parents, et ils ne peuvent démissionner devant leur responsabilité.

Le milieu familial, même s'il y a brisure du couple, conserve une importance vitale. Complétez l'enseignement de la catéchèse à la maison, par votre exemple, en créant une ambiance chrétienne, par vos paroles encourageantes, et même par l'enseignement.

Au sujet des condoms et des pièces théâtrales scandalisantes, rencontrez les commissaires, allez aux réunions de la commission scolaire, protestez, surtout si vous pouvez le faire au sein d'une association ou d'un mouvement, car là où plusieurs s'unissent pour agir, l'intervention et la pression du groupe gagnent en efficacité. Ne refusez pas de protester, par amour pour les valeurs morales et chrétiennes, par amour surtout pour vos enfants.

Trop de scandales sont acceptés en silence.

Sans hésiter, il faut continuer à promouvoir la chasteté chez les jeunes, grâce à des mouvements de jeunes, comme Marie-Jeunesse, Défi-Jeunesse, la Relève, l'Alliance canadienne pour la chasteté...

OÙ VA LA FOI DANS NOS ÉCOLES?

L'école est-elle un milieu de vie chrétienne? Sommes-nous assez lâches pour abandonner nos droits à la confessionnalité? Quelques cours de catéchèse suffisent-ils pour embraser la masse de nos étudiants?

* * *

Il ne s'agit pas de sabrer dans tout ce qui est nouveau et progrès: sciences humaines, pédagogie, approche de la catéchèse. Les évêques favorisent une saine évolution du système scolaire. Reste à défendre les valeurs humaines et chrétiennes, la transmission de la foi, le respect de l'enseignement de l'Église dans des écoles «qui se veulent d'inspiration ouvertement chrétienne, chaque fois que les parents la désirent» (A.E.Q.).

Les parents conservent une responsabilité première et ne peuvent tout confier à l'école. Les professeurs ont comme mission de collaborer. Il s'agit de la transmission de la foi qui ne peut se faire sans l'aide de l'école. Face au danger d'une laïcisation de l'école, les parents doivent se convaincre de leur droit à l'école catholique et à l'enseignement religieux. Les jeunes doivent développer à l'école leur connaissance et leur amour de Jésus.

Les comités de parents peuvent et doivent revendiquer des droits à une formation vraiment chrétienne pour leurs enfants. Tout en respectant le multiculturalisme des immigrants et une foi qui diffère! Signalons l'action de l'Association des parents catholiques du Québec. Les parents ignorent souvent la force nécessaire de leurs interventions à l'école, auprès des commissions scolaires et du gouvernement. Trop gémissent inutilement sans prendre les moyens légitimes pour intervenir.

Ainsi, la préparation des jeunes à la réception des sacrements doit être le souci des parents et de toute la communauté chrétienne.

Quant à l'éducation morale, elle est devenue, au Québec, une option pour les parents qui ne désirent pas l'éducation religieuse catholique pour leurs enfants. Cette loi respecte la minorité grandissante non-catholique.

Mais les parents chrétiens ne peuvent hésiter. Ils doivent choisir le cours d'éducation chrétienne catholique pour leurs enfants. Ce cours comprend la meilleure formation morale, celle basée sur les valeurs humaines et la révélation de Jésus Christ. Aussi la majorité des parents, même s'ils ne pratiquent pas régulièrement, veulent que l'école catholique transmette l'enseignement religieux et les valeurs chrétiennes auxquelles ils croient.

JE SUIS SEULE À RENDRE TÉMOIGNAGE DEVANT MES ENFANTS

Mon mari ne pratique pas. J'ai une grande inquiétude... Est-ce que mon témoignage sera suffisant?

* * *

Votre inquiétude est normale... Pourvu qu'elle ne tourne pas en anxiété.

L'amour est toujours inquiet. Il est à l'affût de ce qui peut aider la personne aimée. Ainsi en est-il de votre amour pour vos enfants! Vous voulez leur transmettre vos valeurs chrétiennes, mais vous n'êtes pas secondée par votre mari.

Je dépasse votre problème personnel. Je pense à ces milliers de familles monoparentales. La séparation, le divorce ou le deuil font qu'il ne reste plus au foyer que le papa ou, encore plus souvent, la maman. En plus d'avoir de graves soucis financiers, il faut s'occuper seul ou seule de l'éducation humaine et chrétienne des enfants. L'inquiétude déjà lourde des parents conscientieux devient une inquiétude que le papa ou la maman ne peut plus partager.

Si les enfants passent le seuil de l'adolescence, c'est l'incertitude devant la façon d'éduquer, c'est souvent l'angoisse devant l'esprit d'indépendance de ces jeunes qui subissent des influences extérieures nocives.

Que faire? Pour vous, madame, il y a même le contre-témoignage d'un mari négligent.

Pourtant, pouvez-vous dire que vous êtes seule? Dieu n'est-il pas à l'oeuvre en vous, à travers vous et dans l'âme de vos enfants? Humainement parlant, vous faites face à une tâche qui, certains jours, semble impossible. Priez alors. Semez par vos paroles et votre exemple. Peu importe le temps de la croissance et des fruits!

Si vous le pouvez, joignez-vous à quelque association que vous trouvez bénéfique, ou à un Mouvement qui vous donne dynamisme et nourriture spirituelle. Vous y puiserez force d'âme. Vos enfants découvriront en vous la femme d'élite dont parle la Bible (Pr 31, 10). Ils aimeront dialoguer avec vous. Devenus plus vieux, ils parleront à leurs propres enfants de ce que fut leur mère. Ils seront attendris au souvenir de ce que vous avez été pour eux. Ils prieront pour que le Seigneur leur donne d'avoir votre courage et vos convictions religieuses.

Seule à élever chrétiennement vos enfants, soyez confiante! Dieu vous a choisie comme maman et il vous donne en abondance les grâces dont vous avez besoin pour votre mission merveilleuse.

LA SOCIÉTÉ EST BIEN CHANGÉE...

Aujourd'hui, les enfants n'écoutent plus, font du sexe à 12 ans, il n'y a rien là! Ils ne travaillent pas, demeurent chez leurs parents, il n'y a rien là! Ils prennent de la bière, de la drogue, il n'y a rien là! Les hommes demeurent avec la femme d'un autre, il n'y a rien là!

Pourtant, ce doit être le même Bon Dieu qu'il y a 50 ans. Quand ce sera mon tour de mourir, j'espère que Dieu sera là!...

* * *

La souffrance abonde, la confusion aussi!

La société a bien changé, c'est évident. Les forces du mal sont à l'oeuvre, mais les forces du bien aussi! Le Seigneur a vaincu ce monde pervers; il nous incite à garder courage, même si nous avons à souffrir (Jn 16, 33).

N'ayez pas peur! Le Christ est vivant. Il agit. Il est à l'oeuvre en vous et autour de vous. Vivez joyeusement votre vie chrétienne, rayonnez votre témoignage autour de vous.

Il ne fut jamais facile d'être disciple de Jésus. Pas même au temps de Jésus! Pas même alors que l'empire romain persécutait les chrétiens! Pas même lorsque les barbares créaient un climat de violence et d'immoralité pendant des siècles! Pas même quand le Pape, pendant 70 ans, dut fuir Rome saccagée! Pas même lors de la renaissance païenne! Pas même quand l'Église connut la division avec nos frères et nos soeurs protestants et anglicans! Pas même durant les guerres de religion! Pas même au temps du rationalisme qui ridiculisait l'Église! Jamais!

N'ayez pas crainte! La société change, le Christ demeure! Aujourd'hui et quand viendra le temps de mourir, Dieu est et sera là!

«Le vainqueur», nous dit le Seigneur, «je lui donnerai de siéger avec moi sur mon trône» (Ap 3, 21).

La vie éternelle ne peut se comparer avec cette vie éphémère sur terre. «Nos jours sur terre passent comme l'ombre» (1 Ch 29, 15). Nous sommes comme l'herbe qui disparaît (Is 51, 12). «Le monde passe avec ses convoitises» (I Jn 2, 17). Ce sera triste de ne pas arriver à bon port, ou d'y arriver les mains vides.

- V -

LA SEXUALITÉ
ET LA BIOÉTHIQUE

Les problèmes se multiplient
dans le domaine de la sexualité,
dans celui surtout de la bioéthique.
Il fallait leur consacrer une section spéciale,
afin de répondre aux nombreuses questions.

LA MASTURBATION EST-ELLE TOUJOURS DÉFENDUE?

C'est un sujet démodé et délicat... Lorsque j'étais adolescente, la masturbation était un péché mortel dont il fallait se confesser. Je ne commettais pas cette faute, mais j'avais très peur et j'avais des battements de coeur quand j'entrais au confesssionnal. Notre curé était un épouvantail.

Lorsque le mari a quitté le foyer, est-ce que la jeune femme délaissée, qui ne veut pas sortir avec d'autres hommes, est en santé et a quelquefois des désirs sexuels normaux, peut parfois se masturber sans être obligée de confesser cet acte intime et personnel qui ne dérange ni ne scandalise personne? Je me dis que c'est son corps.

De même une femme dont le mari n'a pas de santé et qui ne la touche pas depuis des années. Je sais que beaucoup de femmes se posent la question sans oser en parler, par pudeur.

* * *

Je préférerais ne pas devoir répondre à de telles questions. Je connais la doctrine, mais je connais aussi les problèmes concrets d'hommes et de femmes. Je ne veux pas fausser les consciences. Je ne veux pas, non plus, culpabiliser les personnes scrupuleuses ou délicates. Toutefois, je réponds à votre question, car elle m'est souvent posée.

Dès l'abord, je signale la bonne volonté de ces personnes qui évitent une faute beaucoup plus grave, celle de l'adultère.

La masturbation, quel que soit notre état de vie, demeure en soi un désordre et, disons-le, un péché. L'Église a cru bon de le rappeler. Il faut réagir contre la publicité qui ne voit dans l'acte masturbatoire qu'un geste anodin et naturel.

Notre corps nous appartient-il? N'appartient-il pas plutôt à Dieu? Certains actes secrets peuvent ne scandaliser personne, mais ils peuvent offenser Dieu. Il y a des fautes contre le prochain, contre soi-même et des fautes contre Dieu.

Certaines circonstances atténuent la gravité de la faute. Ainsi, une habitude mauvaise prévient jusqu'à un certain point ou totalement la liberté de la volonté. Une habitude mauvaise, créée par une répétition d'actes, se remplace par une bonne habitude, créée par des victoires sur la tentation.

Même si la faute en soi est dite sérieuse, rappelons-nous qu'il faut connaissance suffisante et plein consentement de la volonté pour qu'il y ait faute grave. Tel n'est pas toujours le cas.

En évitant ce qui nourrit les tentations, les lectures érotiques et les films pornographiques, ayez une approche positive, sans dramatiser. Aimez le Seigneur, et priez-le. Priez aussi Marie, la toute-pure. Approchez-vous des sacrements. Dévouez-vous pour le prochain. Que votre vie soit équilibrée. Ayez la maîtrise de vous-même, dans une certaine ascèse. Tenez-vous occupée, car «l'oisiveté est la mère de tous les vices». La ferveur de votre vie chrétienne vous éloignera de cette tendance sensuelle facilement égoïste. Le sexe n'a pas été créé dans ce but. Soyez ferme devant la tentation, mais calme. Vivez joyeusement votre vie d'enfant de Dieu.

PEUT-ON JUGER LES HOMOSEXUELS?

Est-ce qu'ils prennent trop de place dans la société?

* * *

L'homosexualité fait qu'un homme est attiré sexuellement, érotiquement, surtout ou uniquement, vers quelqu'un de son sexe. Il en est de même pour les femmes qui sont lesbiennes. Cet attrait peut être passager, surtout pendant l'adolescence, ou durable, quand il s'agit de véritable homosexualité.

Comment expliquer cette tendance? La réponse n'est certes pas facile. Nous ne pouvons déterminer la part de l'hérédité, de l'éducation première, ni des influences qui s'exercent sur la vie physique et psychique d'un individu.

Aujourd'hui, beaucoup de groupes minoritaires cherchent leur place au soleil. Parmi eux, les «gais», les homosexuels et les lesbiennes. Ces gens ne choisissent pas leur condition homosexuelle. Pour beaucoup, c'est une lourde épreuve.

Ne jugeons personne, comme le Seigneur nous le demande (Mt 7, 1).

Il est évident, cependant, qu'à la lumière de l'évangile, nous pouvons juger de la moralité objective de certaines actions. Autrement, tout deviendrait subjectif. Dieu aurait parlé en vain. Dans son encyclique «La splendeur de la vérité», Jean-Paul II, en 1993, soulignait le lien entre liberté et vérité. La liberté de chaque individu doit se conformer à la vérité qui vient de l'enseignement de Dieu.

L'Église, se basant sur la Bible, a toujours enseigné que les actes d'homosexualité sont intrinsèquement mauvais, qu'ils sont contraires à la loi naturelle. Saint Paul condamne fortement de telles actions (Rm 1, 26-27).

Sans approuver les actions homosexuelles, nous devons accueillir les homosexuels, avec «respect, compassion et délicatesse», en évitant toute discrimination injuste. Ils ont droit à leur dignité, au travail, au logement, à moins d'un comportement désordonné.

Cependant, «il y a des domaines dans lesquels ce n'est pas une discrimination injuste de tenir compte de l'orientation sexuelle, par exemple dans le placement ou l'adoption d'enfants, dans l'engagement d'instituteurs ou d'entraîneurs sportifs, et le recrutement militaire» (Congrégation pour la Doctrine de la foi, juillet 1992).

En 1986, paraissait une instruction officielle, adressée aux évêques catholiques, à l'égard des personnes homosexuelles. De même en 1992, la Congrégation romaine pour la Doctrine de la Foi s'adressait aux évêques américains sur le même thème.

L'opinion publique porte à croire la condition homosexuelle indifférente, même bonne, tout comme la race, l'origine ethnique, le sexe. Le 8 février 1994, le Parlement européen approuvait la parité des droits au mariage et parité des droits à l'adoption pour les couples homosexuels. Le Saint-Siège a protesté vigoureusement.

Malgré les groupes de pression, l'Église croit, elle, que la condition homosexuelle est objectivement désordonnée. Elle n'est donc pas parfaitement inoffensive. Les lois qui le nieraient mettraient en danger la vie de la famille.

Mais respectons les personnes. «En tant que groupe ayant souffert plus que sa part d'oppression et de mépris, la communauté homosexuelle a un droit particulier à la préoccupation de l'Église», affirmait le cardinal Hume.

Les homosexuels aussi sont appelés à la sainteté. Pour cela, comme les hétérosexuels non mariés, ils doivent vivre la chasteté, grâce à la prière et aux sacrements (Catéchisme de l'Église catholique, 2357-8-9).

JE SUIS LESBIENNE...

Que la Bonne Sainte Anne me libère de la souffrance que j'endure! Je suis au bout de mes forces. Voici mon problème.

Je vis avec une femme, je suis lesbienne. Je ne fais aucun harcèlement ni trouble aux gens qui m'entourent. Mais nous sommes harcelées, on rit de nous, on nous fait des menaces de mort. Ils ont coupé les pneus de notre voiture, nous crient des noms, nous montrent du doigt. Ils nous rejettent comme la peste. Ils vont à l'église tous les jours...

Je ne suis plus capable de souffrir cela, j'en suis malade et je suis devenue sujette de crises cardiaques. La situation devient pire.

Heureusement que ma famille m'aime et m'accepte comme je suis.

Mon Père, j'ai besoin de votre aide et de votre réconfort. Je crois en la Bonne Sainte Anne.

* * *

À qui lance un tel cri de détresse, je ne veux pas demander un certificat de bonne conduite avant de tendre la main.

Je regrette l'attitude de condamnation de la part de chrétiens. Ce n'est pas l'attitude du Christ face à la samaritaine, devant la femme prise en flagrant délit d'adultère. Il ne condamne pas. Par ses paroles, par sa bonté, il invite à aller de l'avant, à mieux agir, à ne plus pécher.

L'exemple du Seigneur doit nous inciter à faire comme lui.

Non pour approuver une façon d'agir qui va contre l'Écriture et l'enseignement de l'Église! Mais pour que la charité règne dans les coeurs!

Vous, amie qui m'écrivez, soyez bonne comme vous souhaitez que les autres soient. Soyez patiente devant les faiblesses des personnes qui réagissent trop fortement devant une conduite qu'ils n'approuvent pas. Nous sommes tous en marche vers le Seigneur. Certains trébuchent en jugeant les autres; d'autres sont faibles dans leur vie morale.

Vous avez confiance en sainte Anne qui vous a bien aidée. Priez-la de vous donner la patience dans l'épreuve, peut-être aussi la grâce de grandir dans l'amour du Seigneur en vivant la chasteté selon votre état de vie. L'homosexualité peut être une tendance involontaire, mais les actes d'homosexualité ne sont pas permis. Le Christ Jésus, j'en suis certain, vous soutiendra sur le chemin de la vie.

«Il faut marcher de bien longues routes» pour ressembler au Seigneur dans la fidélité à ses commandements, dans l'amour véritable. Ne vous arrêtez jamais!

Au sein de vos souffrances injustifiées, croyez en l'amour du Seigneur pour vous!

MON AMI EST NÉ TRANSEXUEL...

Je suis âgée de vingt ans et fréquente un homme de vingt-et-un ans.

Mon ami est né transexuel, avec le corps d'une femme. Il est en voie de s'accomplir entièrement homme en son corps. En sa tête et en son coeur, il en est un depuis toujours.

Il peut enfin voir pointer devant lui la fin d'un long calvaire; et je suis à ses côtés, avec ma foi et mon amour.

Nous avons foi en Dieu et nous savons qu'il ne nous laisse pas seuls. Si lui nous appuie, en sera-t-il de même pour les gens de son Église?

Pourrons-nous nous unir dans la foi et les liens sacrés du mariage? Nous savons que nous ne pourrons avoir d'enfants issus de nos chairs, mais n'est-ce pas Dieu qui a fait naître l'amour en nos coeurs?

* * *

Je veux m'efforcer de bien comprendre et respecter vos sentiments.

Il faudrait vérifier l'assertion que votre compagnon est transexuel. Il l'affirme, mais cette affirmation suffit-elle? Qu'en serait-il si une lesbienne affirmait la même chose pour pouvoir s'unir à une autre femme qu'elle aime?...

Je ne veux pas brusquer ma réponse; j'essaie seulement d'y voir plus clair.

Quant au mariage selon le plan de Dieu, il existe pour l'amour d'un homme et d'une femme, pour l'épanouissement de leur vie de couple; mais aussi en vue de la procréation. C'est pourquoi l'Église ne peut autoriser le mariage de personnes homosexuelles.

Vous m'objecterez la dureté apparente de la réponse. Vous me direz qu'il ne s'agit aucunement d'un problème d'homosexualité... Je le veux bien, mais je m'inspire de votre lettre en essayant de saisir le problème. Vous terminez votre lettre en me demandant de répondre «bien franchement».

Je vous suggère un entretien personnel avec un prêtre ou un autre conseiller chrétien.

MON MARI ACHÈTE DES CASSETTES PORNOS...

Mon mari, qui se dit catholique et pratiquant, achète des cassettes pornos... Il regarde de ces cassettes chaque semaine.

Moi, ça m'insulte et ça me choque assez pour sortir de l'appartement. Je lui ai dit que c'est mal de regarder ces films, mais il refuse de le croire.

* * *

Il est question de films nettement obscènes. Vous avez raison, madame, de réprouver l'achat, le prêt et le visionnement de vidéocassettes pornographiques. N'est-ce pas une prostitution de l'esprit et du coeur?

L'esprit se nourrit alors volontairement de pensées voluptueuses, d'actions immorales, de regards impurs. La chasteté du coeur et de l'esprit disparaît et, avec elle, celle du corps.

Jésus s'y oppose quand il dit: «Quiconque regarde une femme pour la désirer a déjà commis, dans son coeur, l'adultère avec elle. Que si ton oeil droit est pour toi une occasion de péché, arrache-le et jette-le loin de toi: car mieux vaut pour toi que périsse un seul de tes membres et que tout ton corps ne soit pas jeté dans la géhenne» (Mt 5, 28-29).

Quant à saint Paul, il écrit: «Ceux qui appartiennent au Christ Jésus ont crucifié la chair avec ses passions et ses convoitises» (Ga 5, 24). Corrigeons-nous s'il le faut pour éviter les convoitises du coeur qui mènent à l'impureté et avilissent les corps (Rm 1, 24). Il y a des choses qui, certainement, ne conviennent pas à un chrétien et, parmi elles, celle de lire des revues pornographiques ou de visionner des films érotiques, tout comme d'aller dans des bars de danseuses ou de danseurs nus.

Saint Paul va plus loin... «Quant à la fornication, à l'impureté sous toutes ses formes,... que leurs noms ne soient même pas prononcés parmi vous... De même pour les grossièretés, les inepties, les facéties: tout cela ne convient guère» (Ep 5, 3-4).

JE REGRETTE N'ÊTRE PAS NÉ QUELQUES DÉCENNIES PLUS TARD

Je ne crois pas qu'il y ait encore des gens qui se préoccupent de futilités comme la masturbation. Dieu n'est pas un bourreau et encore moins un tyran, tel qu'on nous l'a enseigné autrefois. Aujourd'hui, la catéchèse des jeunes est axée sur un Dieu d'amour, moins occupé à nous chercher des poux. Pour les péchés, ils n'en connaissent même pas le mot!

Pour les jeunes, tout est tellement plus simple, moins étriqué. Comme je les envie! Pour moi, Dieu n'est pas à cheval sur les principes.

Tout cela nous venait d'une époque puritaine où tout était très serré.

C'est dommage qu'il y ait tant de gens mêlés face à une religion si simple dès qu'elle est comprise.

Je vous trouve très courageux, vous autres, prêtres. Je vous admire de rester debout, et de vous battre au nom du Christ.

* * *

J'ai dû écourter cette lettre. Je suis contraint également d'écourter ma réponse. Répondre point par point me donnerait l'impression de vouloir raccommoder un habit avec des étoffes chamarrées, alors qu'il faudrait changer tout l'habit. Tout l'évangile est à redire.

Dans ce que mon interlocuteur m'écrit, tellement de choses sont bonnes, l'essentiel surtout qui rappelle que notre Dieu est un Dieu d'amour, un Dieu qui nous sauve parce qu'il nous aime. C'est là le message central de la catéchèse; c'est la moëlle de l'évangile. Par ailleurs, je ne puis être d'accord avec certains énoncés de la lettre. Et cela, par fidélité à ce même Dieu d'amour.

S'il régnait un certain rigorisme dans le passé, aujourd'hui, les jeunes vivent dans un monde permissif, matérialiste, sensuel. Sont-ils plus heureux comme la lettre le laisse entendre? Nombre de ces jeunes vivent dans l'angoisse, s'évadent dans la drogue, s'écoeurent et se suicident.

Je ne suis pas sûr que cette religion «si simple» soit toujours comprise à fond. Lisons le Catéchisme de l'Église catholique. Étudions la doctrine de l'Église; elle se base sur l'Écriture. Ainsi le plan de Dieu sur la sexualité ne conduit pas au plaisir sensuel égoïste, comme est la masturbation. C'est pour cela que l'Église, comme autrefois, s'y oppose. La pureté et la maîtrise de son corps sont toujours de mise pour un chrétien. Notre corps n'est-il pas le temple de Dieu (I Co 6, 19)? S'il connaît des faiblesses, ne les justifions pas.

Pour qui aime le Seigneur, la fuite du mal, quel qu'il soit, n'est pas une futilité. Même si certains péchés, - ils existent toujours! -, sont beaucoup plus graves. Nier le péché, c'est nier la rédemption.

QUE PENSEZ-VOUS DES CONDOMS DANS LES ÉCOLES?

* * *

Nous savons bien la préoccupation de nos responsables civils face à la croissance des M.T.S., de toutes les maladies transmises sexuellement, en regard surtout du sida dont la montée est vertigineuse.

Ils cherchent à enrayer le fléau de façon rapide et efficace. Ils veulent le prévenir chez les jeunes qui, aujourd'hui, se livrent aux aventures sexuelles à un âge de plus en plus précoce. C'est pour cela qu'ils prônent, même dans nos écoles, un accès facile à ce préventif qu'est le condom (du nom de son inventeur, un Anglais du 18e siècle).

Leur intention est bonne, mais leur solution laisse à désirer.

L'usage du condom n'est pas efficace à 100 %, tant s'en faut!

Mais là n'est pas la raison principale du rejet que nous devons faire de cette publicité bien orchestrée autour des distributrices de condoms.

L'école n'est pas une pharmacie.

Il nous faut voir plus loin que notre société contemporaine qui vit de jouissances faciles, immédiates, sans aucun égard aux valeurs de l'amour, du mariage et de la famille.

Les jeunes rêvent d'un avenir de bonheur vrai, d'amour sincère et stable, d'une vie qui a du sens. Ce n'est pas l'usage du condom qui va faciliter leur marche vers la maturité, la maîtrise d'eux-mêmes, l'harmonie de leur être. Au contraire, ils verront grandir l'amertume d'un amour éphémère, vite déçu et trompé.

Il faut promouvoir chez les jeunes une formation au vrai sens d'un amour don de soi, vrai et généreux, ouvert aux responsabilités et à la vie.

L'Église prône une éducation sexuelle fondée sur la maîtrise de soi, l'abstinence et le respect des valeurs. La chasteté est toujours de mise.

L'usage prématuré des facultés sexuelles rabaisse et vulgarise un acte humain si grand.

Le condom encourage les jeunes à faire usage de ces facultés sexuelles sans souci du lendemain, pour le plaisir sans responsabilité, dans une attitude hédoniste et païenne.

UN SEXOLOGUE DIT QUE L'ON PEUT JOUIR SEXUELLEMENT DE TOUTES LES MANIÈRES

Que ce soit la masturbation, ou l'homosexualité, ou les relations sexuelles de toutes sortes; que ce soit aussi les relations sexuelles entre jeunes, le visionnement de films pornos, ou les salles de danseuses...

Je vois la sexualité d'une tout autre manière. Il y a une chasteté dans le mariage. Tout n'est pas permis.

On entend parler, à tous les jours, de viols, de parents qui abusent de leurs enfants, de prostitution, de couples qui se séparent.

J'étais heureux d'entendre un religieux déclarer qu'il avait consacré sa vie à Dieu. Il ajoutait que la prière, l'ascèse, le sport, le support de ses confrères, la grâce de Dieu, lui permettaient de vivre heureux dans sa chasteté.

* * *

Il y a des émissions télévisées qui peuvent nous éclairer et nous enrichir à bien des points de vue; mais il nous faut opérer un discernement. Trop nombreux ceux et celles qui écoutent toute émission, toute opinion, et deviennent «mêlés» dans leur foi et leur vie morale. Ainsi en est-il de ce que présente ce sexologue.

Ne soyons pas esclaves de certains programmes télévisés qui polluent notre foi et nourrissent nos passions. Optons pour l'enseignement de l'évangile. Nous sommes disciples du Christ, non de Baal. Chaque chrétien doit prendre position, posséder une foi qui lutte, ne pas se laisser emporter par le courant.

À l'inverse de ce que proclame ce sexologue, l'Église enseigne que la sexualité n'est pas quelque chose de purement biologique, mais qu'elle concerne la personne humaine dans ce qu'elle a de plus intime, car elle «est ordonnée à l'amour conjugal de l'homme et de la femme» (Catéchisme de l'Église catholique, 2360-2361).

Lisons saint Paul: «Laissez-vous mener par l'Esprit et vous ne risquerez pas de satisfaire la convoitise charnelle... On sait bien tout ce que produit la chair: fornication, impureté, débauche..., orgies, ripailles et choses semblables - et je vous préviens, comme je l'ai déjà fait, que ceux qui commettent ces fautes-là n'hériteront pas du Royaume de Dieu - ... Ceux qui appartiennent au Christ Jésus ont crucifié la chair avec ses passions et ses convoitises» (Ga 5, 16-24).

COMMENT EXPLIQUER LES SCANDALES SEXUELS?

Comment expliquer les scandales (abus sexuels) qui secouent l'Église et ébranlent notre foi?

* * *

Tout s'explique par le fait que l'Église est composée d'êtres humains, faibles et pécheurs, laïcs, religieux, religieuses, prêtres.

Tout s'explique..., ce qui ne veut pas dire que tout se justifie.

Jésus nous avertit qu'il y aura toujours des scandales, mais malheureux, ajoute-t-il, ceux par qui ils arrivent (Mt 18, 6-7).

Il y eut des scandales dans l'Église à tous les siècles. Ils ne furent pas toujours des scandales sexuels, mais ils étaient en quelque sorte des trahisons. Pierre lui-même n'a-t-il pas trahi le Christ? Il a pleuré son péché amèrement (Mt 26, 75) et, contrairement à Judas, il a gardé confiance dans la miséricorde du Seigneur.

Il ne faut pas généraliser les faiblesses humaines, que ce soit celles de membres du clergé, que ce soit celles d'époux chrétiens. Il y a des pécheurs qui se convertissent. Il y a de nombreux laïcs, religieux, religieuses et prêtres, qui vivent une vie exemplaire et sainte. Il y a dans l'Église des martyrs, des mystiques, des missionnaires, des gens de haute charité, de véritables héros de sainteté.

Jésus, Chef et Tête de l'Église (Col 1, 18), continue de la conduire vers la sainteté.

JE NE PEUX COMPRENDRE LA LOI DE L'ÉGLISE CONCERNANT LES NAISSANCES

Nous vivons dans un temps économique déplorable, dans un temps où la vie familiale se détériore.

Est-ce péché de nos jours d'empêcher la famille?

* * *

Je crois que l'enseignement de l'Église sur ce point n'est pas bien compris.

Il ne s'agit pas d'avoir une vingtaine d'enfants, surtout en «un temps économique déplorable», en «un temps où la vie familiale se détériore». L'Église ne dicte pas aux parents le nombre d'enfants qu'ils doivent avoir. À eux de juger selon les circonstances, tout en n'oubliant pas que le plus beau cadeau qui soit est celui d'un enfant. Ce cadeau suppose la générosité de la part des parents.

Ce que l'Église enseigne, c'est le respect des lois de Dieu, c'est une conception chrétienne de la sexualité.

Dans la planification des naissances, ouverte à la vie et raisonnable, les parents ne peuvent négliger le plan de Dieu, agir contre nature, faire usage de moyens artificiels, se contenter d'une approche utilitariste. L'Église s'oppose à la contraception, à la stérilisation, vasectomie ou ligature des trompes, de même qu'à l'hystérectomie non strictement thérapeutique, et, surtout, à l'avortement. Il ne faut pas dissocier union et procréation (Humanae vitae, 12).

L'Église préconise «la planification naturelle de la famille». Pourquoi ne pas faire ici mention de FIDAF (Fédération Internationale D'Action Familiale), fondée en 1974 et composée de 102 organismes issus de 73 pays? L'un de ses objectifs est de promouvoir la planification familiale naturelle. Les méthodes naturelles signifient un style de vie paisible, un comportement éthique, la responsabilité des parents, le respect de la personne, du mariage et de la vie, celui de Dieu. L'abstinence périodique comporte des avantages.

Le développement des méthodes naturelles de régulation de la fertilité va bien au-delà de la «méthode Ogino-Knaus». Aujourd'hui, tout s'appuie sur une base scientifique sûre. Les rythmes de la fertilité féminine sont mieux connus. En dépit d'une publicité contraire et mal informée, les méthodes naturelles, de températures, sympto-thermique ou Billings, sont faciles à comprendre et ne sont pas coûteuses. Certainement qu'elles ne mettent pas en danger la vie du couple... Elles favorisent les relations interpersonnelles entre mari et femme.

Respectons l'enseignement de l'Église. Que les parents prient, qu'ils n'oublient pas le dialogue qui crée la bonne entente et assure la paix du foyer. C'est là aussi un devoir d'époux.

LA STÉRILISATION PERMANENTE EST-ELLE UNE FAUTE?

* * *

Dans son Exhortation apostolique «Familiaris consortio» sur les tâches de la famille chrétienne, Jean-Paul II a publié de très belles pages sur la transmission de la vie (28-36). Pour que ma réponse soit riche et nuancée, il me faudrait reproduire ce texte intégralement.

S'opposer volontairement au plan de Dieu est une faute. Il en est ainsi de la contraception, surtout si elle devient une stérilisation permanente, que ce soit par la ligature des trompes ou la vasectomie. Il ne faut pas taire cet enseignement.

Il existe, cependant, des situations complexes et fort difficiles. Je connais des parents généreux, qui ont eu plusieurs enfants, et qui sont angoissés devant l'avenir. Ce problème secoue rudement leur bonne entente.

Je voudrais que ma réponse offre des éléments positifs. Les parents doivent réveiller leur foi et leur confiance en Dieu. Qu'ils se rappellent le progrès et la sûreté des méthodes de régulation naturelle des naissances lorsqu'elles sont bien suivies. Je pense à la méthode sympto-thermique connue grâce à Serena (Service de Régulation de Naissances) fondé au Québec en 1955. Aussi à la méthode Billings connue grâce au Service Vie-Amour. Pourquoi ne pas consulter les responsables locaux ou diocésains, ou les couples-moniteurs? Ces méthodes tiennent compte de la vie physique, de la vie psychologique et spirituelle, de la dignité des personnes et de l'épanouissement du couple.

L'AVORTEMENT EST-IL LÉGITIME
QUAND ON PRÉVOIT UN BÉBÉ INFIRME?

Si une jeune maman porte un enfant dans son sein, subit des examens pour savoir si l'enfant est infirme et apprend que les résultats sont positifs, peut-elle opter pour l'avortement?

* * *

Avant même de répondre à cette question, me vient à la pensée Gianna Beretta Molla, cette femme médecin béatifiée par Jean-Paul II le 25 avril 1994. Elle a préféré sa mort à celle du bébé qu'elle portait. Elle savait que la naissance de ce bébé détruirait sa vie. En la béatifiant, le Pape voulait «rendre hommage à toutes les mères courageuses».

L'être humain, même infirme, même conçu à la suite d'un viol, reste un être humain. Il mérite le respect et a droit à la vie. Autrement, il faudrait conclure avec une certaine logique qu'il faut détruire tous les handicapés, tous les malades, tous les indésirables, toutes les personnes âgées...

Nous vivons dans le monde du plaisir et de l'efficacité. Qui ne répond pas à ces exigences risque d'être éliminé comme nuisible ou, du moins, inutile. Cette oeuvre de destruction est déjà commencée en bien des hôpitaux et des cliniques, du moins en ce qui concerne l'avortement, et même l'euthanasie active.

Vous avez subi un examen prénatal... De soi, cet examen est légitime, ainsi que toute étude du génome humain, pour des fins thérapeutiques, pour mieux déceler les bases génétiques des maladies et y remédier. Certainement pas pour tuer les embryons qui semblent porteurs de tares ou déficients, ou qui ne sont pas du sexe souhaité! Toujours, il faudra respecter la vie et l'intégrité du petit être humain, dès la conception, dès la fusion des gamètes. De plus, établir une carte génique de chaque personne comporte aussi le grave danger de l'eugénisme. À bon droit, Jean-Paul II s'en est préoccupé. Aux législateurs d'y voir! «Chaque être humain doit être considéré et respecté comme une personne dès le moment de sa conception».

Le prophète Jérémie faisait ainsi parler Dieu: «Avant d'être façonné dans le ventre maternel, je te connaissais. Avant ta sortie du sein, je t'ai consacré» (1, 5).

Dans la Charte des Droits de la Famille, publiée par le Saint-Siège en 1983, nous lisons: «La vie humaine a une valeur d'éternité; il faut la respecter et la protéger». Dès sa conception! C'est ce que prônait «Donum vitae», en 1987.

Bien des génies qui ont vécu dans le passé auraient couru le risque de ne pas naître s'ils avaient été conçus de nos jours.

Un enfant infirme fait souvent le bonheur de sa famille. Beaucoup pourraient en témoigner.

L'oeuvre de cet homme de Dieu qu'est Jean Vanier, pour les blessés physiques et surtout mentaux, vient providentiellement témoigner des richesses de ces petits que le monde méprise si allégrement. Ils ont tellement à nous apprendre et à nous donner; leur coeur est si affectueux et leur esprit si ouvert aux merveilles de la vie!

Et ne sommes-nous pas tous des handicapés?

Il y a de belles oeuvres chrétiennes et humanitaires pour subvenir aux besoins de ces blessés de la vie, souvent délaissés. Je pense à «Emmanuel, l'amour qui sauve», cette association localisée à Drummondville qui s'occupe de l'adoption d'enfants handicapés et déficients, trisomiques 21 (mongols) ou autres, facilement considérés inadoptables.

Si, maintenant, j'élève ma pensée au monde surnaturel, je me rappelle ce commandement énergique de Dieu: «Tu ne tueras pas» (Ex 20, 13; Dt 5, 17)!

La pression de la société est énorme pour qu'il y ait, dans le cas comme celui dont il est ici question, une interruption volontaire de la grossesse (I.V.G.), donc un avortement qui n'a rien de thérapeutique... Encourageons les personnes aux prises avec une décision difficile à prendre. Au besoin, suggérons la possibilité de l'adoption. Il y a des couples stériles qui seraient heureux d'adopter l'enfant.

La maman doit éviter ce grand mal de l'avortement, un mal rendu facile aujourd'hui, non seulement dans les cliniques, mais aussi par l'usage de contraceptifs abortifs, stérilet, pilule du «lendemain», pilule RU 486...

Pensant à ces petits êtres innocents que l'on tue sans pitié et par millions dans le sein maternel, comment oublier cet important message de Jésus: «Dans la mesure où vous l'avez fait à l'un de ces plus petits de mes frères, c'est à moi que vous l'avez fait» (Mt 25, 40)?

Ces petits, infirmes ou non, sont appelés à devenir enfants de Dieu par le baptême. Ils sont conviés à la fête éternelle.

LE CLERGÉ NE NOUS SUPPORTE PAS
DANS LA LUTTE CONTRE L'AVORTEMENT

Je déplore que les évêques et les prêtres ne nous appuient pas, nous qui nous battons pour la vie, dans la lutte contre l'avortement, nous qui risquons beaucoup en protestant devant des cliniques d'avortement, en participant à des marches pro-vie, etc.

* * *

Même si cette plainte est fréquente, certains prêtres et même certains évêques s'impliquent ouvertement, en union avec ces laïcs courageux qui luttent sans argent, sans l'appui des moyens modernes de communication.

Voici un texte d'un archevêque canadien qui porte à réflexion: «Qui serait aujourd'hui le plus proche du martyre? Ne serait-ce pas ceux qui luttent pour la vie des enfants non encore nés? Peut-être bien qu'à l'occasion ils se laissent emporter par leur zèle. Ils semblent dire: 'Il faut faire comme nous, il n'y a pas d'autre méthode'. Cependant, si ce n'était leur présence, notre Église se contenterait de parlotter de façon inefficace sur les problèmes pro-vie, comme le font d'autres communautés chrétiennes». Cette traduction libre du texte de Mgr Aloysius Ambrozic, archevêque de Toronto, comporte une grande vérité et un message...

L'attitude officielle de l'Église se révèle par la sévérité exercée envers les personnes qui attentent directement à la vie d'un foetus. Nous lisons dans le Code de Droit canonique: «Qui procure un avortement, si l'effet s'ensuit, encourt l'excommunication latae sententiae» (Can. 1398), une excommunication immédiate. Cette excommunication perdure jusqu'au moment de l'absolution et la levée de la sanction.

Au début de l'Église, les chrétiens apprenaient dans le Didaché: «Tu ne tueras pas l'embryon par l'avortement et tu ne feras pas périr le nouveau-né» (2, 2).

Le 11 février 1994, journée mondiale des malades, Jean-Paul II créait l'Académie pontificale pour la vie, avec comme premier président Jérôme Lejeune, professeur de génétique, découvreur de la trisomie 21 (mongolisme), intrépide protecteur de la vie. Le professeur Lejeune est décédé en avril 1994. Cette Académie nouvelle, forte de 70 membres, composée même de non-chrétiens, s'avérera un soutien profond pour qui défend la vie.

L'avortement est un «nouvel holocauste» aux yeux de l'Église.

MA MÈRE A RESPECTÉ MON DROIT À LA VIE...

Je remercie Dieu de m'avoir donné une mère qui a respecté mon droit à la vie. On lui avait préparé un avortement alors qu'elle était enceinte de deux mois. Sa décision fut un «non» catégorique.

Elle est veuve, aujourd'hui, et a plus de quatre fois vingt ans. Je la remercie en étant sa sécurité et son soutien.

Si elle avait dit «oui» à l'avortement, où serais-je? Si elle avait dit «oui», quelle solitude quotidienne et amère serait sienne!

* * *

Cette lettre n'est pas une question. Mais elle peut servir d'élément de réponse à tant de questions!...

JE M'EFFRAIE DE TOUS CES DÉVELOPPEMENTS: EMBRYONS CONGELÉS, CLONAGE...

* * *

La science a accompli des pas de géant ces dernières années. Nous ne pouvons refuser ces développements, couper court à toutes les expériences, nier le bien qui peut en résulter. Mais vous avez motif de vous effrayer.

Il arrive à la biomédecine de s'aventurer sur des voies aberrantes et fort dangereuses pour l'avenir de l'humanité. Je pense à la congélation d'embryons, aux embryons «surnuméraires», à la vivisection embryonnaire...

Vous parlez aussi du clonage (reproduction identique d'individus). Il faut s'en inquiéter particulièrement. Une première «photocopie» d'embryon humain aurait réussi aux États-Unis en 1993. La porte est ouverte pour «cloner» des embryons humains pour de futures greffes de tissus ou d'organes. Il devient aussi possible de choisir des enfants surdoués à partir d'embryons «clonés» congelés... La commercialisation ne serait pas loin... Peut-être sera-t-il possible un jour de «cloner» des adultes en introduisant leurs chromosomes dans un oeuf dont on aura retiré le noyau (Barbellion).

La folie humaine peut aussi créer des chimères, des êtres hybrides (croisement d'êtres humains avec des animaux)... On pourra mêler leurs gènes, en empruntant au génome humain et au génome de tel animal...

L'Église réagit devant ces graves excès. Mais la morale catholique n'a pas souvent l'appui des mass médias, des milieux universitaires, des professionnels, pour faire prévaloir les lois du Seigneur et les dictées de la raison. Règne aujourd'hui une éthique séculière; elle fait suite à la déchristianisation. Il serait pourtant heureux de lire l'Instruction romaine du 22 février 1987 qui étudie l'embryon, cet «adulte en miniature», cette «personne en puissance». L'Église défend la vie et la saine raison, même si beaucoup s'en moquent et la croient réactionnaire.

Le nouveau Comité international de «bioéthique» (mot répandu depuis 1970), avec son approche interdisciplinaire, aura une lourde tâche à accomplir dans notre société pluraliste. Les chercheurs ne peuvent faire fi de la déontologie. Leur responsabilité morale est lourde.

QUE PENSER DE LA PROCRÉATION MÉDICALEMENT ASSISTÉE?

* * *

Les problèmes surgissent sans cesse. Les techniques nouvelles permettent à des femmes d'avoir un enfant à un âge avancé, et les débats deviennent passionnés...

La procréation médicalement assistée prend de la vogue, sans toujours respecter les normes éthiques.

Il y a l'insémination artificielle simple... Elle peut avoir comme donneur le mari lui-même (homologue); elle peut aussi mettre en cause un donneur anonyme (hétérologue) dont les gamètes, les spermatozoïdes, servent pour féconder l'ovule.

Il y a plusieurs banques de sperme au Canada. Le profit n'est pas mince. Cette insémination peut se faire post mortem, après la mort du donateur.

L'insémination artificielle contredit les lois de la nature, celles du Créateur. L'acte qui aboutit à la conception d'un être humain doit demeurer une action vraiment humaine, intelligente et libre. Il est l'expression d'un amour personnel qui s'extériorise dans l'acte conjugal normal.

L'Église s'oppose à l'insémination artificielle, comme à la vente de sperme, d'ovules, d'embryons.

L'Église n'approuve pas la fécondation en éprouvette, homologue ou hétérologue (certains parlent alors «d'adultères en bocal»), la fertilisation in vitro (Fiv) et la transplantation de l'embryon (Fivete).

Face à la procréation médicalement assistée et au développement de la génétique, Jacques Testar, celui à qui nous devons le premier bébé-éprouvette français, incite à l'arrêt des expériences et il s'oppose vigoureusement au danger d'un eugénisme scientifique.

MA BRU EST DEVENUE MÈRE PORTEUSE

Mon fils est marié et père de deux enfants. Il n'est pas riche, mais vit confortablement. Sa femme a décidé, pour avoir une automobile, de devenir mère porteuse. Elle attend un enfant d'un étranger dont la femme est stérile et qui adoptera l'enfant dès sa naissance, contre une somme de 20 000$.

Mon fils et sa femme m'avaient parlé de cette idée avant de le faire. Je leur ai dit que j'étais absolument contre cela, que je trouvais cela épouvantable. Une femme qui a du coeur ne peut pas vendre un enfant qu'elle a porté. Selon moi, une personne qui peut faire cela pourrait tuer pour de l'argent. Mes autres enfants sont scandalisés et nous vous demandons comment réagir. Quelle est la position de l'Église sur la question des mères porteuses?

Jusqu'ici, j'ai ignoré la grossesse de ma belle-fille. J'ai de la peine pour ce bébé qui ne connaîtra pas sa vraie mère et qui saura peut-être un jour l'histoire de sa naissance. Je blâme mon fils de ne pas avoir défendu à sa femme de faire cela. Il me dit que mes idées ne sont pas évoluées. Je lui ai répondu que, pour les personnes de coeur, certaines choses ne changeront jamais.

* * *

Vous avez raison d'affirmer que certaines absurdités ne seront jamais de mise, non seulement au point de vue chrétien, mais même selon le simple bon sens. Ce que le progrès de la science rend possible n'est pas toujours selon l'éthique et pour le bien de l'humanité.

Déjà, des procès ont été intentés dans le cas des mères porteuses, qu'elles prêtent leur utérus gratuitement, ou qu'elles le louent. N'ont-elles pas naturellement le désir de garder ce petit être qu'elles ont soigneusement porté en leur sein pendant neuf mois? Ne sont-elles pas les vraies mères de ces enfants? Est-ce naturel de remettre à une étrangère cet enfant qu'elles ont nourri de leur sang? N'est-ce pas odieux de le vendre comme marchandise? N'est-ce pas agir contre la loi naturelle?

Quant à la paternité affective, ne l'emportera-t-elle pas sur la paternité biologique?

Un comité conjoint de l'épiscopat de Grande-Bretagne, composé d'évêques et d'experts, déclarait au sujet des mères de substitution: «La substitution viole effectivement la dignité humaine...».

À une forte majorité, les membres de la commission Warnock, commission créée par le gouvernement britannique, s'étaient opposés à la pratique des mères de substitution et à toutes les agences de «location de ventres».

Le nouveau Code civil du Québec déclare illégal cette «gestation pour le compte d'autrui» (art. 541), le cas des «mères porteuses». Tout contrat à ce sujet est invalide.

Le journal «La Croix» affirmait ceci: «L'être humain est à la fois biologique et relationnnel. Séparer les deux données représente un danger de dysfonctionnement pour l'homme et pour la société».

Cet enfant de la science apprendra un jour la vérité au sujet de sa naissance. Ne sera-t-il pas psychologiquement divisé et meurtri? Ce qui a motivé sa naissance, est-ce le désir de son bien-être ou le bon plaisir de ses parents?

QUE PENSE L'ÉGLISE DES DONS D'ORGANES?

Lorsque Dieu rappelle quelqu'un à lui en permettant qu'il souffre du coeur, les docteurs peuvent-ils lui en procurer un nouveau et prolonger ainsi sa vie? N'est-ce pas aller contre le plan de Dieu pour nous?

* * *

Le Seigneur ne nous défend pas de prolonger notre vie par les soins de la médecine. «Au médecin rends les honneurs qui lui sont dûs, en considération de ses services, car lui aussi, c'est le Seigneur qui l'a créé» (Si 38, 1). Se servir de notre intelligence et utiliser des moyens légitimes pour favoriser la vie qu'il nous a donnée ne peut que lui plaire.

Prélèvements et greffes, tissus (cornée, os, peau...) et organes (coeur, foie, reins...), comme don librement consenti, deviennent aux yeux de l'Église, un signe de solidarité fraternelle, selon la déclaration récente des évêques de France. Pourvu, évidemment, que tout se fasse dans le respect de la dignité humaine et des droits des personnes.

Certes, il ne faut pas briser les lois du Seigneur! Je ne puis tuer, ni hâter la mort d'une personne, pour me procurer son coeur ou l'un de ses organes vitaux. La «mort cérébrale» et toute certitude de décès doivent être constatées.

Il n'en est pas toujours ainsi! Le Tiers-Monde est exploité en pourvoyeur d'organes pour satisfaire les riches. Des enfants sont kidnappés et tués pour ce commerce lucratif et horrible.

Il en est de même au sujet des embryons qui, même morts, doivent être respectés dans leur dignité, comme l'exige la Charte des Droits de la Famille, établie par le Saint-Siège.

Une personne adulte peut donner - gratuitement - une partie de son corps, à l'exception des organes dont elle a besoin pour vivre, si le bienfait qui en découle le justifie.

La biomédecine fait des merveilles et nous devons nous en réjouir, aussi longtemps que ne sont pas bafoués les commandements de Dieu. Une transplantation du coeur ou d'autres organes ne sont normalement que choses louables, si les lois énoncées plus haut sont respectées (L'évangile de la vie, 86).

Y A-T-IL UN DEVOIR MORAL DE DONNER SON CORPS POUR DES RECHERCHES?

«Il peut exister un devoir moral, c'est-à-dire une exigence qui s'adresse à la décision libre, mais qui n'en est pas moins un devoir, de participer au bien de la communauté humaine en collaborant par le don de soi à de nécessaires travaux de recherche» (Rey-Mermet, Croire IV, p. 328).

Des personnes ont objecté: «Comment puis-je donner mon corps pour des travaux de recherche en médecine, quand l'Écriture dit que le corps est le temple de l'Esprit Saint et qu'en pratique à la morgue on découpe le corps sans considération et souvent pour de la fantaisie»?

* * *

Oublions ce qui peut se passer à la morgue, et qui ne consiste pas toujours en un découpage injustifiable du corps. Je connais des gens fort conscientieux qui y travaillent, avec respect pour le corps humain.

Le corps est le temple de l'Esprit Saint, comme l'affirme saint Paul en s'opposant à la fornication (I Co 6, 19). Ce corps, devenu cadavre, est-ce le déshonorer que de l'utiliser pour faciliter des travaux en médecine qui peuvent aider nos frères et soeurs? Je ne le crois pas. L'objectif à atteindre est louable, et rien ne s'y objecte sérieusement.

Le nouveau Code civil du Québec rappelle que toute personne majeure, consciente, peut permettre qu'après sa mort, son corps, ou des organes ou des tissus de son corps, soient utilisés pour fins médicales ou scientifiques.

Je ne suis pas d'avis pour autant qu'il y ait obligation morale de donner son corps ou les organes de son corps, après sa mort, à des recherches scientifiques. La nécessité ne me paraît pas absolue. Pour le moment, les gestes volontaires me semblent suffire au progrès des sciences et à leur usage. J'admire, toutefois, les personnes qui, dans un but humanitaire, sinon chrétien, permettent ces expériences sérieuses de laboratoire après leur décès.

Les évêques français déclaraient en 1993: «L'Église a toujours invité au don de tissus ou d'organes, elle n'en a jamais fait un devoir».

L'EUTHANASIE POUR LES VIEILLARDS...

Bien des vieillards meurent... On leur donne une piqûre... C'est l'euthanasie. Le médecin ou la garde-malade le font même sans le consentement de la famille... Je me pose des questions.

On parle d'avortements, mais on ne parle pas des malades ou des vieillards à qui on enlève la vie. Il y a des meurtriers parmi nous qui ne sont pas jugés par la loi.

Les vieillards souffrent beaucoup dans les foyers pour personnes âgées. Ils attendent un sourire, une visite, un mot aimable, ils ont besoin de tendresse et d'amour. Déposer des fleurs autour de leur cercueil ne peut compenser...

* * *

Je suis pleinement d'accord. D'accord pour condamner l'euthanasie comme aussi le suicide médicalement assisté! C'est chaque fois la destruction de la vie dont Dieu seul est le Maître.

Il faut «mourir dans la dignité», dit-on. Mais quelle dignité?... Notre vraie dignité n'est-elle pas d'être enfant de Dieu? L'être humain ne perd pas sa dignité d'enfant de Dieu parce qu'il est mourant... Il faut mourir «dans le respect d'une telle dignité,... dans le plus parfait respect de sa spiritualité, de sa dignité d'homme, de croyant, de chrétien» (Père Verspieren). C'est là aussi le désir des Juifs et de tous ceux et celles pour qui le respect de la vie est absolu et sacré.

En 1993, les Pays-Bas légalisaient l'euthanasie, à certaines conditions, pour mettre fin à la vie d'une personne à sa demande. N'est-ce pas là l'homicide sur demande? «La culture de la mort» fait de nouveaux «progrès», même au Canada. Blottie derrière des arguments fallacieux, profitant de l'ignorance sur les véritables enjeux, s'instaure doucement l'euthanasie. Cette euthanasie ne risque-t-elle pas de devenir une euthanasie «économique»? Les personnes âgées se multiplient et coûtent cher à l'État en ce temps de récession!

Le Pape a lancé un «appel passionné» pour sauvegarder «la valeur sacrée de la vie humaine». «Je confirme que l'euthanasie est une grave violation de la Loi de Dieu», déclare-t-il (L'évangile de la vie, 2, 65).

«Avec l'autorité conférée par le Christ à Pierre et à ses successeurs, en communion avec tous les évêques de l'Église catholique, je confirme que tuer directement et volontairement un être humain innocent est toujours gravement immoral...

Rien ni personne ne peut autoriser que l'on donne la mort à un être humain innocent, foetus ou embryon, enfant ou adulte, vieillard, malade incurable ou agonisant. Personne ne peut demander ce geste homicide pour soi ou pour un autre confié à sa responsabilité, ni même y consentir, explicitement ou non. Aucune autorité ne peut légitimement l'imposer, ni même l'autoriser» (l.c., 57).

«Dans le cas d'une loi intrinsèquement injuste, comme celle qui admet l'avortement ou l'euthanasie, il n'est jamais licite de s'y conformer» (l.c., 73).

Je suis pleinement d'accord pour l'aide à donner aux personnes âgées, dans une médecine palliative, sans acharnement thérapeutique. Se multiplient dans le monde les Unités de soins palliatifs. Il ne s'agit pas uniquement de remèdes, de soins physiques ou d'un bien-être matériel dans des palais-prisons! Il s'agit aussi d'améliorer le confort de tous les mourants, vieillards, cancéreux, sidéens, etc., ainsi que celui de leurs familles.

Les personnes âgées ont besoin d'affection, de respect, de tendresse et d'amour! Il ne suffit pas de les «placer» pour satisfaire sa conscience. Ce n'est pas là la charité. Ils meurent d'ennui, de solitude, d'un vide du coeur. Ils méritent mieux! Ils méritent notre présence et notre amour.

- VI -

LE CHEMINEMENT SPIRITUEL

Plusieurs se soucient
de leur cheminement spirituel.
Certains profitent de l'heureuse expérience
acquise dans les mouvements chrétiens
ou au sein de communautés.
Tant de questions révèlent un souci
de croissance spirituelle.

NOUS RESSENTONS UN ATTRAIT POUR UNE VIE DE COMMUNAUTÉ

Note - Il existe déjà plusieurs formes de communauté. Elles ne nous intéressent pas présentement, bien que nous soyions portés vers une communauté ecclésiale de base qui nous donnerait de vivre librement comme chrétiens dans le monde. Que suggérez-vous?

* * *

Beaucoup, aujourd'hui, sont enclins à se joindre à une communauté d'inspiration chrétienne, et c'est bon, très bon! Cette multiplication de nouvelles communautés me semble le fruit de l'Esprit. Pourvu qu'elles soient ouvertes à la grande Église, et non repliées sur elles-mêmes à la façon d'un ghetto!

Ces communautés nouvelles mettent l'accent sur la prière ou l'action. Quant aux «Communautés chrétiennes de base», appelées aussi «Communautés de vie ecclésiale», ou «Communautés ecclésiales catholiques», elles jouent un rôle fort important, surtout en Amérique Latine. Elles affirment la foi chrétienne de leurs membres et travaillent à créer un monde meilleur, respectueux de la justice sociale.

Suivez votre propension. Tout n'est pas encore lumineux et le chemin sera à tracer selon les inspirations du moment et l'expérience acquise. Consultez un guide judicieux, consultez votre pasteur. Réunissez-vous assez souvent dans la prière et le discernement communautaire. Faites les premiers pas qui vous semblent déjà opportuns. Au fur et à mesure, se dessineront les contours de votre jeune communauté. Vous grandirez spirituellement et vous produirez de bons fruits.

La vie communautaire ne sera pas facile, mais l'enjeu spirituel et pastoral en vaut le coup. C'est pour le Seigneur, et avec lui!

JE ME QUESTIONNE SUR LE NÉO-CATÉCHUMÉNAT

Dans notre paroisse, il y a plusieurs mouvements dont le néo-catéchuménat. C'est animé par des laïcs inconnus, des catholiques pratiquants. Ils sont pâmés au sujet du néo-catéchuménat, mais ils n'en disent rien, si ce n'est que c'est bon; ce qui m'intrigue. Ils se barricadent durant leurs réunions; cela me laisse un peu perplexe.

* * *

Le Néo-Catéchuménat pousse sur l'arbre d'une Église revigorée par le concile Vatican II.

Il donne aux adultes de revenir aux vérités profondes du baptême et de saisir ses implications dans leur vie quotidienne. Cette éducation de la foi pour adultes leur offre de revivre par étapes leur baptême.

Pour trop de chrétiens et de chrétiennes, la foi ne s'est pas développée depuis l'enfance. Le Néo-Catéchuménat remédie à cette lacune.

Le Néo-Catéchuménat ne s'établit nulle part sans l'assentiment de l'évêque et du curé, et il se vit au sein de la paroisse. On y célèbre la Parole et l'Eucharistie. Les membres se dévouent dans la joie au service de la communauté paroissiale. Un renouveau se crée, concret, et non pas dans les nuages.

Le Néo-Catéchuménat a vu le jour à Madrid vers 1962 et il s'est implanté en une multitude de pays. Nous le trouvons en plusieurs diocèses de notre pays.

S'il existe une certaine discrétion à son sujet, elle est voulue pour éviter toute publicité intempestive et pour que le travail se fasse plus sérieusement.

Ma réponse ne révèle pas toutes les richesses des communautés néo-catéchuménales, ni la force de l'apostolat de ces laïcs convaincus, qu'ils soient des catéchètes itinérants ou non.

Ma réponse n'est pas complète..., mais puisse-t-elle susciter un goût de vie chrétienne mieux vécue, plus vibrante et contagieuse!

Le Pape s'est adressé plus d'une fois aux membres des communautés néo-catéchuménales pour les féliciter et les exhorter à poursuivre leur marche en avant. Il ne s'agit pas de chrétiens qui se croient supérieurs, mais d'hommes et de femmes qui, par ce néo-catéchuménat, veulent vivre vraiment leur vie de disciples du Christ et leur appartenance ecclésiale.

EST-IL BON DE CONSEILLER DE FAIRE «LA RENCONTRE»?

* * *

Je me permets d'élargir le champ de ma réponse.

Il me semble providentiel que d'excellents Mouvements soient fondés dans l'Église. Ces «Mouvements», ou Associations ou Fraternités ou Communautés, répondent à un besoin des chrétiens et des chrétiennes. Leur existence révèle l'action multiforme de l'Esprit Saint dans l'Église.

Vous me parlez de «La Rencontre». Il y a aussi d'autres «Mouvements», comme le Cursillo, le Renouveau Charismatique, Foi et Partage, Foi et Lumière, les Arches, La Légion de Marie, Le Renouveau, Développement et Paix, Pro-Vie, Campagne Québec-Vie, les Focolari, l'Opus Dei, les Foyers de Charité, l'École de Vie intérieure rédemptoriste (ÉVIR), la Rencontre catholique de fiancés, le Renouement Conjugal, Couple et Famille, Solitude Myriam, Porte Ouverte, Joie de Vivre, Reflets et Lumière, le Mouvement des Femmes Chrétiennes (MFC), les Chevaliers de Colomb, les Filles d'Isabelle, les Marguerites, la Relève, Marie-Jeunesse, Défis-Jeunesse de la communauté Myriam Beth'léhem, etc., etc. Eux aussi sont de haute qualité. Il est hautement profitable de vivre une fin de semaine intensive, organisée par l'un de ces «Mouvements», puis de cheminer dans les réunions qui font suite à ce week-end.

Des Centres de renouveau existent un peu partout.

Les «Mouvements» créent des fraternités... Le catholique contemporain doit vivre sa foi dans un monde froid et païen. Qu'il la vive en union avec des frères et des soeurs qui partagent le même idéal! Autrement, il est entraîné par une vague de fond vers l'indifférence religieuse. Il lui est possible et avantageux de vivre sa vie d'Église dans de petites fraternités ferventes. C'est l'une des recommandations majeures au Québec, suite à l'enquête menée pour «risquer l'avenir».

Chacun et chacune doivent se sentir aimés et acceptés par les autres, chacun et chacune doivent se sentir utiles et valorisés. C'est l'Esprit Saint qui suscite ces fraternités, ces cellules de vie, dans l'Église contemporaine; elles vivifient l'Église.

Je conseille à toutes les personnes qui le peuvent de vivre au sein de tels Mouvements et Fraternités. Ils en profiteront. D'autres en jouiront avec eux, et leurs enfants grandiront dans la foi vivante de leurs parents. Chacun de ces mouvements est un cadeau du Seigneur toujours vivant.

Ainsi, le Cursillo, tout comme La Rencontre, est une fin de semaine qui fait rencontrer le Seigneur et affermit la foi dans une joyeuse amitié chrétienne. Le Renouement Conjugal, tout comme la Rencontre de Fiancés, intensifie l'amour d'un couple, aide à développer une technique de dialogue qui enrichit la relation conjugale. Etc.

Quant à «La Rencontre», elle fut fondée en 1964 par le Père Henri Roy. Elle est excellente. C'est une grâce de la vivre.

L'Esprit a soufflé hier... Il soufflera demain... Il souffle aujourd'hui... pour qui veut larguer ses voiles.

DES MOUVEMENTS NE PEUVENT QU'UNE EXALTATION MOMENTANÉE

Ainsi en est-il dans les Mouvements charismatiques au sein desquels le merveilleux est si important, dans le Cursillo où l'amitié sensible se renouvelle de réunion en réunion, etc.

* * *

Il y a merveilleux et merveilleux..., amitié sensible et amitié sensible..., exaltation et exaltation... Tout peut devenir fort relatif!

Il peut aussi y avoir torpeur, routine, vivotement d'une vie chrétienne.

Dans le Renouveau charismatique, dans le Cursillo et les autres formes de renouveau, l'ambiance est à la joie, à un dynamisme enthousiaste, à une vie chaleureuse. Est-ce là l'emprise du merveilleux, la chaleur excessive d'amitiés sensibles, une exaltation dérisoire? Je ne le crois pas.

Certains peuvent glisser jusqu'à des réactions émotives trop fortes. Est-ce plus grave et dangereux que l'apathie, l'indifférence et la mort apparente?

Nul doute que l'emballement du début doive s'accompagner de la continuité d'efforts. C'est dans ce but que la plupart des «Mouvements» ont prévu un suivi, des après-rencontre aux noms divers. La croissance spirituelle sera toujours de longue haleine, jamais terminée, et c'est tant mieux!

Cette continuité et cette croissance furent bien vécues dans l'Église naissante (Ac 2, 42-47). Cette continuité et cette croissance doivent se nourrir d'ingrédients vraiment nutritifs, d'aliments d'Église.

QUELLE EST LA DÉFINITION DU RENOUVEAU CHARISMATIQUE?

La télévision dit que c'est une branche du Pentecôtisme.

* * *

Aux dernières nouvelles, la télévision n'était pas le porte-parole officiel de l'Église.

Considérons plutôt ce que nos pasteurs, le Pape et les évêques, disent du Renouveau charismatique. Rappelons-nous les paroles encourageantes de Paul VI, en 1975. Remémorons toutes ces interventions de Jean-Paul II en faveur du Renouveau charismatique, surtout lorsqu'il s'adressait aux leaders du Renouveau. Relisons les nombreuses déclarations d'évêques, ceux de notre pays, ceux d'épiscopats du monde entier.

Ce n'est pas un simple renouveau de charismes, ni un renouveau uniquement de la prière ou de l'engagement, ni un renouveau qui se limite à créer des communautés fraternelles. C'est cela et plus que cela!

Le Renouveau charismatique est un renouveau de toute la vie chrétienne. Par ce renouveau, l'Esprit Saint veut nous aider à vivre pleinement la vie nouvelle centrée sur Jésus, à la gloire du Père.

Nous verrons que le Renouveau charismatique est un renouveau suscité par l'Esprit Saint dans l'Église, et nous bénirons le Seigneur pour cette «chance», pour cette puissance de sainteté et d'apostolat. Le Renouveau charismatique n'existe pas pour lui-même, mais pour l'Église.

Quand ce renouveau s'active, la foi s'éclaire, l'espérance renaît, la charité grandit, la Parole devient vivante, la fraternité s'établit, l'évangélisation se réalise, la louange s'élève, la joie fuse...

Le chrétien centre alors sa vie sur le Christ, se laisse mener par l'Esprit, accomplit parfaitement la volonté du Père. Il le fait en Église. Il utilise ses charismes pour construire l'Église, avec ferveur et joie.

MOI, J'AI PEUR DES «CARISSES»...

***

Les charismes ne sont pas dangereux!

Il en est question dans la Bible, en plusieurs endroits. Saint Paul en parle à plusieurs reprises. Sans toujours employer le mot «charismes», toute l'Écriture Sainte parle de ces dons spirituels.

L'Esprit Saint agit en nous par ses dons. Si nous recevons au baptême les dons qui nous sanctifient (Is 11, 2-3), nous recevons aussi des charismes pour secourir les autres, en vue de la construction du Corps du Christ, en vue du bien commun (I Co 12, 7).

L'essentiel sera toujours l'amour de Dieu et du prochain. Saint Paul écrit: «Quand je parlerais les langues des hommes et des anges..., quand j'aurais le don de prophétie..., quand j'aurais une foi à transporter des montagnes..., si je n'ai pas la charité, je ne suis rien» (I Co 13, 1-2).

N'ayons pas peur des charismes! À l'usage, ils se purifient et s'améliorent. Le concile Vatican II déclarait: «L'Esprit Saint... dispense... des grâces spéciales qui habilitent les fidèles à assumer des activités et des services divers, utiles au renouvellement et à l'expansion de l'Église... Ces charismes, qu'ils soient extraordinaires ou plus simples et plus répandus, sont ordonnés et adaptés d'abord aux besoins de l'Église: ils doivent donc être accueillis avec gratitude et joie spirituelle» (L.G., 12).

Le concile continuait en disant: «C'est à l'autorité ecclésiastique qu'il appartient de juger de l'authenticité et de la mise en oeuvre de ces dons; et c'est aussi à elle qu'il appartient spécialement de ne pas éteindre l'Esprit, mais de tout examiner et de retenir ce qui est bon».

Si tous les chrétiens s'ouvraient à l'Esprit et à tous ses dons, l'Église serait belle et vivante!

Il faut faire fructifier les talents reçus (Mt 25, 14ss).

MON MARI ME REPROCHE D'ALLER AUX RÉUNIONS CHARISMATIQUES

Dois-je continuer à aller aux réunions ou dois-je rester chez moi?

* * *

Si votre mari s'oppose absolument à de telles sorties, je vous conseille de rester à la maison. Le bonheur conjugal a priorité. Il faut sauvegarder la bonne entente avec votre époux.

Peut-être y a-t-il excès de votre part! Il y a abus si vous désertez votre foyer pour courir à de nombreuses réunions chaque semaine.

Même si l'opposition de votre mari n'est pas fondée sur des abus, cherchez à lui plaire. Il suffira, en certains cas, de cesser votre présence aux réunions pendant un certain temps. Votre bonne volonté pacifiera votre mari.

Il arrive que l'opposition du mari, ou parfois de l'épouse, ne soit pas absolue. Alors, cherchez la meilleure solution. Il se peut que vous la trouviez en décidant d'aller à une réunion hebdomadaire. Vous pouvez en avoir besoin pour alimenter votre foi et votre courage, et aussi pour contribuer au bien du groupe. Quand des chrétiens se réunissent au nom du Seigneur, celui-ci est avec eux (Mt 18, 20).

Dialoguez avec votre mari, en l'aimant beaucoup!

ÉTENDRE LES BRAS, LEVER LES MAINS...

Pourquoi ces gestes? Certaines personnes sont heurtées par cette attitude qu'elles qualifient d'exaltée.

* * *

Le prêtre qui étend les bras et lève les mains pendant la célébration eucharistique est-il un exalté? Y a-t-il des personnes qui en sont «heurtées»?

Au premier abord, beaucoup de chrétiens sont étonnés devant un groupe charismatique aux mains levées. Ils se sentent figés et n'ont guère le goût d'imiter ce geste. Puis, à leur surprise, ils en viennent à faire de même, sans ostentation, tout bonnement.

Je n'obligerais personne à étendre les bras vers le ciel. Ce serait supprimer la liberté et provoquer parfois un durcissement. Mais n'est-il pas bon que le corps prie au rythme de l'âme? La pose extérieure peut seconder le recueillement intérieur, la démarche intime de la prière.

N'est-ce pas ainsi que priaient, selon la Bible, beaucoup de personnes de Dieu (Ex 17, 11; Dt 32, 40; 2 Ch 6, 13; Jb 11, 13; I Tm 2, 8; etc.)? Sans tomber dans l'excès, quittons une attitude traditionaliste trop guindée. Nous verrons que lever les mains dans la prière peut revêtir autant de signification que de les joindre.

ELLE PARLE TROP...

Dans notre groupe de prière, une dame intervient sans cesse, et ses interventions sont interminables. Nous ne savons trop quoi faire...

* * *

Profitez d'un rare moment où elle prend son souffle pour suggérer à l'assemblée de chanter:

«Ô Vierge de l'écoute,
Apprends-moi ton silence...»

QUE DITES-VOUS DE L'AGAPÈTHÉRAPIE?

* * *

L'agapèthérapie, c'est la guérison par l'amour. C'est un processus de guérison par amour, dans la fraternité des coeurs, selon un esprit de bonté évangélique.

En un sens, tous les chrétiens et chrétiennes, toutes les communautés devraient l'exercer. Le Christ veut continuer par nous son oeuvre d'amour, de guérison physique et intérieure. En certains milieux, on parle de Christothérapie.

Ces dernières années fut redécouverte la dimension de l'amour dans le travail de guérison. Non seulement dans les soins palliatifs, en gérontologie, avec des projets comme Albatros... Mais en toute oeuvre de guérison! Pour nous, disciples du Seigneur, il s'agit d'amour chrétien alimenté par la prière. Il faut que la personne à guérir baigne dans un climat d'amour divin et fraternel. Alors, agit la puissance curative de l'amour!

Une guérison complète, holistique, requiert l'harmonie de toute la personne dans sa vie somatique, psychique et spirituelle. Cette harmonie n'est pas possible sans agapè, sans amour.

Beaucoup engouffrent quantité de médicaments, alors qu'ils ont surtout besoin d'amour. L'angoisse les étreint, la solitude les déprime. Souvent, le Christ n'est plus dans leur vie. Le sourire a disparu.

La guérison par l'amour est indispensable «surtout entre ceux qui sont les plus proches: entre les époux, entre parents et enfants, entre amis...» (Jean-Paul II, Dives in Misericordia, 14). Cet amour doit ressembler à celui du Christ miséricordieux.

La méthode de l'agapèthérapie se diversifie selon les milieux et les centres. Toute personne peut exercer ce ministère. Mais, lorsqu'il s'agit d'agapèthérapie officielle, il s'agit souvent d'une équipe. Cette équipe devient comme une communauté fraternelle, accueille chaleureusement, se met à l'écoute attentive et, comme le Christ, se penche avec respect et affection sur toutes les personnes qui souffrent dans leur corps, dans leur coeur et dans leur âme. Elle offre la guérison même pour les traumatismes subis dans la vie passée. Elle met sur les plaies émotionnelles et spirituelles le baume guérisseur de la prière et de la charité.

Beaucoup de nos centres et groupes charismatiques font bon usage de l'agapèthérapie. Certains en font en quelque sorte une spécialité. Certaines hésitations du début ont été corrigées.

Tout n'est pas nécessairement parfait. Dans ce domaine, comme ailleurs, faisons appel au discernement. Jugeons d'après les bons fruits, ceux qui sont profonds et durables: guérison, libération, croissance et paix profonde.

Vous me demanderiez ce que je pense de l'accompagnement spirituel, et je devrais vous dire que c'est très bien en soi, mais qu'en pratique il faut vérifier les charismes de l'accompagnateur ou de l'équipe et l'équilibre spirituel.

De même, l'agapèthérapie, c'est très bien, du moment que ceux et celles qui en font usage agissent avec amour véritable, équilibre psychologique et spirituel, un certain professionnalisme et bon jugement.

QUELLES SONT LES PREMIÈRES DÉMARCHES SPIRITUELLES?

Que conseillez-vous comme premières démarches à une personne qui veut bâtir une vie spirituelle solide?

* * *

Tout part de l'amour de Dieu! Car, hors de lui, nous ne pouvons rien faire (Jn 15, 5).

Aimez Jésus Christ; il est notre Sauveur et l'unique modèle parfait de la sainteté.

Ouvrez-vous à l'Esprit sanctificateur.

Je vous conseille un fort désir de sainteté, d'une vie toute donnée au Seigneur. Que ce désir ne soit pas une velléité, mais une résolution ferme! Autrement, rien ne tiendra.

Vous bâtirez votre vie spirituelle en cultivant la prière. Le chemin de la sainteté est celui de l'oraison quotidienne. Sainte Thérèse d'Avila l'affirme; saint Alphonse aussi! Votre prière sera parfois aride; peu importe!

Nourrissez-vous de la Parole de Dieu et de l'Eucharistie.

Il est bon de faire le plein d'essence... Une bonne retraite est profitable. De même, l'aide d'un conseiller spirituel.

Fréquentez des chrétiens et des chrétiennes en amour avec le Seigneur.

Vivez dans la charité, car la foi sans les oeuvres est morte (Jc 2, 14).

Greffez-vous toujours sur l'Église, Corps du Christ et Peuple de Dieu.

Priez Marie.

Célibataire, vivez pour le Seigneur et que vos réserves d'affection nourrissent une grande famille spirituelle, surtout les démunis. Marié(e), tout en aimant le Seigneur, dévouez-vous pour votre conjoint ou conjointe, vos enfants et petits-enfants. Veuf ou veuve, la vie n'est pas terminée pour autant; il y en a qui ont besoin de vous, de votre sourire et de votre support. Séparé(e), l'échec de votre mariage ne signifie pas l'échec de votre vie; qu'il y ait une relancée avec le Seigneur; votre coeur blessé peut mieux comprendre les coeurs endoloris.

Dilatez votre coeur dans la confiance!

_____

COMMENT DISCERNER SI NOUS SOMMES CONDUITS PAR L'ESPRIT?

* * *

Il peut être difficile de savoir si nos inspirations viennent de l'Esprit Saint ou de nos dispositions intérieures. Ce qui compte, c'est qu'elles nous conduisent à un meilleur amour du Seigneur, de l'Église et du prochain.

J'aimerais insister sur la nécessité du discernement. Faute de discernement, il nous est facile de devenir la proie de l'illusion, d'être dupes de notre orgueil.

Faute de discernement, plusieurs prennent leur esprit pour l'Esprit, parfois même les suggestions du Malin pour des suggestions divines. Ils négligent le «discernement des esprits».

Faute de discernement, et loin d'un bon guide spirituel, certains croient que tout ce qui semble inspiration, locution intérieure, touche spirituelle, phénomène mystique, vient à coup sûr de l'Esprit Saint.

Faute de discernement, plusieurs tombent dans un faux mysticisme, même dans l'illuminisme.

Faute de discernement, trop n'identifient l'Esprit Saint que dans les consolations et rejettent la croix que Jésus nous invite à porter chaque jour (Mc 8, 34).

Faute de discernement, trop de navires vont de l'avant équipés d'un bon moteur, mais tournent en rond, car ils sont démunis d'un gouvernail.

Ce discernement, à base d'humilité et de prière, est nécessaire pour demeurer docile à l'Esprit Saint, pour ne pas prendre sa volonté pour la volonté de Dieu!

Ce discernement peut être un charisme reçu, mais, même alors, il faut le soumettre humblement... au discernement. Le discernement est aussi un art qui s'apprend et s'améliore.

Les critères du discernement sont la doctrine révélée de Jésus, l'obéissance aux pasteurs, la charité véritable et la paix profonde. Plus tard, s'ajouteront les bons fruits (Mt 7, 17-20).

JE SUIS PRISE DANS DES ACTIVITÉS FAMILIALES

Je rencontre des membres de communautés nouvelles, des jeunes même qui se consacrent au Seigneur dans la joie. Je les admire... Moi, je suis dans l'engrenage d'activités familiales et de travaux, me faut-il renoncer à la sainteté?

* * *

Nous sommes tous appelés à la sainteté, malgré le travail et les soucis familiaux, et je dirais grâce à eux.

Teilhard de Chardin écrivait: «Même si chacune de leurs journées est offerte à Dieu, la masse des fidèles garde l'idée que le temps passé au bureau, aux champs ou à l'usine, les distrait de l'adoration. Il leur paraît impossible de prétendre à une vie chrétienne profonde. Une telle vie leur semble réservée à ceux qui ont le loisir de prier toute la journée.

Alors une foule de catholiques mènent une existence double ou gênée. Il leur faut quitter leur vêtement d'homme ou de femme pour se croire chrétiens. Même alors, ils se croient des chrétiens inférieurs».

Ils oublient cette parole de saint Paul: «Soit donc que vous mangiez, soit que vous buviez, et quoi que vous fassiez, faites tout pour la gloire de Dieu» (I Co 10, 31). Tout peut servir à notre sanctification.

L'Église proposera de plus en plus des modèles de laïcs qui se sont sanctifiés dans la grisaille du quotidien. Elle étudie la sainteté de couples comme les vénérables Louis et Marie Azélie Martin, parents de la Petite Thérèse de Lisieux, comme Georges et Pauline Vanier, etc.

Madeleine Delbrel disait: «Nous autres, gens ordinaires, croyons de toutes nos forces que ce monde où Dieu nous a mis est le lieu de notre sainteté».

Toutes nos actions «profanes» peuvent se vivre dans l'amour de Dieu, et toutes peuvent contribuer à notre sanctification si elles sont conformes à la volonté du Seigneur.

Essayons toutefois de nous réserver un temps de prière et d'oraison, peut-être au début de nos journées. Nous alimenterons le feu de notre amour de Dieu. Cet amour du Seigneur sera comme un levain qui fera lever toute la pâte, la bonne pâte de nos activités matérielles.

Il est bon d'aspirer à la contemplation de Marie, alors que vous vaquez aux travaux de Marthe, de sainte Marthe (Lc 10, 38-42).

Mais déserter votre foyer, ou y revenir épuisée et bourrue, ne plairait pas à Dieu.

Oui, au sein de vos responsabilités familiales et professionnelles, la sainteté est pour vous!

EST-IL NÉCESSAIRE D'AVOIR UN DIRECTEUR SPIRITUEL?

* * *

Oui, normalement.

La direction spirituelle peut revêtir diverses formes et s'établir sur des paliers différents. Elle peut se prendre au sens large et au sens strict.

Certains se laissent guider par un discernement communautaire, profitent de moments précieux à l'occasion d'une retraite ou d'un congrès, s'ouvrent au prêtre dans le sacrement du pardon, reçoivent les conseils d'un ami chrétien.

Les prêtres ne peuvent suffire à la tâche de conseillers spirituels. Dieu, cependant, ne manque pas de pourvoir à nos besoins. L'Esprit donne des charismes de science, de conseil, de sagesse, à des religieux et à des religieuses, aussi à des laïcs équilibrés et compétents; ils exercent de façon plus ou moins intensive une direction spirituelle. L'influence heureuse du charisme sacerdotal n'en est pas diminuée pour autant.

Dieu demeure notre unique Guide, Instructeur et Éducateur, mais, normalement, il se sert d'intermédiaires pour que nous puissions mieux discerner et accomplir sa volonté. Vae soli! Malheur à qui chemine seul! Cependant, confiance et paix pour qui a le désir de progresser dans les voies de Dieu! Le Seigneur chemine avec nous, comme avec les disciples d'Emmaüs (Lc 24, 13ss).

J'AIMERAIS QUE DIEU ACCÉLÈRE LA VITESSE

La croissance spirituelle est lente, et l'attente bien longue. Y a-t-il possibilité de demander à Dieu d'accélérer la vitesse? Je suis assoiffé.

* * *

Seigneur, donne-moi la patience... tout de suite!

Nous sommes les enfants d'un siècle de vitesse. Nous vivons dans la société du «fast food» et du télécopieur instantané. Nous sommes les victimes de l'activisme qui ne peut attendre.

Regardez les plantes... Vous ne les voyez pas croître. Pourtant, soleil ou pluie, nuit et jour, elles grandissent imperceptiblement (Mc 4, 27).

Ayez la patience du jardinier. Ayez la patience du divin Jardinier de votre âme.

Ne tirez pas sur votre fleur; elle ne poussera pas plus vite.

Que votre désir d'un meilleur amour de Dieu et du prochain grandisse en vous. C'est très bien. C'est bon signe.

Mais, plus vous avancerez vers Dieu, plus vous vous sentirez faible et pécheur. Plus vous vous approcherez de sa lumière, plus vous découvrirez la poussière sur votre âme.

Si vous croissez spirituellement, vous ne vous en rendrez pas compte. Tant mieux! L'orgueil est le plus grand péché, l'orgueil spirituel surtout, celui qui est le plus subtil. Vive la prière à saveur d'humilité! Dieu en aime le goût.

Soyez comme un enfant, un enfant qui se sent aimé de Dieu son Père, un enfant qui lui fait confiance, un enfant qui se confie aussi à sa Mère, Marie.

TOUT SEMBLE SE REFROIDIR

Est-il normal, après avoir rencontré Jésus, de connaître une période ou tout semble se refroidir?

* * *

Oui, c'est normal!

Beaucoup sont surpris de faire face à la sécheresse et à l'aridité spirituelles après avoir rencontré Jésus. Ils s'imaginent que la romance de leur amour pour Jésus se maintiendra, qu'ils survoleront sans cesse les nuages de la vie, qu'ils surmonteront tout abattement. L'évangile ne prêche pas la dolce vita!

La foi ne nous fait pas cesser d'être humain, et de connaître tristesses et joies. Pour suivre Jésus, il nous faut porter la croix tous les jours (Lc 9, 23). Nous devons traverser le désert de la vie avant d'atteindre la Terre promise. Certains vous diront, comme il fut dit à Jésus: «Descends de la croix!» (Mt 27, 40). Ils vous inviteront à une vie plus facile. Le langage de la croix sera toujours folie pour beaucoup (I Co 1, 18). Nous ne sommes pas encore au ciel.

Dieu nous a attirés vers lui par des faveurs spirituelles. Il nous demande de lui demeurer fidèles dans la désolation comme dans la consolation.

Je parle ici de la désolation qui n'est pas causée par notre tiédeur. La désolation involontaire, tous les saints l'ont expérimentée! Sécheresse spirituelle, nuit des sens, nuit de l'esprit, voilà des étapes de la vie spirituelle qui ne sont pas des reculs, mais des périodes de croissance dans la foi et l'amour de Dieu.

«Même la pluie joue une symphonie...
Même le ciel gris fait chanter ses orages...»

Pendant ces périodes d'aridité, où la prière peut-être ne nous dit plus rien, restons fidèles au Seigneur, recourons à lui et à sa Mère avec confiance. Aux détours de notre vie, Jésus se montrera de nouveau, notre coeur s'embrasera; il redeviendra «tout brûlant» (Lc 24, 32).

«Ceux qui sèment dans les larmes moissonnent en chantant» (Ps 126, 5).

JE N'AI PLUS LE GOÛT DE PRIER

Il y a plusieurs années, j'ai rencontré Jésus dans ma vie. J'étais tout ébloui, fasciné par sa parole. Je vivais pour lui. Je voulais tout faire pour le servir. Je voulais me donner. Rien n'était plus beau que de suivre Jésus.

Aujourd'hui, la Parole de Dieu me parle moins. Je me sens vide. Je regrette ce temps fort. Je me sens faible.

* * *

Vous avez vécu la jeunesse spirituelle, le printemps de la foi, la romance de l'amour pour Dieu. Le Seigneur vous a nourri de lait et de miel (Jr 11, 5).

Aujourd'hui, il vous faut croître dans la foi et la vie chrétienne. Aujourd'hui, il s'agit d'endurer la sécheresse de l'été. Aujourd'hui, vous devez transpirer dans le désert pour atteindre la Terre promise. Aujourd'hui, le Seigneur vous sert une nourriture moins douce au palais, mais plus substantielle.

«Quiconque en est encore au lait ne peut goûter la doctrine de justice, car c'est un tout petit enfant; les parfaits, eux, ont la nourriture solide...» (He 5, 13-14).

Si vous faites votre possible, ne vous inquiétez aucunement. La ferveur de votre vie ne réside pas dans le sentiment, dans le «goût» de la prière. Tous les saints et saintes ont connu l'aridité dans la prière, parfois pendant des années. Il en fut ainsi pour la grande sainte de la prière, Thérèse d'Avila.

Il y a les âges de la foi et de l'amour. Pourquoi vouloir s'éterniser au stade de l'enfance? Un enfant n'est heureux que lorsqu'il reçoit; il n'est pas assez grand pour donner. Voulez-vous recevoir les bienfaits de Dieu sans rien lui donner?

Avancez sans crainte. Tout est grâce! «... Avec ceux qui l'aiment, Dieu collabore en tout pour leur bien» (Rm 8, 28). «Qui nous séparera de l'amour du Christ» (Rm 8, 35)? La tristesse, le découragement,... l'aridité?

Le Seigneur vous invite à conserver ou à retrouver votre ferveur d'antan (Ap 2, 4-5). Non pas l'emballement émotionnel et sentimental du début, mais la ferveur de l'amour, la fidélité et la persévérance.

Montez, montez sans cesse vers «l'inaccessible étoile», vers ce Dieu qui vous attire à lui parce qu'il vous aime.

NE SERAIT-IL PAS OPPORTUN DE RAPPELER LES COMMANDEMENTS DE DIEU?

Beaucoup de catholiques ignorent la volonté de Dieu, ne connaissent plus les dix commandements.

* * *

Les voici exprimés comme autrefois:

Un seul Dieu tu adoreras,
Et aimeras parfaitement.

Dieu en vain tu ne jureras,
Ni autre chose pareillement.

Les dimanches tu garderas,
En servant Dieu dévotement.

Père et mère tu honoreras,
Afin de vivre longuement.

Homicide point ne seras,
De fait ni volontairement.

Impudique point ne seras,
De corps ni de consentement.

Le bien d'autrui tu ne prendras,
Ni retiendras sciemment.

Faux témoignage ne diras,
Ni mentiras aucunement.

L'oeuvre de chair ne désireras,
Qu'en mariage seulement.

Bien d'autrui ne désireras,
Pour les avoir injustement.

Ainsi formulés, il est facile de se souvenir des commandements de Dieu qui valent toujours et que nous trouvons dans la Bible. Pourquoi ne pas relire ces commandements ou le Décalogue dans l'Exode au chapitre 20, ou dans le Deutéronome au chapitre 5?

N'oublions pas la réponse du Seigneur Jésus à qui lui demandait quel était le plus grand commandement. Jésus lui dit: «Tu aimeras le Seigneur ton Dieu de tout ton coeur, de toute ton âme et de tout ton esprit: voilà le plus grand et le premier commandement. Le second lui est semblable: Tu aimeras ton prochain comme toi-même. À ces deux commandements se rattache toute la Loi, ainsi que les Prophètes» (Mt 22, 37-40).

COMMANDEMENTS DE DIEU ET DE L'ÉGLISE

L'Église parle de moins en moins des commandements de Dieu et de l'Église. Que faut-il en conclure?

* * *

Il ne faut pas confondre les commandements de Dieu, ceux du mont Sinaï, que nous trouvons dans la Bible (Ex 20, 2-17; Lv 19; Dt 5, 6-21), avec les commandements de l'Église qui, selon les circonstances, peuvent varier.

Les commandements de Dieu sont immuables et toujours d'actualité. Si l'Église n'en parle pas sans cesse de façon explicite, elle y fait constamment référence. Comme le Seigneur, elle accentue la grande loi de l'amour, amour de Dieu et amour du prochain. Elle rappelle la nécessité de rendre un culte à Dieu. Elle prend position pour défendre la vie. Elle propose les valeurs familiales, le mariage chrétien, le respect de la justice, la nécessité de la charité, etc.

Pour favoriser l'obéissance aux commandements de Dieu, elle promulgue ses propres lois pour une discipline de vie chrétienne. Ces «commandements de l'Église», comme la participation à l'Eucharistie le dimanche, le support de l'Église, le partage, certains gestes de pénitence, nous aident à observer les préceptes du Seigneur. «Le caractère obligatoire de ces lois positives a pour but de garantir aux fidèles le minimum indispensable dans l'esprit de prière et dans l'effort moral, dans la croissance de l'amour de Dieu et du prochain» (Le Catéchisme de l'Église catholique, 2041).

L'Église ne peut modifier les commandements de Dieu, mais elle peut adapter ses propres commandements, selon les nécessités et les cultures.

Pour plus de renseignements, nous pouvons consulter le Code de Droit canonique, dont la dernière édition remonte à 1983. Il comprend 1752 canons ou règles, avec des lois universelles et des lois particulières. Ce Code contient les devoirs et les droits de chacun et de chacune, les lois qui facilitent la mission de salut confiée à l'Église.

QUELLE EST VOTRE DÉFINITION DU PARDON?

Jusqu'où va le pardon? Si on pardonne à quelqu'un qui nous a fait beaucoup de mal, cela veut-il dire qu'on doit complètement oublier tout le mal qu'on a subi et qu'on doit malgré tout refaire confiance et renouer les liens avec cette personne, risquer qu'elle nous fasse encore mal?

* * *

Le Seigneur nous invite à pardonner autant de fois que nous sommes offensés; il nous presse de pardonner sans cesse. Nous lisons en saint Luc: «Si sept fois le jour ton frère pèche contre toi et que sept fois il revienne à toi, en disant: 'Je me repens', tu lui remettras» (Lc 17, 4). Il faut pardonner soixante-dix-sept fois, c'est-à-dire toujours (Mt 18, 22).

Jésus nous dit: «Quand vous êtes debout en prière, si vous avez quelque chose contre quelqu'un, remettez-lui, afin que votre Père qui est aux cieux vous remette aussi vos offenses» (Mc 11, 25). Et aussi: «Quand donc tu présentes ton offrande à l'autel, si là tu te souviens que ton frère a quelque chose contre toi, laisse là ton offrande, devant l'autel, et va d'abord te réconcilier avec ton frère; puis, reviens, et alors présente ton offrande» (Mt 5, 23-24).

En fait, il n'y a de norme que la vie de Jésus (Ep 2, 4). Regardez le crucifix. Disciples du Seigneur, nous devons l'imiter, lui qui a pardonné à ses bourreaux (Lc 23, 34). Cela est impossible, si nous sommes laissés à nous-mêmes. Tâche possible, si nous recourons à lui.

Nous avons tous besoin du pardon de Dieu... Voulons-nous qu'il ne nous pardonne qu'à l'occasion, une fois ou l'autre? Son pardon nous est toujours offert. Notre façon de pardonner doit ressembler à la sienne.

N'imitons pas le débiteur impitoyable, pardonné par son maître, mais refusant le pardon à son serviteur (Mt 18, 23-35). Nous serons traités comme nous traitons les autres (Mt 18, 35). Seigneur, pardonne-nous comme nous pardonnons... (Mt 6, 12). C'est une prière à risques...

Quant à l'oubli, il ne dépend pas de nous totalement; une blessure ne se cicatrise pas du jour au lendemain. Le pardon accélérera le processus de guérison et nous procurera la paix. Peut-être sera-t-il bon de partager nos sentiments avec un conseiller chrétien. Un abcès fermé fait beaucoup souffrir, un abcès ouvert est en voie de guérison.

La guérison intérieure ou, si vous préférez, la guérison spirituelle, celle du prochain, la nôtre, dépend du pardon accordé. L'attitude chrétienne du pardon peut valoir des approches psychoanalytiques.

Il ne s'agit pas d'encourager le mal... Il ne s'agit pas de courir après la souffrance dans un masochisme injustifié. Il faut agir avec bon jugement, avec discernement.

Mais le pardon généreux et chrétien entraîne le risque de rechutes... L'offenseur peut récidiver. Malgré tout, il faut pardonner, chercher à oublier le mal subi, renouer les liens de la charité.

J'AI PEUR DES GENS QUI VOIENT DES MIRACLES PARTOUT

* * *

Moi aussi.

Et j'ai peur aussi des gens qui n'en voient jamais. Qui n'y croient pas.

Je lis l'évangile. Je vois Jésus accomplir des miracles. Des vrais! Ce sont des signes pour signaler la venue de son Royaume, et pour que les gens le reconnaissent comme le Messie, le Fils de Dieu (Mt 11, 3-6).

Les Pharisiens soutiennent qu'il n'y a rien là. Ils refusent de croire, ils nient les miracles. Ils nieront même la résurrection de Jésus!

Saint Jean écrit que Jésus a fait beaucoup de ces faits extraordinaires, que plusieurs ne sont pas décrits dans l'évangile (Jn 21, 25). Il relate quelques-uns de ces signes pour que, dit-il, «vous croyiez que Jésus est le Christ, le Fils de Dieu, et pour qu'en croyant vous ayez la vie en son nom» (Jn 20, 30-31).

L'Église croit toujours aux miracles. Elle en exige pour la béatification et la canonisation d'hommes et de femmes de Dieu.

Le miracle accompagne la foi.

S'il n'est pas bon d'être sceptique, il n'est pas meilleur d'être crédule au point de crier au miracle sans cesse.

«Qui ne croit pas aux miracles est un impie; qui y croit trop est un imbécile» (Pensée rabbinique).

Notre Dieu n'est pas un Dieu à sensations. Il a refusé de se jeter en bas du Temple pour prouver sa divinité (Mt 4, 5-7). Il respecte les lois de la nature, tout comme la liberté des individus. Mais il peut intervenir...

Le miracle le plus précieux, c'est celui de son amour gratuit et fidèle pour nous, pécheurs! Nous n'y croirons jamais trop!

QU'EST-CE QUE LA VIE MYSTIQUE?

Qu'est-ce que le phénomène des locutions intérieures?

Qu'est-ce que l'oraison contemplative?

Qu'est-ce qu'une vision?

* * *

La vie mystique chrétienne n'est pas facile à préciser. Elle est cette vie menée sous l'influence directe de l'Esprit de Dieu et de ses dons.

À cette vie mystique peuvent se rattacher extérieurement, sans qu'ils soient nécessaires, divers phénomènes: visions, extases, lévitations, stigmates...

Une grâce mystique est une faveur spirituelle spéciale reçue de l'Esprit de Dieu. Prenons garde, toutefois, d'identifier un phénomène ou une grâce mystique avec la vie mystique. Plusieurs s'y méprennent. Ils croient volontiers que la réception d'une faveur mystique signifie nécessairement une vie de haute spiritualité, une vie mystique, une vie d'union à Dieu.

«L'expérience mystique n'est pas essentielle dans le christianisme, et ce n'est pas nécessairement le don le plus élevé. L'essentiel, c'est la charité qui seule permet d'évaluer la perfection. De là, l'importance pour le chrétien, et pour le mystique lui-même, de 'rechercher' non l'expérience mystique mais la charité...» (Dictionnaire de la Vie Spirituelle, p. 744).

Les locutions intérieures sont des paroles de Dieu en nous. Il faut toujours les soumettre humblement au critère de l'évangile, à celui de la charité, à l'enseignement de nos pasteurs. Autrement, se multiplient les faux prophètes ou, du moins, s'installe l'illuminisme.

L'oraison contemplative, selon saint Thomas d'Aquin, est une vue simple de la vérité...; elle dérive de l'amour de Dieu...; elle suppose l'inspiration spéciale du Saint-Esprit, l'aide de ses dons... Elle est supérieure à la simple méditation qui considère diverses vérités de la foi pour nous émouvoir aux choses de Dieu. La contemplation, écrit saint François de Sales, est «une amoureuse, simple et permanente attention de l'esprit aux choses divines».

Quant aux visions, si elles sont authentiques, elles peuvent être physiques, intuitives, ou intellectuelles.

N'attachons pas une importance indue aux phénomènes d'ordre mystique. Il n'y a pas de pire orgueil que l'orgueil spirituel! Ce que Dieu veut de nous, c'est une montée généreuse sur le chemin de la sainteté, dans la foi pure, l'humilité et la charité. C'est le chemin ouvert à tous, celui où le Seigneur est présent pour nous aider.

QUELLE EST LA DIFFÉRENCE ENTRE BIEN PRIER ET MAL PRIER?

* * *

Ma réponse doit s'inspirer de la Bible, de l'enseignement du Christ lui-même. Plusieurs pages de l'évangile nous disent la différence entre une prière qui plaît à Dieu et une prière qu'il rejette.

Bien prier, c'est imiter Jésus qui se retirait à l'écart pour prier, qui priait avec ses disciples, qui se rendait à l'église, à la synagogue «selon sa coutume le jour du sabbat» (Lc 4, 16), qui recourait à la prière surtout aux moments décisifs de sa vie (Mt 26, 36, etc.). Bien prier veut dire prier avec son coeur, et non seulement avec ses lèvres (Mt 15, 8).

Bien prier signifie ne pas rabâcher des formules sans plus (Mt 6, 7), répéter et marmonner des prières à l'infini.

Bien prier ne comporte pas seulement des cris «Seigneur! Seigneur!», sans accomplir la volonté de Dieu (Mt 7, 21).

Bien prier fait adopter l'attitude humble du publicain plutôt que le comportement orgueilleux et même arrogant du pharisien (Lc 18, 9ss).

Bien prier, c'est s'adresser avec confiance à notre Père du ciel, attentif à nous, ses enfants, encore plus qu'aux oiseaux du ciel et aux lis des champs (Mt 6, 25 ss).

Bien prier comprend une ténacité dans la prière, la persévérance, comme celle de l'ami importun dont parle Jésus (Lc 11, 5ss).

Bien prier, c'est dire «Papa, que ton nom soit sanctifié, que ton règne arrive sur terre comme au ciel... Papa du ciel, donne-nous ce dont nous avons besoin...» (Mt 6, 9ss). Bien prier, c'est adopter l'attitude d'un enfant qui s'adresse à son père dont il se sent aimé.

Il y a la grande prière de l'Église qui vient du Christ et se vit avec lui et en union avec toute l'Église; elle a nom «liturgie»; son sommet est l'Eucharistie.

Il y a aussi la prière privée, individuelle ou communautaire, vocale ou mentale.

Que notre prière ne soit pas un monologue, mais, autant que possible, une conversation amoureuse avec Dieu, la Vierge et les saints.

COMMENT EMPÊCHER MON ESPRIT DE DIVAGUER PENDANT LA PRIÈRE?

* * *

La prière rencontre des obstacles: l'aridité, les distractions, les tentations.

Nous ne pourrons jamais éviter complètement les distractions dans nos prières. Reconnaissons humblement nos limites humaines. Nous ne sommes pas de purs esprits. Notre corps est une source de distractions, surtout notre imagination, cette folle du logis, ce cinéma intérieur.

Toutefois, nous pouvons écarter nombre de distractions dans nos prières.

Pour cela, commençons par nous recueillir avant de prier; mettons-nous dès l'abord en présence de Dieu. Vouloir entrer de plain-pied en oraison après avoir visionné un programme de télévision ou après une conversation animée, est impossible.

Plus nous nous sentons distraits, plus nous devons nous remettre souvent en présence de Dieu, regarder un crucifix ou une image de Marie, lire un passage de la Bible ou d'un livre pieux. Revenus à la présence de Dieu, formulons des actes de foi, d'humilité, de confiance, d'amour surtout. Et prions.

Il faut concentrer l'attention de nos sens. Ainsi, aller communier en promenant notre regard un peu partout dans l'église n'incite pas au recueillement et à la ferveur.

La prière est précieuse. À nous d'en faire une véritable rencontre avec le Seigneur!

Si, malgré tout, vous êtes distrait, offrez votre distraction à Dieu, dans la paix, l'humilité et l'amour. Les distractions qui ne sont pas volontaires ne déplaisent pas au Seigneur.

QUELLE EST LA MEILLEURE POSITION CORPORELLE POUR PRIER?

Debout? Assis? Couché? À genoux?

* * *

La position de votre corps importe peu. Du moins, elle est beaucoup moins importante que la position de votre âme.

Ce qui compte pour qui veut rencontrer Dieu dans la prière, dans une conversation amoureuse, ce sont les sentiments de foi, d'humilité, de confiance et d'amour. Ce qui importe, c'est que le coeur prie.

Prenez la position corporelle qui favorise le plus une prière sincère et fervente. Ce peut être debout, dans une attitude de disponibilité à suivre Dieu. Ce peut être assis dans un recueillement paisible. Ce peut être couché, si la fatigue est grande. Ce peut être à genoux, dans l'adoration.

N'oubliez pas, cependant, que votre corps doit adopter une attitude de prière si vous voulez que votre âme prie mieux. Il n'est pas nécessaire d'aller en Asie pour apprendre l'attitude extérieure qui favorise la prière, celle du lotus, celle de la prostration, celle de la position des mains...

Mettez-vous en présence de Jésus, de Marie, recueillez-vous et laissez la prière jaillir de votre coeur qui aime, de votre coeur d'enfant de Dieu.

QU'EST-CE QU'UN ERMITAGE?

Je prévois me rendre dans un camp de bois pour prier et réfléchir.

* * *

Vous faites bien et je vous envie.

Dans notre monde trépidant, plusieurs cherchent à s'éloigner dans la solitude pour réfléchir et prier, redonner sens à leur vie, s'orienter et progresser.

Pour satisfaire ce besoin, en beaucoup de communautés et de centres de renouveau, s'élèvent d'humbles ermitages.

Les laïcs, aussi bien que les prêtres, religieux et religieuses, y rencontrent Dieu dans le silence extérieur et intérieur.

Ces ermitages, ou poustinias ou solitudes, sont des oasis de paix.

Ces lieux jouissent souvent de la possibilité d'un accompagnement spirituel.

QUI A CRÉÉ LE MAL?

Est-ce le Seigneur qui nous envoie des souffrances?

* * *

Cette question a retenti à travers les siècles, avant la venue du Christ, depuis la venue du Christ. Les saints, les savants, tout comme les simples gens, n'ont pas trouvé une réponse satisfaisante.

Job a cherché à comprendre le pourquoi de la souffrance. En fait, le livre de Job est le livre qui essaie d'élucider, mais en vain, le pourquoi de la souffrance. Les amis de Job, théologiens sans doute, sont venus offrir leurs explications que Job a réfutées. Job lui-même a fait monter vers Dieu le cri de sa souffrance. Dieu ne lui a pas expliqué la raison de sa souffrance; il l'a simplement invité à lui faire confiance, à lui, le Créateur.

Le mal est l'absence du bien... Ce n'est pas une création, encore moins une création de Dieu.

Le Seigneur est un Dieu de bonté, d'amour et de miséricorde. Il n'est pas un Dieu sadique qui se complaît à faire souffrir.

Il nous a créés pour le bonheur; il nous a rachetés pour le bonheur.

Il y a des souffrances qui proviennent des limites de la création déchue par le péché. Il y a des désastres naturels, des tremblements de terre, des inondations, des feux de forêts, etc.

La souffrance peut aussi provenir de la méchanceté ou des bêtises humaines. Le Seigneur nous a créés avec une liberté dont nous pouvons abuser et qui cause de la souffrance. Il nous respecte, même quand nous ne faisons pas bon usage de notre liberté.

Le Christ est venu nous libérer de nos esclavages qui nous rendent malheureux. «Ce sont nos souffrances qu'il portait» (Is 53, 4). Il est venu pour que nous ayions la vie en abondance (Jn 10, 10). Il nous a indiqué le chemin du bonheur (Mt 5, 1-12). «Heureux, vous qui pleurez maintenant, car vous rirez» (Lc 6, 21). Lui, qui a agonisé dans la douleur, «est proche des coeurs brisés et il sauve les esprits abattus» (Ps 34, 19). Il nous convie au ciel, là où il essuiera toute larme de nos yeux (Ap 7, 17).

«Quelqu'un parmi vous souffre-t-il? Qu'il prie», suggère saint Jacques (5, 13).

Cela dit, la souffrance demeure un mystère. Nous savons, dans la foi, que Dieu lui-même lui a donné valeur de vie éternelle. Pour qui s'unit à Jésus dans la souffrance, le bonheur viendra, infiniment plus grand que la peine, comme l'affirme saint Paul (Rm 8, 18). Comme l'affirme aussi le Vicaire du Christ («Le sens chrétien de la souffrance humaine»).

Offrir sa souffrance au Seigneur, tout simplement, sans longues formules, n'est-ce pas la plus belle prière?

Un jour, «de mort, il n'y en aura plus; de pleur, de cri et de peine, il n'y en aura plus...» (Ap 21, 4).

POURQUOI LE BON DIEU VIENT-IL CHERCHER DES JEUNES?

Même des enfants! Pourquoi laisse-t-il des vieillards impotents sur cette terre? Pourquoi des handicapés?

Pourquoi je pose cette question?... J'ai 30 ans, je suis leucémique, cardiaque, asthmatique. J'ai subi opération sur opération. Jeune, j'ai subi l'inceste, je fus battue et rejetée, étant une bâtarde. J'ai souffert de problèmes toute ma vie...

* * *

Je compatis sincèrement au drame de votre vie et à votre détresse. Devant la souffrance, mieux vaut se taire dans un silence respectueux. Mais, comme vous me posez une question, je vous offre une humble réponse.

La souffrance, surtout celle d'êtres innocents, demeurera toujours un mystère. Devant les peines physiques et morales d'enfants, de bonnes gens, même de toute personne, je m'arrête surpris et décontenancé. J'ai vu souffrir longuement ma mère qui, sans cesse, redisait son amour pour Dieu. Je me sentais tellement impuissant, et je ne comprenais pas. Dans sa douleur, elle répétait doucement: «Mon Dieu, vous m'avez abandonnée, mais moi je ne vous abandonnerai pas... Vous ne m'aimez plus, mais moi je vous aimerai toujours». Sans la foi, j'aurais trouvé intolérable la vue de ma mère sur son lit où elle agonisait. Elle qui avait vécu dans l'amitié de Dieu souffrait le martyre. Je la voyais pourtant fixer son regard sur le crucifix en se tordant de douleurs et je l'entendais répéter doucement: «Des âmes!... Des âmes!...» Elle avait la foi et croyait en l'au-delà et en la valeur rédemptrice de la souffrance. Elle offrait ses peines pour la conversion des pécheurs.

Les souffrances, les handicaps passent. La vie demeure et s'épanouira. Le séjour sur terre est si bref comparé à l'éternité de bonheur. «Les souffrances du temps présent ne sont pas à comparer à la gloire qui doit se révéler en nous» (Rm 8, 18).

Une chanson nous dit: «Vous qui souffrez, venez à lui car il guérit». Le Seigneur guérit à sa façon, mais il guérit.

Ma réponse, c'est une invitation à regarder le crucifix et Marie, la Mère des douleurs, silencieusement, même en pleurant doucement. Jésus a donné une valeur infinie à la souffrance unie à la sienne. Jésus et Marie sont là pour nous consoler et nous fortifier dans l'épreuve. Jésus et Marie ont connu l'atrocité de la douleur. Ils ont dit oui, fiat, à la volonté de notre Père du ciel (Lc 1, 38; 22, 42).

Dans notre foi, nous devons faire confiance à notre Papa du ciel, à sa sagesse et à sa providence. Un jour, il nous servira au banquet de son Royaume (Lc 12, 37).

J'AVAIS UNE FIGURE D'ENFANT MONGOL

J'ai eu une existence très pénible, particulièrement pendant mon enfance et mon adolescence. La raison, c'est que j'avais une figure d'enfant mongol, avec des yeux bridés, etc. J'ai été la cible d'incalculables moqueries de la part des professeurs, des étudiants et du reste du monde... Mes parents me l'ont reproché mille et une fois.

Plus j'avance en âge, plus mon antipathie s'accentue envers tous ces gens qui m'ont tant fait pleurer. Il m'est impossible de pardonner toutes ces misères. C'est bien facile de prêcher la charité et de dire: «Aimez-vous les uns les autres», mais pourquoi tout ce monde ne l'a-t-il pas pratiquée envers moi?

Je ne récite pas mon Pater, j'hésite toujours à communier. Lorsque je me présente au sacrement du pardon, je m'accuse d'avoir de la haine envers les autres. À quoi servent tous ces actes si je suis incapable d'observer le commandement de Dieu qui dit: «Si vous ne pardonnez pas, vous ne serez pas absous».

* * *

Votre lettre est un cri émouvant, une plainte qui émeut profondément!

Nous sommes tous grandement imparfaits dans le domaine de la charité. Jeunes, nous sommes facilement des loups. En vieillissant, devenons-nous plus charitables?

Je déplore vos souffrances aiguës, injustifiées. Je n'accuse personne; je me contente d'un examen de conscience. Votre lettre, j'imagine, nous y porte tous.

Je vous souhaite bien humblement de dépasser vos souffrances, vos sentiments à vif. Je vous suggère de regarder le crucifix. Le Christ aussi a souffert, fut bafoué, beaucoup, injustement! Pourtant, il a dit au fort de ses douleurs: «Père, pardonne-leur! Ils ne savent pas ce qu'ils font!» (Lc 23, 34). S'il nous a demandé de l'imiter, c'est que c'est possible. Avec son aide... La Vierge Marie, qui entendait railler son Fils en croix, vous y encourage!

Votre foi est plus forte et plus profonde que les souvenirs meurtris qui agitent votre vie. Ce ne sont pas vos sentiments surtout qui doivent s'exprimer dans le Notre Père, mais votre foi, source de votre charité. Cette foi vous pousse à pardonner, comme Jésus qui, sans cesse, nous pardonne, vous et moi. Votre foi, peu à peu, calmera la fièvre de vos sentiments. Même si cela prend du temps, j'ai confiance, car le Seigneur vous comprend, vous aime et vous y incite, lui qui vous invite à sa Table. Faites-lui la joie d'y aller.

JÉSUS DIT: «LAISSEZ VOS BIENS»

Comment pouvons-nous faire cela? Que signifie cet enseignement?

* * *

Jésus rappelle d'abord au jeune homme riche la nécessité d'observer les commandements de Dieu. Puis, il l'invite à avancer sur le chemin de la perfection. «Si tu veux être parfait, va, vends ce que tu possèdes et donne-le aux pauvres, et tu auras un trésor dans les cieux; puis viens, suis-moi» (Mt 19, 21). Jésus loue ceux et celles qui quittent maison, frères et soeurs, parents ou enfants, à cause du Royaume de Dieu. Ils reçoivent bien davantage en ce temps-ci, et dans le monde à venir ils recevront la vie éternelle (Lc 18, 29-30).

Ce passage de l'évangile qui nous parle du jeune homme riche sert de base aux conseils évangéliques, selon la Tradition de l'Église.

Tous n'ont pas la vocation de tout quitter, à la façon des religieux et religieuses. À moins d'inspiration divine, il ne serait pas sage pour les parents d'abandonner tous leurs biens, sans souci pour l'avenir de leur enfants. Mais tous doivent orienter leur existence vers le Seigneur et se détacher de ce qui fait obstacle au règne de Dieu dans leur vie.

Jésus explique le danger des richesses, affirmant qu'il «sera difficile à un riche d'entrer dans le Royaume des Cieux» (Mt 19, 23). «Nul ne peut servir deux maîtres. Vous ne pouvez servir Dieu et l'argent» (Mt 6, 24).

À ceux et celles qui sont riches, saint Paul offre ce conseil, par l'intermédiaire de Timothée: «Aux riches de ce monde, recommande de ne pas juger de haut, de ne pas placer leur confiance en des richesses précaires, mais en Dieu qui nous pourvoit largement de tout, afin que nous en jouissions. Qu'ils fassent le bien, s'enrichissent de bonnes oeuvres, donnent de bon coeur, sachent partager; de cette manière, ils s'amassent pour l'avenir un solide capital, avec lequel ils pourront acquérir la vie véritable» (I Tm 6, 17-19).

Faisons nôtre cette prière à Dieu de l'Ancien Testament: «Ne me donne ni pauvreté ni richesse..., de crainte que, comblé, je ne me détourne et ne dise: 'Qui est Yahvé?' ou encore, qu'indigent, je ne vole et ne profane le nom de mon Dieu» (Pr 30, 8-9).

QUE FAIRE POUR NE PAS NOUS DONNER BONNE CONSCIENCE DEVANT LA PAUVRETÉ?

Que faire pour que nos gestes, comme d'envoyer 50 $ à Oxfam ou à Développement et Paix, ne nous donnent pas bonne conscience comme s'il ne fallait rien faire de plus?

* * *

Notre vie chrétienne se vit dans une certaine complaisance, sans souci véritable de la souffrance étalée autour de nous ou au loin par les mass médias. Le monde est devenu un grand village.

«J'avais faim, j'avais soif, j'étais un étranger, un immigré, un réfugié, j'étais nu, malade et prisonnier...», nous dira un jour Jésus (Mt 25, 34-46). Peut-être serons-nous enclins à répondre: «Je ne le savais pas... J'étais si occupé... Quant à l'Afrique, c'est si loin! Et l'Asie! Et l'Amérique Latine!... Je te priais tous les jours, en répétant 'Seigneur! Seigneur'...»

Quoi faire? Il est évident qu'une aumône peut nous donner bonne conscience, mais c'est déjà un début, c'est déjà un geste de charité. Puis, il y a des protestations, des pétitions, des envois humanitaires. Des jeunes répondront peut-être à un appel intérieur et s'expatrieront pour aller porter secours pendant quelques mois, quelques années...

Sans aller au loin, il y a beaucoup de gens miséreux autour de nous, des gens au coeur brisé, des vieillards esseulés, des enfants abandonnés, des époux sans travail et angoissés face à l'avenir, des sidéens traités en lépreux...

Quoi faire? Pas beaucoup, possiblement. Mais, si chacun laissait fondre son coeur, les gouttes d'amour deviendraient des ruisseaux, des rivières, des fleuves... Quoi faire? Laissez parler votre bonté et regardez autour de vous...

Lisez les messages sur la justice sociale que nous transmettent si souvent nos pasteurs, les évêques.

- VII -

LA VIERGE MARIE,
LES SAINTS ET LES SAINTES

Il convient qu'une section soit réservée
aux questions touchant la Vierge Marie,
ainsi que les saints et saintes de Dieu.

COMBIEN Y A-T-IL DE DOGMES DE FOI AU SUJET DE MARIE?

* * *

L'Église croit à la virginité de Marie et cette croyance est exprimée dans le credo: «Je crois en Jésus Christ... né de la Vierge Marie».

Au concile d'Éphèse, en 431, la foi des chrétiens s'est aussi formulée dans cet autre dogme, celui de la maternité divine. Marie est la «Theotokos», la Mère de Dieu.

Sensible à la foi constante des catholiques, Pie IX, en 1854, a proclamé dogme de foi l'immaculée conception de la Vierge Marie.

Pie XII, en 1950, l'imitait en définissant l'assomption de Marie.

Tels sont les quatre dogmes au sujet de Marie: sa virginité, sa maternité divine, son immaculée conception, son assomption glorieuse.

Bien d'autres privilèges sont à la louange de notre Mère du ciel. «Toutes les générations me proclameront bienheureuse», a-t-elle prédit, «car le Seigneur a fait pour moi de grandes choses» (Lc 1, 48-49).

NOUS AVONS ÉTÉ INDUITS EN ERREUR AU SUJET DE MARIE

S'il faut croire la Bible, nous avons été induits en erreur. Ainsi, nous lisons en saint Matthieu que Jésus a eu des frères et soeurs. Donc, Marie n'était pas vierge. De plus, il est dit que Joseph n'eut pas de relations avec Marie avant la naissance de Jésus; cela veut dire qu'il en a eues par après. Aussi, Marie a mis au monde son fils premier-né; elle en a donc eu d'autres dans la suite.

Il est écrit aussi que Jésus répondit à une femme qui félicitait Marie: «Heureux plutôt ceux qui écoutent la Parole de Dieu et la mettent en pratique». Alors, prier Marie n'a pas d'importance.

* * *

Ne vous inquiétez pas. L'Église a réponse à ces questions. Fiez-vous aux pasteurs à qui Jésus a confié son Église, non à certaines nouvelles religions dont l'approche biblique est fondamentaliste.

Nous croyons que Marie est restée vierge au moment de la conception de Jésus. Elle a conçu par l'opération du Saint-Esprit (Lc 1, 35).

Cette foi en la conception virginale de Marie a toujours été la foi de l'Église, et nous l'exprimons dans le credo. L'enseignement constant de l'Église, dans l'interprétation des textes bibliques, dissipe là-dessus toute ambiguïté.

Nous croyons que Marie est toujours demeurée vierge, même après la naissance de Jésus. C'est là aussi la foi des Orthodoxes, des autres Églises orientales, de nombreux Anglicans... Pour Luther et Calvin, l'expression traditionnelle «toujours vierge» ne faisait pas problème (Raymond E. Brown).

Le mot «frères», dans la Bible, selon les langues sémitiques, selon l'araméen, pouvait aussi désigner les cousins, la parenté.

Pour les Juifs, mettre au monde un premier-né ne signifiait pas nécessairement qu'il y aurait dans la suite d'autres enfants.

Cette croyance en la virginité de Marie fut en évidence dès le début de l'Église. Nous le voyons dans les écrits des Pères Apostoliques, dans les oeuvres de saint Ignace (107), de saint Justin (165), de saint Irénée (202), de saint Éphrem (373), de saint Ambroise (397), de saint Augustin (430), etc.

Jésus attache une importance primordiale à l'écoute de la Parole de Dieu. Nous voyons Marie docile à cette Parole. Elle, «la servante du Seigneur», déclare: «Qu'il m'advienne selon ta parole» (Lc 1, 38). Jésus a aimé sa Mère, lui qui nous a demandé d'honorer nos parents.

Ne soyez pas inquiète. Nourrissez-vous de bonne nourriture, pas n'importe où, mais au sein de l'Église fondée par Jésus. Cette Église, Jésus l'a confiée à des pasteurs. «Qui vous écoute, m'écoute» (Lc 10, 16). Autrement, vous serez sans cesse troublée, surtout par certains groupes sectaires.

CERTAINES SECTES PRÉTENDENT QUE NOUS ADORONS MARIE

Que dire pour leur faire comprendre que nous la prions et que nous ne l'adorons pas?

* * *

Nous ne pouvons adorer que Dieu seul (Dt 6, 13-14).

Dites la vérité de notre foi: Marie est une créature de Dieu comme nous, la fille bien-aimée de sainte Anne et de saint Joachim.

Elle est une croyante, bienheureuse parce qu'elle a cru (Lc 1, 45). Elle est humble et se déclare la servante du Seigneur (Lc 1, 38). Elle est pure, et veut préserver sa virginité (Lc 1, 34). Elle est obéissante, prête à accomplir la volonté de Dieu (Lc 1, 38). Elle est charitable et part en hâte secourir sa cousine enceinte (Lc 1, 39). Elle est fidèle et se tient debout, près de son Fils, au pied de la croix (Jn 19, 25). Elle présente le modèle de toutes les vertus.

Elle est une créature du Seigneur, mais la plus belle et la plus noble, une créature unique parce que choisie par Dieu pour être la Maman de Jésus. Elle est l'Immaculée, ornée de toutes les vertus. Elle est le chef-d'oeuvre du Seigneur.

Cette jeune fille juive, toujours vierge, nous l'aimons comme tous les disciples de Jésus l'ont aimée. Nous l'honorons sans l'adorer. Nous la supplions à genoux de nous aider dans sa bonté maternelle.

Nous savons, comme les chrétiens de tous les siècles, qu'elle est la comblée de grâces (Lc 1, 28), la bénie entre toutes les femmes (Lc 1, 42), la mère de notre Seigneur (Lc 1, 43).

Nous pouvons relire tous les textes bibliques du Nouveau Testament qui nous parlent de Marie, en particulier chez saint Matthieu, saint Luc, saint Jean. Et même de nombreux passages de l'Ancien Testament où, dès la Genèse (Gn 3, 15), il y a des allusions à Marie (Ct 4, 7; 6, 10; Pr 8, 22-23; Pr 8, 34-35). D'illustres femmes ont préfiguré Marie: Judith, Esther, Débora...

Admirons Marie comme l'admirait l'ange de l'Annonciation (Lc 1, 28).

Louons Marie comme Élisabeth mue par l'Esprit Saint (Lc 1, 42).

Voyons le pouvoir d'intercession de Marie, à Cana (Jn 2, 3-5).

Imitons Marie fidèle à Jésus jusqu'au pied de la croix (Jn 19, 25).

Écoutons Jésus qui nous la confie en la personne de saint Jean (Jn 19, 26-27).

Réjouissons-nous de la puissance de sa prière au cénacle, bientôt envahi par l'Esprit Saint (Ac 1, 14).

Beaucoup de nos frères et soeurs chrétiens partagent notre amour de Marie, les Orientaux, les Orthodoxes, nombre d'Anglicans et même de Protestants.

Notre dévotion mariale nous conduira à Jésus. «Faites tout ce qu'il vous dira», nous suggérera Marie (Jn 2, 5).

JÉSUS EST LE SEUL MÉDIATEUR

J'ai vu une annonce dans un journal: «Priez la Vierge Marie si vous voulez ignorer la Bible». Une citation biblique suivait: «Jésus est le seul Médiateur».

* * *

Je crois, comme tout catholique, que Jésus est le seul Médiateur de justice, à qui nous devons le salut.

Mais cela ne m'empêche pas de trouver auprès des saints et saintes, de sa Mère surtout, des intercesseurs qui prient avec moi et pour moi. Ne sommes-nous pas une grande famille, la «communion des saints» comme l'enseigne le credo, des frères et des soeurs qui vivent d'amour et s'entraident?

La dévotion à Marie a toujours fait partie du patrimoine chrétien. Les saints et les saintes de tous les âges l'ont honorée et invoquée. Elle les a conduits à Jésus.

Si je prie Marie, c'est parce que je respecte la Bible.

Dans l'Écriture Sainte, je vois Marie, la Mère de Jésus, présentée de façon voilée dans l'Ancien Testament, de façon claire et limpide dans le Nouveau Testament. Elle m'apparaît dans toute sa grandeur, elle m'apparaît dans toute sa bonté. Je la vénère, je la prie, je cherche à l'imiter, je la prêche.

Dans l'Ancien Testament, je vois la figure de Marie qui se dessine dès la Genèse, en cette femme qui s'oppose au Serpent, dont la descendance lui écrasera la tête (Gn 3, 15). Je vois la figure de Marie dans ces femmes d'élite de l'Ancien Testament. J'entends le prophète Isaïe qui l'annonce: «Voici, la jeune femme est enceinte, elle va enfanter un fils et elle lui donnera le nom d'Emmanuel» (Is 7, 14).

Je m'émerveille devant Marie qu'offrent à ma contemplation les évangélistes. Quand Matthieu et Luc nous présentent l'Enfant-Jésus, comme lors de la visite des Mages (Mt 2, 1ss), lors de l'annonciation et de la visitation (Lc 1, 26ss), ils indiquent toujours la présence de sa Mère.

Ce n'est pas sans motif que saint Jean, lui, offre à nos regards la Mère de Dieu au début et à la fin de la vie publique de Jésus. L'intervention de Marie aux noces de Cana semble précipiter le ministère de Jésus et provoque le premier miracle de Jésus (Jn 2, 1ss). Et, quand Jésus meurt, Marie s'unit à lui, debout fidèlement au pied de la croix (Jn 19, 25ss).

Marie est ce signe grandiose, cette Femme dont parle l'Apocalypse: «Le soleil l'enveloppe, la lune est sous ses pieds et douze étoiles couronnent sa tête» (Ap 12, 1).

Alors, quand je vois ce qu'elle a fait pour nous, pour l'humanité, grâce à son oui, je l'aime et je la vénère (Lc 1, 38).

EST-IL DANGEREUX DE TROP PRIER MARIE?

* * *

Si Jésus est au centre de votre vie, n'ayez aucune crainte de trop prier Marie! Peut-on légitimement séparer le Fils de sa Mère? L'Écriture Sainte n'hésite pas à mentionner sa présence discrète et aimante près de son Fils.

La dévotion à Marie fait partie de notre héritage catholique. Les pays les plus fidèles à la foi chrétienne et catholique sont ceux dont la dévotion mariale est la plus ancrée.

Ne pouvons-nous pas affirmer cette vérité évidente que Jésus fut celui qui a témoigné à Marie, sa Mère, l'affection la plus totale? Il a gratifié Marie de tous les privilèges, comme tout fils sait gâter celle à qui il doit la vie.

La Seigneur récompense celle qui a cru, qui lui a donné naissance, qui l'a nourri et éduqué, qui lui fut fidèle jusqu'au pied de la croix.

N'a-t-il pas fait de Marie le chemin le plus rapide et le plus sûr vers lui?

Écoutons ce récit du cardinal Suenens: «Le jour où je fus ordonné évêque, quelques professeurs de l'université de Louvain eurent la délicatesse d'envoyer des fleurs à ma mère. Ce geste m'est allé droit au coeur et m'a servi plus d'une fois pour dire à nos amis protestants: 'N'ayez pas peur d'honorer Marie, cela va tout droit au coeur de son Fils'» (Souvenirs et espérances, p. 38).

L'ange disait à Joseph: «Ne crains pas de prendre chez toi Marie» (Mt 1, 20). Il nous suggère le même conseil.

Il faudrait mentionner les noms de tous les saints et saintes qui, à travers les âges, ont chanté Marie dans leurs écrits. Qu'il suffise d'en glaner quelques-uns: Ignace, Justin, Irénée, Éphrem, Ambroise, Augustin, Jean Damascène, Bernard, François, Dominique, Philippe Benizzi, Grignion de Montfort, Léonard de Port-Maurice, Alphonse-Marie de Liguori, Marie de l'Incarnation, Marguerite Bourgeois, Mgr de Mazenod, Thérèse de l'Enfant-Jésus, Maximilien Kolbe... Des centaines d'Instituts religieux, masculins et féminins, se réclament du patronage de Marie.

Mue par l'Esprit, l'Église prêche Marie. Je me rappelle le texte extraordinaire de Vatican II (Lumen Gentium, chap. 8), le texte lumineux de Paul VI sur le culte de la Vierge Marie, celui de Jean-Paul II sur la Mère du Rédempteur...

Elle est admirable, elle, «la mère de mon Seigneur», disait Élisabeth inspirée par l'Esprit (Lc 1, 41-43); et elle est imitable, la «servante du Seigneur» (Lc 1, 38), celle qui est bienheureuse parce qu'elle «a cru» (Lc 1, 45).

QUELLE PREUVE AVONS-NOUS QUE MARIE EST MONTÉE AU CIEL AVEC SON CORPS?

* * *

La preuve de notre foi.

Notre foi en l'assomption de Marie au ciel, en son corps et en son âme, remonte loin dans la Tradition de l'Église.

Même qu'au Moyen-Âge, en Occident, la célébration de l'Assomption de Marie était la plus grande fête mariale!

Notre foi repose sur l'Écriture Sainte qui nous apprend que Marie est l'Immaculée, la «comblée de grâces» (Lc 1, 28), la Mère de Dieu. Il ne convenait pas que celle que Jésus se choisissait pour

Mère soit un seul instant sous la domination du démon. Elle fut préservée de toute souillure du péché par une grâce anticipée de la rédemption de son Fils; ce fut son immaculée conception.

Il ne convenait pas, non plus, que cette Femme sans tache connaisse la corruption du tombeau. Elle devait, au contraire, trouver la récompense de sa vie et de sa fidélité à Jésus en le retrouvant dans le ciel en son corps et en son âme.

C'est cette foi de l'Église que le Pape Pie XII a affirmée en 1950, alors qu'il définissait l'Assomption de Marie comme un dogme de foi.

Marie jouit d'un privilège dont nous jouirons nous-mêmes un jour.

PARLEZ-NOUS DE NOTRE-DAME DU PERPÉTUEL SECOURS

* * *

L'icône originale de Notre-Dame du Perpétuel Secours est au-dessus du maître-autel, dans l'église Saint-Alphonse de Rome, chez les Rédemptoristes. Elle a une longue histoire.

Inspirée, dit-on, par saint Luc, l'image byzantine de Notre-Dame du Perpétuel Secours fut vénérée pendant des siècles sur l'île de Crète, dans la mer Méditerranée. Au 15e siècle, l'île étant envahie par les Turcs, un chrétien s'empara de l'image et s'enfuit à Rome. Elle y fut l'objet d'une ardente dévotion dans l'église Saint-Matthieu, jusqu'en 1798. C'est alors que les Français s'emparèrent de Rome et détruisirent l'église Saint-Matthieu. Mais l'image avait été cachée.

Elle fut remise au Pape Pie IX qui, en 1866, la confia aux Rédemptoristes dont l'église Saint-Alphonse avait été construite là où se trouvait autrefois l'église Saint-Matthieu. Et le Pape de dire aux Rédemptoristes: «Faites-la connaître! Faites-la aimer! Elle sauvera le monde!».

Beaucoup de miracles sont attribués à cette image dont les copies sont répandues dans le monde entier. C'est peut-être l'image de Marie la plus célèbre, et en Orient et en Occident.

Comment exprimer tout le symbolisme de cette icône de la Mère de Dieu de la Passion, connue sous le nom de Notre-Dame du Perpétuel Secours? Marie, Mère de Dieu, y est représentée, tenant dans ses bras son Enfant Jésus. Celui-ci est effrayé par les instruments de sa future passion présentés par les archanges Michel et Raphaël. Il se blottit contre sa Mère, sa sandale se détache, il met ses mains dans les siennes, et Marie le presse contre son coeur et le console. Le regard de Marie se tourne vers nous...

Elle est Notre-Dame du Perpétuel Secours... Le message est sublime et touchant! Nous, comme Jésus, au sein des tempêtes de la vie, au milieu de nos souffrances, blottissons-nous sur le coeur maternel de Marie. Mettons nos mains dans les siennes. Notre Mère du ciel saura bien nous pacifier, nous aider, nous serrer sur son coeur de tendresse. Avec elle, que pouvons-nous craindre?

Ayons un perpétuel recours à Notre-Dame du Perpétuel Secours.

POURQUOI DIRE LE CHAPELET?

Jésus a dit de ne pas multiplier des prières vaines.

* * *

Je ne crois pas que la récitation du chapelet soit une ritournelle ou une prière vaine. Loin de là!

S'il faut parler à Dieu le Père par son Fils, rien n'empêche de le faire avec l'aide de la Vierge Marie, Mère de Dieu. Autrement, la rigidité et la froideur peuvent prendre le dessus, dans une mauvaise compréhension de l'Écriture, dans un raidissement de doctrine.

Je récite le chapelet. Le Pape récite le chapelet. Qui n'a pas vu Mère Teresa le chapelet à la main? Les saints et saintes des siècles passés ont fait usage du chapelet.

Pendant la récitation du chapelet, nous sommes invités à méditer les événements majeurs de la vie de Jésus et de Marie, les mystères joyeux, douloureux et glorieux.

Nous commençons le chapelet en exprimant notre foi dans le credo. Nous le continuons avec la récitation du Notre Père enseigné par Jésus lui-même. Nous récitons des Ave, nous servant de paroles inspirées, celles de l'ange à Marie, celles d'Élisabeth à Marie. Nous faisons nôtre la prière de l'Église. Quoi de répréhensible?

Est-ce une hérésie de demander l'aide de la Mère de Dieu? Jésus serait-il jaloux de sa propre Mère? Ne se réjouit-il pas de nous voir près de sa Mère? Il nous a demandé d'honorer notre père et notre mère; il honore la sienne.

Quelle consolation et quel soutien providentiel que la récitation du chapelet tant recommandée par le Pape, vicaire du Christ, tant recommandée par Marie lors de ses apparitions!

Répétition n'est pas nécessairement synonyme de routine et de formalisme; elle peut signifier une redite de notre amour, un peu comme deux amoureux qui se répètent inlassablement: «Je t'aime!».

Que parents et éducateurs ne tardent pas à enseigner aux jeunes la récitation du chapelet! Qu'ils leur en fassent cadeau! Qu'en automobile, à la maison ou à l'église, le chapelet soit récité et médité avec la ferveur de l'amour!

PARLEZ-NOUS DES APPARITIONS MARIALES

* * *

L'Église nous invite à vivre de foi, à la lumière de l'évangile. Elle croit, cependant, que Dieu peut intervenir dans nos vies par des messages intérieurs, des touches divines, des visions et des apparitions, même si la révélation «officielle» s'est close avec Jésus.

Les apparitions sont donc possibles, y comprises celles de Marie. L'Église nous permet de croire, de foi humaine, à certaines apparitions de Marie, celles de La Salette, de Lourdes, de Fatima... Elle rejette comme fausses et inauthentiques d'autres apparitions mariales. Il en est qu'elle étudie présentement.

Le message de ces apparitions ne peut différer de celui de l'évangile; il peut en accentuer certains aspects et nous inciter à en vivre.

Notre foi doit reposer surtout sur la Parole de Dieu telle que nous la trouvons dans la Bible et l'enseignement constant de l'Église.

Évitons, d'une part, le rationalisme froid, et, d'autre part, le surnaturalisme crédule, pour épouser l'attitude ouverte, sage et prudente de l'Église.

FAUT-IL ATTENDRE LE FEU VERT DE L'ÉGLISE POUR CROIRE AUX APPARITIONS?

Quelle est la position de l'Église face aux apparitions de Medjugorje, aux messages...?

* * *

Je ne voudrais pas placer toutes les apparitions sur le même pied. Il y a celles reconnues par l'Église, comme Guadalupe, La Salette, Lourdes, Pontmain, Knock, Fatima, Beauraing, Banneux... Il y en a qui sont rejetées par l'Église. Il y a, finalement, celles qui sont présentement soumises au discernement.

Parmi ces dernières, mentionnons les apparitions de Medjugorje.

Je ne veux pas, dans cette réponse, tout préciser; ce serait long. J'ai déjà mentionné les critères de discernement qu'utilise l'Église qui, prudemment, patiemment, doit scruter tous les éléments liés à des visions, des révélations, des messages. Certains, parfois, s'impatientent devant les lenteurs du jugement.

Faisons confiance à l'Esprit qui meut les pasteurs, à la Vierge aussi.

Sommes-nous tenus d'attendre le feu vert? Non, pourvu que nous demeurions suffisamment humbles et obéissants envers la décision éventuelle de l'Église. Pourvu, aussi, que nous-mêmes, nous soyions capables de faire preuve d'un discernement individuel fondamental. Nous pouvons juger des événements à la lumière de l'évangile et de la vraie charité, en appréciant les fruits profonds et durables qui en résultent.

N'axons pas notre foi uniquement ni surtout sur les apparitions, mais plutôt sur la Parole de Dieu transmise par l'Église.

Le 1er janvier 1994, la voyante de Medjugorje, Marija Pavlovic Lunetti, mettait en garde contre les personnes qui dédaignent les groupes de prières où il n'y a ni visions, ni messages. «Joignons-nous à des groupes de prière», dit-elle, «non pour voir des apparitions, mais pour prier... Et ne nous attachons qu'à Dieu, non aux personnes supposément saintes ou à celles gratifiées de visions».

QUE PENSER DE MEDJUGORJE?

* * *

L'Église est circonspecte quand il s'agit d'apparitions. Elle exerce son discernement après des enquêtes sérieuses, ce qui requiert un laps de temps plus ou moins long.

Ces apparitions ne sont pas nécessaires au salut. Si l'Église approuve une apparition, elle nous laisse libres d'y croire. Si elle ne s'est pas encore prononcée, à nous de juger avec prudence. Si elle nie l'authenticité de certaines apparitions, il est téméraire, ou même coupable, d'y adhérer quand même (Dialogues sur la foi, 3, p. 78-79).

Évitons de surévaluer un phénomène; fuyons également le mépris hypercritique (Dictionnaire de la vie spirituelle, p. 1194).

À Medjugorge, en ex-Yougoslavie, la Vierge Marie apparaît depuis le 24 juin 1981. Les pasteurs de la paroisse se montrent favorables aux apparitions. La Vierge déplore l'absence de paix; elle invite à la conversion, à la prière et à la pénitence.

L'Église n'a pas rejeté Medjugorje. Elle n'a pas fulminé de condamnation. Évidemment, elle ne peut se prononcer définitivement tant que durent les apparitions. Elle déclare que, pour le moment, rien n'autorise d'affirmer l'origine surnaturelle des événements. Par contre, elle demande d'organiser la liturgie et la pastorale pour les pèlerins de Medjugorje (Épiscopat yougoslave, novembre 1990).

Réjouissons-nous du bien immense qui s'accomplit grâce à Medjugorje, tout en nous soumettant humblement à toute décision éventuelle et définitive.

Surtout, vivons les messages à teneur évangélique de la Gospa, la Vierge de la paix.

COMMENT EXPLIQUER TANT DE CONTRADICTIONS DANS LES RÉVÉLATIONS?

J'ai lu certains livres écrits par Marie d'Aggreda, Maria Valtorta, Catherine Emmerich... Comment se fait-il qu'il y ait tant de contradictions dans ces révélations qui sont supposément de Jésus et de Marie? Leur vie est racontée de façon tellement différente que cela me rend tout mêlé.

* * *

L'Église n'oblige jamais à croire les révélations privées. La révélation «officielle», celle que nous trouvons dans la Parole de Dieu, nous suffit pour vivre en disciples de Jésus.

Les révélations privées peuvent être authentiques. Si elles le sont, elles ne contredisent jamais la révélation publique ou «officielle». Les révélations privées conduisent alors à un meilleur amour de Jésus, à une vie chrétienne plus fervente.

Certains détails peuvent différer de l'une à l'autre de ces révélations privées. Est-ce vraiment important? Ne faut-il pas plutôt s'inspirer des révélation privées, dans leur teneur essentielle, pour grandir dans notre vie chrétienne?

Plusieurs détails circonstanciés nous font mieux comprendre la vie concrète de Jésus et de Marie, et nous portent à mieux les aimer. Ne nous attardons pas à des détails qui nous distraient de l'essentiel.

Si certains faits nous troublent ou nous éloignent de ce qui doit primer, négligeons-les.

Attachons-nous surtout à lire et à méditer l'Écriture Sainte. Elle est plus sobre de détails, mais elle est «vivante, efficace et incisive» (He 4, 12).

QUE PENSER DES LIVRES DE MARIA VALTORTA?

Après avoir lu deux volumes de Maria Valtorta, «L'Évangile tel qu'il m'a été révélé», j'étais emballée d'amour pour la Vierge, et pour Jésus encore davantage. Je ne pouvais lire que de courts passages chaque fois, car je trouvais cela très beau et je voulais le méditer. J'avais beaucoup plus de patience, je travaillais avec plus d'amour pour Jésus.

Mais voilà qu'on critique ces volumes. Je ne les trouve plus enrichissants. Que pensez-vous de ces livres?

* * *

Maria Valtorta est née le 14 mars 1897 à Caserte, en Italie. Pendant 27 ans, elle fut clouée sur un lit de souffrances. C'est pendant huit années de cette étape de sa vie qu'elle écrivit dix-sept volumes. Cette grande mystique mourut à Viareggio le 12 octobre 1961. Sera-t-elle béatifiée un jour?

Rome s'est déjà prononcée sur ces écrits de Maria Valtorta en 1960 et, en 1966, a réaffirmé sa position. Elle en a, alors, désapprouvé la lecture.

Même si après l'abolition de «L'index des livres prohibés», l'interdiction de lire les écrits de Maria Valtorta n'existe plus, il faut savoir que «les visions et les données rapportées en ceux-ci ne peuvent être reconnues d'origine surnaturelle mais doivent être considérées comme des formes littéraires utilisées par l'auteur pour raconter à sa manière la vie de Jésus» (Congrégation pour la Doctrine de la Foi, 1994).

Cela ne signifie pas qu'il n'y a rien de bon dans ces livres. Vous-même en avez fait l'expérience et vous avez goûté à de bons fruits. Comme bien d'autres d'ailleurs!

Le grand théologien de l'Ordre des Servites de Marie, Alexandre Roschini, mariologue de renommée internationale décédé en 1977, écrivait ceci en 1973 alors qu'il était professeur à l'Université pontificale du Latran, à Rome:

«Je me sens dans l'obligation d'avouer candidement que la mariologie qui se dégage des écrits publiés ou inédits de Maria Valtorta, a été pour moi une vraie découverte. Aucun autre écrit marial, pas même la somme de tous ceux que j'ai lus et étudiés, n'avait été en mesure de me donner sur Marie, chef-d'oeuvre de Dieu, une idée aussi claire, aussi vive, aussi complète, aussi lumineuse et aussi fascinante, à la fois simple et sublime».

«Entre la Sainte Vierge présentée par moi et mes collègues mariologues et la sainte Vierge présentée par Maria Valtorta, il me semble constater la même différence qui existe entre une Madone en carton-pâte et la Vierge Marie vivante».

À qui l'accuserait de parler en hyperboles, Roschini suggérait de lire et ensuite de juger.

Les messages de Maria Valtorta font mieux saisir les circonstances concrètes de la vie de Jésus et de Marie...; notre amour pour eux grandit.

ÊTES-VOUS FAVORABLE AUX LIVRES DE VASSULA RYDEN?

* * *

J'ai lu attentivement tout ce qui fut écrit au sujet de Vassula Ryden, chrétienne de foi orthodoxe. J'ai porté une attention particulière aux livres publiés par Vassula elle-même.

Le 6 octobre 1995, la Congrégation pour la Doctrine de la Foi a publié une Notification qui a provoqué une réaction de surprise et des remous. Voici des extraits de ce document:

«Un examen attentif et serein de toute la question... a relevé – à côté d'aspects positifs – un ensemble d'éléments fondamentaux qui doivent être considérés comme négatifs à la lumière de la Doctrine catholique... Il faut souligner certaines erreurs doctrinales...

On utilise un langage ambigu à propos des Personnes de la Très Sainte Trinité, allant même jusqu'à confondre les noms et les fonctions spécifiques des Personnes divines... En outre, est également prévue la venue prochaine d'une Église qui serait une sorte de communauté pan-chrétienne, en opposition avec la doctrine chrétienne.

... Étant donné que, malgré certains aspects positifs, l'effet de l'activité de Mme Vassula Ryden est négatif, cette Congrégation sollicite l'intervention des évêques afin qu'ils informent comme il se doit leurs fidèles, et que ne soit accordée aucune place, dans le cadre de leurs diocèses, à la diffusion de ses idées. Elle invite enfin tous les fidèles à ne pas considérer comme surnaturels les écrits et les interventions de Mme Vassula Ryden et à conserver la pureté de la foi que le Seigneur a confiée à l'Église».

Cette Notification a peiné plusieurs personnes. Les accusations sont-elles vraiment fondées? N'y a-t-il pas des particularités surprenantes dans la Notification? Cette Notification n'est pas signée.

Personnellement, je ne doute aucunement des bonnes intentions ni de la sincérité de Vassula Ryden qu'appuient certains théologiens de renom. Malgré tout, dans la situation actuelle, je crois qu'en toute humilité et sagesse, nous devons nous soumettre à cette Notification.

IL Y AURA DES ÉVÉNEMENTS BOULEVERSANTS...

Un prêtre, un jour, m'a parlé de la croix de Dozulé. Il m'avait dit qu'il y aurait des événements bouleversants dans le monde. Ces événements préluderaient à la fin du monde.

Qu'en pensez-vous? Qu'est-ce que la croix de Dozulé?

* * *

Il y aura toujours des prophètes d'une fin du monde imminente; il y en eut à tous les siècles. Nous les trouvons surtout dans les sectes eschatologiques.

Leur nombre se multiplie. D'autant plus que les médias nous signalent des fléaux naturels et des calamités de famine et de guerres.

Je ne suis pas devin, je ne suis pas prophète, mais je m'inspire de la Parole de Dieu pour discerner le chemin qu'il nous invite à suivre et pour adopter la conduite appropriée.

Demeurons prêts pour le retour du Seigneur. Saint Paul livrait des directives aux chrétiens de son temps qui s'inquiétaient déjà de la fin du monde. «À propos de la Venue de notre Seigneur Jésus Christ et de notre rassemblement auprès de lui, ne vous laissez pas trop vite mettre hors de sens ni alarmer par des manifestations de l'Esprit, des paroles ou des lettres données comme venant de nous, et qui vous feraient penser que le Jour du Seigneur est déjà là. Que personne ne vous abuse d'aucune manière» (2 Th 2, 1-3). «Devant le Seigneur, un jour est comme mille ans et mille ans comme un jour», écrivait saint Pierre (2 P 3, 8).

Ce qui doit exceller, c'est la vigilance dans la prière, comme Jésus le suggère: «Veillez donc, parce que vous ne savez pas quel jour va venir votre Maître» (Mt 24, 42). «Tenez-vous prêts, car c'est à l'heure que vous ne pensez pas que le Fils de l'homme va venir» (Mt 24, 44). «Veillez donc, car vous ne savez ni le jour ni l'heure» (Mt 25, 13).

Même la venue de catastrophes et de guerres ne veut pas dire que l'heure est venue, «car», dit Jésus, «il faut que cela arrive, mais ce n'est pas encore la fin» (Mt 24, 6).

Pour ce qui est de la Croix de Dozulé, lieu situé dans le diocèse de Bayeux et Lisieux, en France, certains continuent d'y croire. Depuis le 20 mars 1972, Madeleine Aumont, une couturière, dit avoir vu une immense croix lumineuse dans le ciel... Mgr Jean Badré, l'évêque du diocèse, publiait une ordonnance le 24 juin 1985, pour réprouver ce qui semblait encourager la croyance en ces apparitions. Il écrivait le 8 décembre 1985: «À côté des appels à la conversion, à la confiance envers la Croix glorieuse et à la dévotion eucharistique, les écrits publiés contiennent des accents et des exigences tout a fait inacceptables:

- La valeur salvatrice de la seule démarche faite à Dozulé.
- Le caractère ultime et exclusif du 'message'.
- La mise en valeur de Dozulé, de La Haute-Butte, 'Terre sainte, nouvelle Jérusalem'.
- L'eschatologie douteuse et assez mal venue à l'approche de l'an 2000.
- Sans parler de détails matériels (en particulier les dimensions gigantesques de la Croix).»

QUE FAIT-ON DES AVERTISSEMENTS DE MARIE?

* * *

Les supplications et les avertissements de Marie accentuent les appels de l'Écriture et de l'Église à la conversion, à la prière et à la pénitence.

Il nous faut sans cesse revenir à l'évangile et écouter l'enseignement sage et équilibré de l'Église.

Nous éviterons de sombrer dans un sommeil euphorique et faussement optimiste; nous fuirons également l'attitude affolée des sectes eschatologiques.

Imitons les vierges sensées. Remplissons d'huile nos fioles. Soyons prêts pour la venue du Seigneur (Mt 25, 1-13).

COMMENT L'ÉGLISE PROCÈDE-T-ELLE POUR PROCLAMER LA SAINTETÉ DE QUELQU'UN?

* * *

Les saints et les saintes sont nombreux. En fait, tous ceux et celles qui sont dans le ciel, comme tous ceux et celles qui vivent sur terre dans l'amitié de Dieu, sont des saints et des saintes, c'est-à-dire des ami-e-s de Dieu. L'Église en canonise un certain nombre et «les propose ainsi à l'imitation, à la vénération et à la prière des fidèles» (Jean-Paul II). Aujourd'hui, elle procède selon la Constitution apostolique du 25 janvier 1983.

Si une personne vit de façon vraiment exemplaire, l'Église commencera à étudier sa «Cause», pour savoir si cette personne mérite d'être «mise sur les autels». L'Église procède par étapes: après avoir mené les enquêtes qui conviennent, elle déclare la personne vénérable, puis bienheureuse et sainte. Le «procès» commence dans le diocèse ou les diocèses, là où cette personne a vécu, et cette enquête diocésaine est sous la responsabilité de l'évêque du lieu. Si tout va bien, la Cause est portée à Rome.

La Congrégation pour les Causes des Saints étudie la vie de cette personne pour vérifier si sa vie chrétienne a été vécue de façon héroïque. Si c'est le cas, le Souverain Pontife publie l'héroïcité de ses vertus et ce serviteur ou cette servante de Dieu est alors déclaré «Vénérable». Par la suite, la même Congrégation étudie les miracles attribués à cette personne après sa mort. Si les miracles sont reconnus, le Souverain Pontife la déclare «Bienheureuse». Plus tard, la personne sera déclarée «Sainte».

POURQUOI PRIER LES SAINTS?

Comment cette pratique de la prière aux saints a-t-elle commencé? Pourquoi ne pas prier Dieu tout simplement?

* * *

Libre à vous de vous adresser directement à Dieu!

Toutefois, l'Église a toujours favorisé le culte des saints et des saintes, surtout celui de Marie, Mère de Dieu. Ne sont-ils pas les amis de Dieu qui ont fourni l'exemple d'une vie évangélique fervente? Cela n'enlève rien à notre foi en Jésus, notre unique Médiateur de justice.

Dès les premiers siècles de l'Église, les chrétiens vénéraient les martyrs et les vierges, ces disciples du Christ qui édifiaient l'Église entière.

Ils sollicitaient leur intercession auprès de Dieu, tout comme, sur terre, nous demandons aux amis intimes d'un roi, d'un président, d'un ministre, de plaider notre cause.

Nous formons la communion des saints, comme nous le disons au credo. Nous formons la famille des enfants de Dieu. Nous pouvons nous entraider, prier les uns pour les autres.

N'est-ce pas normal et légitime?

Au Canada, n'avons-nous pas des protecteurs officiels dans ces âmes d'élite qui ont sanctifié notre pays: saint Jean de Brébeuf et saint Isaac Jogues et leurs compagnons, sainte Marguerite Bourgeoys, sainte Marguerite d'Youville, les bienheureux François de Laval, Kateri Tekakwitha, Marie de l'Incarnation, Catherine de Saint-Augustin, Marie-Léonie Paradis, Marie-Rose Durocher, Frédéric Janssoone, Louis-Zéphirin Moreau, Frère André, Dina Bélanger, le vénérable Alfred Pampalon, etc.

Une petite suggestion... Comme l'écrivait le cardinal Godfried Danneels, pourquoi ne pas donner à l'enfant qui vient de naître, plutôt que le nom d'une vedette des arts, le nom d'un saint ou d'une sainte, un nom «de famille»?

QUI EST ALFRED PAMPALON?

✳ ✳ ✳

Le Père Alfred Pampalon est un «saint» de chez nous, un jeune prêtre mort à 28 ans de la tuberculose.

Il est né sur notre sol québécois, à Lévis, le 24 novembre 1867. Il décida, un jour, de devenir Rédemptoriste. Comme il n'y avait pas encore de séminaire rédemptoriste au Canada, il dut se rendre en Belgique pour se préparer à la prêtrise et étudier la théologie.

En septembre 1895, il revint au Canada et, jeune prêtre, fut assigné au monastère des Rédemptoristes, à Sainte-Anne-de-Beaupré. Il y exerça son ministère, y confessa, mais, hélas, pas pour longtemps. Miné par la phtisie, il lui fallut s'aliter.

Lui, dont la vie fut toute simple et exemplaire, pétrie de piété et de bonté, accepta patiemment la souffrance.

Il aimait Jésus, il aimait Marie, il aimait sainte Anne, il aimait sa communauté. Il offrait sa vie à Dieu pour sauver les âmes les plus abandonnées.

Alors que la mort approchait, il ramassa ses forces déclinantes et, malgré la toux qui le secouait, malgré sa fatigue extrême et une douleur lancinante, il chanta à voix haute le Magnificat de son amour et de sa reconnaissance.

Fixant le ciel en souriant, il mourut à l'ombre de la Basilique de Sainte-Anne-de-Beaupré, le 30 septembre 1896.

Sa vie et sa mort ressemblent étrangement à la vie et à la mort d'une autre jeune fleur du jardin de Dieu, la petite Thérèse de l'Enfant-Jésus. Celle-ci devait mourir, de tuberculose elle aussi, un an, jour pour jour, après lui.

Aujourd'hui, le corps du Vénérable Alfred Pampalon, le «bon Père Alfred», repose dans une chapelle de l'église inférieure de la Basilique de Beaupré. Les pèlerins défilent continuellement près de sa tombe et le prient. Beaucoup de faveurs sont signalées.

Sa «Cause», rendue à Rome, progresse très bien. Le 14 mai 1991, le Pape Jean-Paul II proclamait l'héroïcité de ses vertus, et le Père Pampalon devenait «Vénérable». Nous espérons que, dans un avenir prochain, un miracle sera déclaré authentique et que le Père Alfred deviendra «Bienheureux», en attendant que l'Église le déclare «Saint».

Prions le bon Père Alfred, cette gloire de chez nous. Il a aidé tant de personnes, en particulier celles qui souffrent d'alcoolisme et de toxicomanie.

VERRONS-NOUS NOS PARENTS AU CIEL?

Notre mère décédée prie-t-elle pour nous au ciel?

* * *

Votre désir de revoir vos parents est bien légitime. Il exprime des sentiments naturels que le Seigneur lui-même a déposés en vous.

Pourquoi ne permettrait-il pas qu'un tel souhait soit satisfait?

Le ciel nous fera goûter la présence d'un Dieu d'amour et de tendresse qui comblera toutes nos aspirations de bonheur. Nos êtres chers partageront notre joie et nous la leur. En Dieu nous jouirons de leur présence.

«Il existe entre les fidèles, entre ceux qui sont déjà bienheureux comme entre ceux qui expient au purgatoire ou ceux qui sont encore en pèlerinage sur cette terre, un lien constant d'amour et un échange mutuel de tous les biens» (Paul VI).

L'Église enseigne la fraternité amoureuse qui unit les amis de Dieu. Elle nous invite à prier pour les défunts; elle nous console à la pensée qu'eux aussi intercèdent pour nous. Priez pour votre maman décédée; demandez-lui de vous secourir auprès de Dieu.

En Dieu, les défunts s'intéressent à nous et nous accompagnent dans notre pèlerinage terrestre. Nous supplions le Seigneur pour les défunts qui sont encore au purgatoire. Les morts, amis de Dieu, qu'ils soient au ciel ou au purgatoire, implorent le Seigneur pour nous.

«Il ne faut pas que vous vous désoliez comme les autres, qui n'ont pas d'espérance... Réconfortez-vous donc les uns les autres de ces pensées» (1 Th 4, 13. 18).

J'INVITE MON MARI DÉCÉDÉ À PRIER AVEC MOI

J'ai perdu mon bon mari que j'adorais et, depuis, je le prie toujours avec Jésus et sainte Marie pour lui demander conseil et aide.

Je l'invite à prier avec moi comme nous faisions ensemble. Il me semble que mes prières ont plus de valeur.

* * *

J'espère que toutes les veuves et les veufs qui liront votre lettre vous imiteront. De même, toutes les personnes en deuil d'un être cher.

La mort est un passage vers la Vie, la vraie, avec le Seigneur, avec Marie, sainte Anne, et la grande famille de Dieu. Les liens qui nous unissent sur terre, pourquoi ne se prolongeraient-ils pas en Dieu pour toute l'éternité? Pourvu que nous demeurions les amis de ce Dieu qui nous sauve!

En Dieu, dans la prière, vous demeurez unie à votre mari. Continuez de lui parler, de prier avec lui, comme autrefois. Il vous aime et vous soutient. Il est spirituellement près de vous.

QUE PENSER DES STATUES?

On m'a dit que nous, chrétiens, nous avons une foi infantile. Notre foi doit être pure et aller au-delà des statues.

* * *

Je vous souhaite de garder une foi d'enfant, une religion du coeur.

Trop facilement nous nous contentons d'une approche intellec-tuelle, d'une religion du cerveau qui n'affecte pas notre vie. Dieu n'est pas une idée; il s'est incarné.

Les statues, les icônes, les images, les reliques, le crucifix sur-tout, nous rappellent l'amour de Dieu, l'ardeur des saints et des saintes. Ces objets nous aident à penser au monde surnaturel. Ils nous portent à la prière, nourrissent notre imagination de saines pensées. Sans tomber dans les excès, voyons à ce que nos églises ne soient pas dénudées et froides.

Certains citent la Bible: «Tu n'auras pas d'autres dieux devant moi. Tu ne te feras aucune image sculptée de rien qui ressemble à ce qui est dans les cieux là-haut, ou sur la terre ici-bas, ou dans les eaux au-dessous de la terre. Tu ne te prosterneras pas devant ces dieux ni ne les serviras» (Dt 5, 7-9).

J'admire la pédagogie de Dieu. Il a voulu que son peuple, le peuple de l'alliance, contrairement aux peuples voisins et païens, n'adore pas les astres, les animaux, les plantes, des objets fabri-qués (Ex 20, 4).

Même si Yahvé met en garde contre l'idolâtrie, il ne s'oppose pas à ce qui aide la foi. Aussi demande-t-il lui-même d'ériger le serpent d'airain pour guérir les malades, un serpent qui, d'avance, figure le Christ en croix (Nb 21, 8-9). Il ordonne de façonner des chérubins pour orner le Saint des Saints, dans le Temple même (Ex 25, 18).

Au début de l'Église, les chrétiens sacrifiaient leur vie pour ne pas se prosterner devant les idoles. Pourtant, comme nous le révè-lent les catacombes, des dessins et des gravures ralliaient les chré-tiens et stimulaient leur foi.

Sous l'impulsion d'un empereur, Léon III, qui convoitait la pos-session des couvents, il y eut, à partir de 726, la vague destructrice de l'iconoclasme, la mise en pièce des statues et la mise à feu des images. Les martyrs furent nombreux. Autour de saint Jean Damascène et des Papes, l'Église entière réagit en fidélité à une saine tradition. En 787, le 7e concile oecuménique, le 2e tenu à Nicée, affirma la légitimité du culte des images. Le monde catholique et orthodoxe retrouva la paix.

L'Église s'érige contre l'idolâtrie. Nous, chrétiens, nous n'adorons pas les statues. Nous les vénérons et elles nous inspirent dans la prière. Ce n'est pas là avoir une foi infantile. C'est une forme de visuel, en ce siècle de la télévision et de la vidéo, qui fait grandir notre foi. Tout comme la photo d'un être cher sur le mur, le bureau ou dans notre porte-monnaie, intensifie notre vie de famille et resserre les liens de l'amitié!

Le concile de Trente, au 16e siècle, affirmait: «On doit avoir et conserver, surtout dans les églises, les images du Christ, de la Vierge et des autres saints et leur témoigner l'honneur et la vénération qui leur sont dûs... Par les images que nous baisons, devant lesquelles nous nous découvrons et nous nous prosternons, c'est le Christ que nous adorons, ce sont les saints, dont elles portent la ressemblance, que nous vénérons» (2 Sess. 25).

Le concile Vatican II, dans la Constitution sur la Sainte Liturgie, encourage l'art religieux. L'Église se porte garante de la valeur du culte des statues et des images (Can. 1188).

L'EAU BÉNITE, UNE PETITE CROIX, LES SCAPULAIRES, LES MÉDAILLES...

Ce qu'on appelait des sacramentaux... Est-ce encore «catholique»? ou est-ce de la superstition comme certains le prétendent?

* * *

Voici certains énoncés du Code de Droit canonique au sujet des sacramentaux:

«Les sacramentaux sont des signes sacrés par lesquels, d'une certaine manière, à l'imitation des sacrements, sont signifiés et obtenus à la prière de l'Église des effets surtout spirituels» (Can. 1166).

«Seul le Siège Apostolique peut constituer de nouveaux sacramentaux ou interpréter authentiquement ceux qui sont en usage, abolir ou changer certains d'entre eux» (Can. 1167).

«Le ministre des sacramentaux est le clerc muni du pouvoir requis; certains sacramentaux... peuvent aussi... être administrés par des laïcs ayant les qualités voulues» (Can. 1168).

Il est évident que certains objets religieux peuvent devenir des amulettes et des fétiches. Pour qui est enclin à la superstition, ils peuvent favoriser une religion magique, semblable à celle des peuplades primitives. La religiosité populaire peut utiliser des signes chrétiens pour nourrir des tendances païennes. Ce danger est réel et paralyse une religion chrétienne centrée sur le Christ.

Cela dit, je signale un autre danger. Il n'est pas illusoire, ni moindre que le précédent. C'est celui d'une religion froide, cérébrale et désincarnée. C'est celui d'une religion intellectuelle qui se veut spirituelle. C'est celui d'une foi qui méprise la religion populaire et la contribution des sens à une vie chrétienne intégrale.

La présence dans nos foyers du crucifix, d'images ou d'icônes, n'est pas sans créer une ambiance chrétienne. Le port respectueux d'une croix ou de médailles encourage une attitude de foi et sert de témoignage.

Il ne s'agit pas d'ostentation religieuse et d'une vie chrétienne qui ne serait qu'extérieure. Tout dépend de nos motivations profondes.

Trop de disciples du Christ ont substitué des objets profanes aux articles religieux. Par ailleurs, des non-chrétiens portent des croix d'or. N'y aurait-il pas lieu de comprendre la valeur des sacramentaux pour en faire un usage motivé et bénéfique?

L'utilisation discrète mais réelle de l'eau bénite ou d'objets bénits sera une aide pour nous comme elle le fut pour d'autres dans le passé. Ne pas se servir d'articles religieux, c'est sacrifier un moyen de grandir dans la foi et d'exprimer nos convictions. L'essentiel n'est pas dans les sacramentaux, mais leur usage ne doit pas être négligé.

LES BÉQUILLES À L'ENTRÉE DE LA BASILIQUE, EST-CE VRAIMENT DES MIRACLES?

À l'entrée de la Basilique de Sainte-Anne-de-Beaupré, nous voyons beaucoup de béquilles et d'ex-voto. Est-ce que ce sont vraiment des miracles?

* * *

Pour qu'il y ait déclaration d'un miracle authentique, il faut des preuves scientifiques d'une guérison qui ne peut s'expliquer humainement. L'Église fait preuve de prudence avant de proclamer un miracle.

Pourtant, il y en a! Comme au temps où il vivait sur terre, le Seigneur donne des «signes» de sa puissance et de son amour. Ces signes nous stimulent dans notre vie chrétienne.

La Providence a choisi des endroits privilégiés pour être des hauts-lieux de prière et de foi. Ainsi en est-il, depuis 1658, du sanctuaire de Sainte-Anne-de-Beaupré. Là, le Seigneur accomplit des merveilles en faveur de ceux et celles qui le prient par l'intercession de la chère sainte Anne, mère de Marie et aïeule du Christ.

La bienheureuse Marie de l'Incarnation, Ursuline, écrivait à Québec, en 1665: «Il y a, à sept lieues de Québec, une église de sainte Anne dans laquelle le Seigneur fait de grandes merveilles en faveur de cette sainte mère de la très sainte Vierge. On y voit marcher les paralytiques, les aveugles recevoir la vue, et les malades de quelque maladie que ce soit recouvrer la santé».

Les colonnes de béquilles et de prothèses témoignent de ces bienfaits d'origine surnaturelle. La plupart des guérisons ne sont pas signalées publiquement. Cependant, chaque jour, plusieurs pèlerins s'acheminent vers sainte Anne pour lui dire le merci de leur coeur; d'autres écrivent leur reconnaissance. Il ne s'agit pas toujours de miracles de premier ordre, comme serait une guérison soudaine et totale d'une maladie sérieuse et organique. Il n'en demeure pas moins que le croyant discerne sans cesse l'action bienfaisante du Seigneur en faveur de qui souffre et le prie.

Les plus grands miracles sont les conversions qui surviennent au sanctuaire de sainte Anne. Moins éclatantes que les guérisons physiques, elles demeurent plus importantes.

- VIII -

QUAND LA VIE S'ACHÈVE

Beaucoup de questions se posent
sur la fin de la vie et l'au-delà:
mort et sépulture, suicide, fin des temps,
jugement, Satan, ciel, purgatoire,
enfer, limbes...

COMMENT ASSISTER UNE PERSONNE EN TRAIN DE MOURIR?

* * *

Plusieurs redoutent ces derniers moments pourtant riches de valeurs. Ils se demandent quoi dire à la personne pour qui disparaît tout espoir humain. Ils se sentent gauches et tombent dans un mutisme gêné.

Ils ne doivent pas oublier l'importance de ce moment. Le Seigneur est présent, l'Esprit est particulièrement à l'oeuvre, la Maman du ciel n'est pas loin de son enfant qui meurt.

Ils peuvent suggérer l'Onction des malades si le malade ne l'a pas encore reçue. Ou le Viatique.

Il suffit d'être là, une présence attentive, délicate, faite de bonté. La simple présence près du mourant vaut la meilleure parole. Elle exprime le message d'un amour fidèle.

Pourquoi ne pas y joindre la prière? Une prière murmurée à mi-voix. Une prière qui suggère au malade un recours confiant au Seigneur si bon qu'il va rencontrer. Peut-être le Notre Père, le Je vous salue, Marie, le Gloire au Père, l'acte de contrition.

Il y a ces paroles toujours pleines de sens:

«Jésus, Marie, Joseph, je vous donne mon coeur, mon esprit, ma vie...

Jésus, Marie, Joseph, assistez-moi dans ma dernière agonie...

Jésus, Marie, Joseph, faites que je meure en paix en votre sainte compagnie...»

Le mouvement Albatros accomplit un excellent apostolat auprès des grands malades et de leurs familles; les membres d'Albatros accompagnent ces malades de leur présence aimante. Les personnes qui suivent des cours en soins palliatifs et en gérontologie savent aussi réconforter les malades et les personnes âgées, surtout ceux et celles en phase terminale.

NOUS ALLONS TOUS POURRIR, MÊME NOTRE ÂME...

Je suis une dame d'environ 40 ans. Je parle avec d'autres femmes de mon âge et elles me disent que, quand nous mourons, nous allons tous à la même place sous la terre pour y pourrir. Même notre âme! Il n'y aurait pas d'enfer ni de ciel...

* * *

Que d'ignorance pour beaucoup et quelle confusion! Dans les questions les plus fondamentales! Celle de l'existence d'abord. Non, mille fois non, nous ne sommes pas que des animaux qui ne vivent que par instinct, pour assouvir leurs passions et goûter «bêtement» un bonheur éphémère, passager.

Nous sommes des êtres raisonnables, et nous devons agir comme tels. Autrement, nous nous rabaissons, nous sommmes avilis, nous sommes abrutis, nous sommes «bêtes».

De plus, créés à l'image de Dieu, nous sommes destinés par lui à devenir ses enfants par le baptême. Enfants de Dieu, nous le sommes vraiment (I Jn 3, 1). Un jour, nous lui serons semblables parce que nous le verrons tel qu'il est. C'est ce qu'affirme saint Jean dans l'Écriture Sainte (I Jn 3, 2).

L'Esprit Saint, dit saint Paul, nous fait appeler Dieu «Père», «Papa». Il atteste que nous sommes enfants de Dieu. «Enfants, et donc héritiers; héritiers de Dieu, et cohéritiers du Christ, puisque nous souffrons avec lui pour être aussi glorifiés avec lui» (Rm 8, 17).

Nous ne devenons pas enfants de Dieu par le baptême pour mourir comme des chiens, pour être incinérés ou pourrir corps et âme, et disparaître à jamais! Nous sommes créés pour le ciel, et Jésus, Fils de Dieu, est venu nous sauver, nous indiquer le chemin qui mène au ciel. Il faut raviver notre foi dans la résurrection et le bonheur du ciel! Vive l'espérance chrétienne!

D'OÙ VIENT NOTRE CROYANCE EN UNE ÂME IMMORTELLE?

L'une des croyances est que l'homme possède une âme immortelle qui survit à la mort de son corps. D'où vient cette croyance?

* * *

Comme naturellement, nous savons que nous possédons une âme spirituelle, et non seulement un corps matériel. Nos aspirations l'attestent. Cette âme nous ouvre à Dieu qui, seul, peut nous combler.

La Bible nous révèle que nous avons été créés par Dieu, à son image et à sa ressemblance (Gn 1, 26). La partie spirituelle de notre être, notre âme, importe beaucoup et facilite cette similitude.

Le concile Vatican II nous a rappelé que la personne humaine est dotée d'une âme «spirituelle et immortelle» (GS, 14).

L'Église enseigne donc que Dieu a créé une âme spirituelle et immortelle en nous. «Cette âme ne périt pas lors de sa séparation du corps dans la mort, et s'unira de nouveau au corps lors de la résurrection finale» (Catéchisme de l'Église catholique, 366).

DEVONS-NOUS CROIRE À LA DESTINÉE?

Moi, je n'y crois pas.

* * *

Vous êtes déjà éclairée.

La destinée, le destin, c'est du tout cuit d'avance.

Or, la vie n'est pas du tout cuit d'avance. Elle se déroule avec l'aide du Seigneur, de la Providence, mais pas à la façon d'une machine déjà programmée, d'un robot, sans liberté de modifier quoi que ce soit.

Nous sommes des êtres aimés par Dieu, et libres. Parfaitement libres de choisir le bien ou le mal, d'orienter notre vie. Nous ne nous croyons pas esclaves d'une quelconque destinée, d'un froid fatalisme.

Nous sommes libres d'une vraie liberté.

FAUT-IL CROIRE CEUX QUI REVIENNENT À LA VIE?

Que pensez-vous de ceux qui meurent et reviennent à la vie, puis nous racontent ce qu'ils ont vu et ce qui s'est passé dans l'au-delà?

***

Il y a des phénomènes qui étonnent, et dont nous n'avons pas d'explications vraiment scientifiques.

Nous ne pouvons affirmer que ces personnes furent vraiment mortes. Au seuil de l'éternité, elles ont vu certaines choses dont elles s'émerveillent. Elles ont vécu une expérience unique, quelque peu mystérieuse, difficile à préciser.

Revenues à la santé, elles s'extasient au souvenir de ces moments et elles en parlent. Elles regrettent de continuer à vivre sur terre.

Leur expérience est un fait qu'on ne peut facilement nier; l'explication demeure une hypothèse plus ou moins fantaisiste.

Ces «voyages aux portes de la mort» intéressent grandement les adeptes du «Nouvel Âge». En août 1990, l'Association internationale pour l'étude des états proches de la mort organisait un colloque international à Washington.

Rien ne s'objecte à accepter de tels témoignages s'ils ne contredisent pas notre foi chrétienne, mais sans tomber dans la crédulité ni attacher une importance démesurée à de tels phénomènes.

Plutôt que de nous perdre en conjectures à ce sujet, ne vaut-il pas mieux nous préparer à rencontrer un jour le Seigneur, à entrer dans sa victoire et son bonheur?

BEAUCOUP DE CATHOLIQUES CROIENT À LA RÉINCARNATION

Pouvez-vous nous expliquer clairement ce problème de la réincarnation?

* * *

La théorie païenne de la réincarnation n'est pas nouvelle. Elle fait partie de la religion hindouiste.

Selon cette religion des Indes, la réincarnation est une marche vers le nirvana, vers la tranquillité obtenue après plusieurs vies d'efforts pour s'améliorer. Selon la valeur de chacune de ces vies successives, nous progressons ou nous reculons dans notre marche vers la perfection.

La loi du Karma expliquerait ces réincarnations, ces existences successives à travers lesquelles l'être humain garderait son identité personnelle. Ces réincarnations pourraient se répéter des milliers de fois; elles cesseraient le jour où l'homme serait parfait et libéré. La vie consisterait à rembourser la dette contractée par les vies antérieures.

La réincarnation, comme la résurrection, fait espérer une vie meilleure et la fin, un jour, de nos souffrances. La réincarnation, comme la résurrection, incline au progrès spirituel.

Mais la théorie de la réincarnation va contre nos croyances et ne peut avoir droit de cité dans notre vie chrétienne. Elle ne peut être acceptée par l'Église.

Nous croyons que notre corps et notre âme composent notre moi, notre personne, que nous ne pouvons nous départir de notre corps pour nous unir à un autre corps.

De plus, la lettre aux Hébreux nous rappelle que «les hommes ne meurent qu'une fois, après quoi il y a un jugement» (9, 27).

Notre foi chrétienne et catholique nous enseigne avec clarté une doctrine autrement meilleure et encourageante que celle de la réincarnation. Notre foi nous fait croire que nous ne sommes pas sauvés par nos seuls efforts, même s'ils s'échelonnent sur plusieurs vies, mais que nous sommes sauvés par Dieu seul, par son amour, par la mort et la résurrection du Seigneur Jésus. «C'est par grâce que vous êtes sauvés! Avec lui il nous a ressuscités» (Ep 2, 5-6). «Quiconque invoquera le nom du Seigneur sera sauvé» (Ac 2, 21; Rm 10, 13).

Ainsi fut sauvé le bon larron, ce bandit qui n'obtint pas le ciel par des vies successives, mais par la miséricorde du Christ. «Aujourd'hui, tu seras avec moi dans le Paradis» (Lc 23, 43).

Le mauvais riche, dont parle Jésus, ne s'est pas réincarné. Il a choisi de satisfaire son égoïsme, et il a manqué l'opportunité de s'ouvrir au salut de Dieu (Lc 16, 19ss).

La théorie de la réincarnation ne peut aller de pair avec les dogmes chrétiens du ciel, du purgatoire, de l'enfer.

Jésus ressuscité nous promet la résurrection si nous marchons sur ses traces. En lui seul, mettons toute notre espérance. Elle ne sera pas déçue (I P 2, 6).

La théorie de la réincarnation répugne à l'évangile et à toute la Tradition de l'Église. Le chrétien a beaucoup mieux; son salut vient de Jésus!

POUVONS-NOUS AVOIR NOS CENDRES DANS L'ÉGLISE?

J'ai fait mes pré-arrangements depuis 10 ans, incinération et cérémonie au salon mortuaire. On m'assure qu'aller à l'église avec les cendres est acceptable dans l'Église. D'autres prêtres disent qu'il faut aller à l'église avec le corps...

* * *

L'incinération est permise pour tout catholique qui croit en la résurrection. Mais, «l'Église recommande vivement que soit conservée la pieuse coutume d'ensevelir les corps des défunts; cependant elle n'interdit pas l'incinération, à moins que celle-ci n'ait été choisie pour des raisons contraires à la doctrine chrétienne» (Can. 1176, 3).

La Congrégation pour le Culte divin décrétait le 3 décembre 1984: «La présence des cendres à la messe est permise au Canada quand les circonstances particulières et le jugement pastoral de l'évêque le recommandent. Les cendres ne seront pas placées sur l'autel, et on n'utilisera pas le cierge pascal».

Je vous conseille de vous renseigner au sujet des politiques diocésaines qui concernent les funérailles chrétiennes.

Les cérémonies liturgiques des funérailles chrétiennes peuvent varier d'un diocèse à l'autre. En divers endroits, il est légitime d'avoir la cérémonie religieuse à l'église avec la présence des cendres.

En 1993, voici ce qui se faisait en pratique, dans le diocèse de Québec. 78 % des funérailles se célébraient en présence du corps, 19 % en présence des cendres et 3 % en l'absence du corps et des cendres. La plupart du temps, les cendres sont ensuite déposées au cimetière ou dans un columbarium, ce qui m'apparaît une heureuse décision.

Que les funérailles soient l'occasion de réveiller notre foi dans la résurrection et notre espérance chrétienne.

UN BÉBÉ NON BAPTISÉ PEUT-IL ÊTRE ENTERRÉ DANS UN CIMETIÈRE CATHOLIQUE?

On enterre dans un cimetière catholique tout baptisé, même si l'on croit, par sa vie désordonnée, qu'il avait le diable en lui. Des personnes qui ne pratiquaient plus depuis longtemps sont enterrées dans un cimetière catholique. Est-ce logique d'enter-

rer en dehors d'un cimetière catholique un enfant mort sans baptême?

* * *

Par le baptême, nous avons la vie divine en nous, notre corps devient le temple de l'Esprit Saint, nous appartenons au Seigneur, nous sommes membres de l'Église. L'Église reconnaît le caractère sacré de tout baptisé, même après la mort. Elle veut un lieu sacré pour les fidèles, en attendant le grand jour de la résurrection, lors du retour de Jésus glorieux.

Dans le Code de Droit canonique, l'Église reconnaît le droit de toute personne juridique ou de toute famille d'avoir son propre cimetière ou son propre caveau, pourvu que les lois civiles le permettent. Ce qui intéresse l'Église, c'est le respect de la condition sacrée de ce lieu. L'évêque jugera si ce lieu peut être béni. Les corps des fidèles défunts doivent reposer en un lieu sacré.

Si la personne est baptisée, l'Église ne lui refuse normalement pas les funérailles chrétiennes.

Voici quelques exceptions dont parle le Droit canonique:

«Doivent être privés des funérailles ecclésiastiques, à moins qu'ils n'aient donné quelque signe de pénitence avant leur mort:

1. les apostats, hérétiques et schismatiques notoires;

2. les personnes qui auraient choisi l'incinération de leur propre corps pour des raisons contraires à la foi chrétienne;

3. les autres pécheurs manifestes, auxquels les funérailles ecclésiastiques ne peuvent être accordées sans scandale public des fidèles» (Can. 1184).

Quant aux enfants morts sans baptême, l'Église, sensible à une meilleure compréhension, autorise qu'ils soient ensevelis près des autres membres de la famille.

Le Catéchisme de l'Église catholique dit à leur sujet: «L'Église ne peut que les confier à la miséricorde de Dieu, comme elle le fait dans le rite des funérailles pour eux. En effet, la grande miséricorde de Dieu qui veut que tous les hommes soient sauvés, et la tendresse de Jésus envers les enfants... nous permettent d'espérer qu'il y ait un chemin de salut pour les enfants morts sans baptême» (1261).

LE SUICIDE EST-IL UN PÉCHÉ?

* * *

Qu'il est triste d'apprendre qu'une personne s'est enlevé la vie, surtout s'il s'agit d'un jeune!

Pourquoi une personne âgée, pourquoi un homme ou une femme dans la quarantaine, pourquoi un adolescent ou une adolescente mettent-ils fin à leur vie?

Il est facile de condamner les personnes qui se suicident, d'affirmer qu'elles sont responsables d'un grand crime contre la vie. Nous savons bien que le Seigneur, seul Maître de la vie, a défendu de tuer (Ex 20, 13), et donc de s'enlever la vie. C'est, en soi, un grand péché.

Il faut se le rappeler quand vient la tentation du suicide. Il faut se redire le sérieux de cette faute.

Je ne puis conclure pour autant que les personnes qui se suicident sont toutes subjectivement coupables d'un crime. Ces personnes sont souvent en proie à des souffrances qui créent une crise atroce et aliénante. Tellement qu'elles perdent conscience de la réalité et qu'elles ne jouissent plus de leur volonté libre. Dieu seul les jugera. Peut-être que Dieu permet à ces gens de regretter leur geste avant de mourir. À lui de juger! Il est le Dieu de la miséricorde infinie.

Pour nous, faisons tout en notre pouvoir pour soutenir les gens, si nombreux, qui affrontent des drames affreux dans leur vie. Beaucoup auraient besoin d'une oreille qui les écoute, et ils n'en trouvent pas. Beaucoup auraient besoin d'un coeur ami, et ils n'en découvrent pas. Ils désespèrent et lâchent tout. C'est grave, et c'est malheureux!

Tout près de nous, dans notre foyer souvent, il y a de grandes souffrances. Il y a des conjoints meurtris dans leur amour et qui pleurent dans la solitude. Il y a des jeunes «déboussolés» devant une vie dont ils ne voient plus le sens. Chacun de nous peut faire tellement pour les secourir. Il existe aussi des centres d'accueil pour les suicidaires.

Le suicide est un mal grave. Ignorer la détresse est aussi sérieux.

QU'ARRIVERAIT-IL SI JE ME SUICIDAIS?

Je suis une fille de 15 ans. Depuis que mon chum, qui était tout pour moi, m'a laissé tomber, je pense au suicide.

Ça m'a fait mal, très mal; on dirait que j'ai tout perdu. Ainsi que ma raison de vivre. Priez pour moi, S.V.P.

J'y pense sérieusement, mais personne ne le réalise. Je l'ai dit, mais ils le prennent à la légère. Ils ne me croient pas.

Il y a de mes amis qui se sont suicidés. Que leur arrive-t-il? Où vont-ils?

* * *

Le coeur s'émeut à l'écoute d'un autre coeur, d'un jeune coeur, d'un coeur déchiré par un amour déçu.

Ce cri d'une jeune fille, c'est le cri de beaucoup de jeunes filles. De jeunes garçons aussi.

Et moi, je te dis, chère jeune amie, crois à la vie, crois à l'amour qui dure, crois au bonheur.

Ne détruis pas ton existence, ne tue pas toutes ces forces en toi, ne mets pas fin brutalement à ta vie. Ce serait triste, ce serait absurde, ce serait irréparable.

La vie est en avant, toujours en avant. Elle a ses échecs, ses drames, ses pleurs, mais elle a aussi ses réussites, ses joies, ses rires. Garde haut ton idéal d'amour, de bonheur et de vie réussie.

Surtout, n'oublie pas, toi qui crois à Jésus, qu'il est venu pour que ta vie soit un succès, pour t'aider, pour te fortifier dans la peine. Prie-le avec ton coeur d'adolescente, avec ta détresse d'amour brisé. Il te consolera.

Je ne veux pas répondre directement à ta question sur le suicide, sinon pour te dire que Dieu ne le veut pas, mais pas du tout! Quant à tes jeunes amis qui ont mis fin à leurs jours, c'est une grave erreur causée par leur souffrance, mais il ne faut pas les imiter. Dieu, je l'espère, a pitié d'eux et d'elles. Je prie pour eux.

Je prie aussi pour toi. Je te souhaite de bons amis qui t'écoutent, t'encouragent et t'aident dans ton cheminement de foi. Je sais que le Seigneur t'aime; aussi, Marie, ta Mère du ciel.

***

QUE DIRE À UNE PERSONNE QUI VEUT S'ENLEVER LA VIE?

* * *

Il n'est pas facile de fournir une réponse qui vaille pour tous les cas.

Il y a la prière, c'est évident pour tout chrétien. Il y a aussi l'oreille attentive au cri d'un frère ou d'une soeur qui, devant les difficultés, désespère et cherche à en finir avec l'épreuve en mettant fin à ses jours.

Soyez à l'écoute de qui parle de suicide! Soyez à l'écoute avec votre coeur. Presque tous les suicidaires lancent des cris de détresse avant de passer à l'action; mais souvent leurs appels ne sont pas décodés par les personnes qui les approchent. Les gens les plus malheureux sont ceux et celles qui n'ont plus personne pour entendre le cri de leurs souffrances ou pour se pencher sur la détresse de leur solitude.

En beaucoup de milieux, il existe des centres d'accueil pour les personnes à tendance suicidaire. Il existe une Association canadienne de prévention du suicide. Il faut vous renseigner.

Votre foi, votre intelligence et votre coeur vous suggéreront la meilleure attitude et l'approche qui guérira ou atténuera le mal et ainsi la tendance au suicide.

LES PROPHÉTIES DE L'APOCALYPSE SE RÉALISERONT-ELLES?

***

Les prophéties apocalyptiques du dernier livre de la Bible nous sont livrées dans un style imagé, un peu difficile à saisir. Il faut chercher à savoir ce que l'écrivain veut nous faire comprendre à travers symboles, images et chiffres.

L'Apocalypse est un livre d'espérance. Le Seigneur reviendra! Nous pouvons connaître toutes sortes d'épreuves, l'Église subir des persécutions sanglantes et systématiques, le Seigneur reviendra!

Trop de gens sont enclins à une interprétation littérale de ces prophéties apocalyptiques. L'étude de l'eschatologie, des fins dernières, de ce qui va survenir à la fin du monde, les fascine. Ils cherchent à connaître ce qui va se passer et le moment exact de la parousie, du retour du Christ. Certains croient que ce sera pour très bientôt. À tous les siècles, des chrétiens ont cru que la fin des temps était arrivée. Contentons-nous de répéter la prière de saint Jean, à la fin de la Bible: Maranatha! «Viens, Seigneur Jésus» (Ap 20, 22).

Saint Paul réagit devant les chrétiens qui, dès le début de l'Église, croyaient prochain le retour glorieux du Christ. En attendant la parousie, dit-il, il ne faut pas cesser nos activités terrestres. «Si quelqu'un ne veut pas travailler, qu'il ne mange pas non plus», déclare-t-il (2 Th 3, 10).

L'Église, elle, répète les paroles du Seigneur: «Quant à la date de ce jour, et à l'heure, personne ne les connaît...» (Mt 24, 36). «Veillez donc, car vous ne savez ni le jour ni l'heure» (Mt 25, 13).

SATAN SERA-T-IL CHASSÉ DE LA TERRE PENDANT 1000 ANS?

* * *

Tel n'est pas l'enseignement de l'Église.

Cependant, que faut-il penser du millénarisme ou du millénium dont on a parlé à certaines époques de l'histoire chrétienne, dont on parle encore aujourd'hui en certains milieux? Le millénium, c'est cette croyance que le Christ régnera sur terre 1000 ans avant le jugement dernier.

Le texte scripturaire à la base de cette doctrine, nous le trouvons dans le livre de l'Apocalypse, chapitre 20, versets 1 à 7. Rien de ce qui précède ce passage ne permet de penser que le Christ doit jouir d'un règne intermédiaire de 1000 ans. Rien, non plus, dans le reste du Nouveau Testament ne porte à y croire.

Avant saint Augustin, mort en 430, certains chrétiens, même Tertullien, y croyaient. Au cours des siècles qui suivirent, et même aujourd'hui, certaines sectes religieuses y croient toujours. Leur interprétation de ce texte prophétique est littérale.

Saint Jean, qui écrivit l'Apocalypse, assure les chrétiens que leurs épreuves seront brèves comparées à leur bonheur avec le Christ. Il ne dit pas que ce bonheur se vivra sur terre. Comme chrétiens, nous croyons à un bonheur éternel.

Le long règne du Christ, représenté par 1000 ans, n'est-ce pas celui de l'histoire de l'Église, alors que le Seigneur l'accompagne jusqu'au moment de la parousie, c'est-à-dire jusqu'au moment de son retour? Entretemps, Satan exerce toujours son influence.

L'Église rejette donc le millénarisme, qui serait une réalisation dans l'histoire d'un règne qui ne peut s'accomplir que dans l'au-delà (Catéchisme de l'Église catholique, 676).

SERONS-NOUS JUGÉS IMMÉDIATEMENT APRÈS LA MORT?

Quand ils disent qu'à la fin des temps, il y aura un jugement, cela veut-il dire qu'au moment de la mort, nous ne serons pas jugés tout de suite?

* * *

L'Église enseigne qu'il y aura un jugement général à la fin des temps, mais qu'il y aura aussi un jugement particulier qui suivra le moment de notre mort.

Le mauvais riche souffre dès après sa mort, tandis que Lazare, le pauvre, jouit du bonheur avec Abraham (Lc 16, 23).

Au bon larron, Jésus fait la promesse: «Aujourd'hui, tu seras avec moi dans le Paradis» (Lc 23, 43).

Il existe donc un jugement particulier immédiatement après la mort. La personne qui meurt rencontre son Dieu. Elle entre au Paradis, pour participer au bonheur sans fin de «ceux qui meurent dans le Seigneur» (Ap 14, 13). Ce sera la «communion dans le Christ avec nos frères bien-aimés...» (Vatican II, L'Église dans le monde de ce temps, 18). «La mort vaincue, les fils de Dieu ressusciteront dans le Christ» (l.c., 39). L'âme peut aussi s'éloigner de Dieu dans l'Enfer qu'elle a choisi par sa vie. Elle peut devoir se purifier dans le Purgatoire, avant de goûter la joie éternelle.

Quant au jugement général, à la fin des temps, la Bible en fait souvent mention. Il y aura «un ciel nouveau, une terre nouvelle» (Ap 21, 1ss). Ce sera le début de la fête éternelle pour tous les élus rassemblés (Mt 13, 49-50; 25, 34).

QUAND COMMENCERA LA VIE ÉTERNELLE?

J'aimerais une réponse sur la vie après la mort. Personnellement, je crois à cette vie immédiate, mais bien d'autres croient que ce sera à la fin des temps, à la résurrection de la chair. Sans parler de ceux qui disent que tout est fini avec la mort.

* * *

Le Seigneur a souvent parlé de la vie éternelle. L'événement de sa résurrection est à la base de notre espérance. Il est le premier-né d'entre les morts (Col 1, 18). Nous ressusciterons comme lui. Notre vie se poursuivra dans la transformation glorieuse.

Le Seigneur nous a promis cette vie éternelle, mais il ne nous a pas détaillé tout ce qui concerne cette vie. Comment pouvait-il nous faire comprendre le bonheur qui nous attend? C'est au-delà de toute pensée: «L'oeil n'a pas vu, l'oreille n'a pas entendu,... tout ce que Dieu a préparé pour ceux qui l'aiment», soutient saint Paul (I Co 2, 9).

Dès la fin de notre vie sur terre, nous vivrons avec le Seigneur, en communion avec lui, dans le bonheur du paradis.

À la fin des temps, ce sera la résurrection, notre corps revivra, transformé. Nous goûterons la joie sans fin dans le ciel de Dieu, avec le Seigneur et tous nos parents et amis sauvés.

Au quai de l'éternité, disait quelqu'un, nous serons émerveillés de voir cette multitude d'ami-e-s qui, avec le Seigneur et Marie, nous attendent joyeusement.

JE VOUDRAIS SAVOIR CE QUI SE PASSE DE L'AUTRE CÔTÉ

* * *

Après la mort, notre âme, l'élément spirituel en nous, continue de subsister pour vivre en communion avec Dieu. «Aujourd'hui», dit Jésus au bon larron, «tu seras avec moi dans le paradis» (Lc 23, 43). Nous ne cesserons pas d'exister.

À la fin des temps, au moment de la parousie du Christ, c'est-à-dire au moment de sa seconde venue, à la fin de l'histoire, toute notre personne, même notre corps, partagera la résurrection de Jésus. Comme le Christ, nous garderons notre identité, mais nous serons transfigurés.

La résurrection de Jésus est à la base de notre foi (I Co 15, 20) et nous assure de notre propre résurrection (I Co 15, 14). Cette espérance est malheureusement affaiblie chez certains chrétiens. Il y en a qui doutent de la résurrection véritable de Jésus; il y en a qui doutent de leur propre résurrection.

Toute la Tradition chrétienne affirme ces vérités, la survie de l'âme après la mort et la résurrection future de notre corps, ces deux étapes de l'eschatologie.

Sans notre espérance chrétienne, nous ne pourrions bien vivre notre vie chrétienne. Notre espérance du bonheur du ciel atteste que le salut, pour nous, ne consiste pas uniquement, ni surtout, dans un bien-être sur cette terre. Le messianisme est plus que temporel. Il ne faut pas, pour autant, négliger nos devoirs sociaux. Notre espérance porte surtout sur le bonheur éternel de toute notre personne, y compris notre corps.

La mort n'est pas suivie par le néant, mais par une vie nouvelle.

Nous disons dans le credo: «Je crois à la vie éternelle».

Au sujet de l'au-delà, nous savons peu, et nous savons beaucoup. Nous savons que, dès notre mort, le bonheur nous attend, si nous sommes fidèles à Dieu. Notre foi nous enseigne également l'existence de l'enfer pour les pécheurs qui ne se convertissent pas. Enfin, notre foi nous rappelle que le purgatoire existe; nous pouvons aider de nos prières ceux qui passent par cette étape de la purification.

Dès la chute de nos premiers parents, la vie éternelle bienheureuse devint possible, car le Seigneur dans sa bonté fit alliance
avec l'homme pour le sauver.

LES DÉMONS EXISTENT-ILS?

*Si Dieu a créé toutes choses, et que tout ce qu'il a créé est bon,
peut-il avoir créé le diable?*

* * *

L'existence du démon est reconnue même en dehors de l'Église
catholique. Il est question du démon dans toutes les grandes religions.

Les exorcismes, bien qu'ils ne soient pas fréquents, témoignent
de la croyance en lui.

Le démon..., on lui crée parfois beaucoup d'espace dans nos
préoccupations!

Dieu n'a pas créé le démon comme démon. Nous croyons plutôt que les démons sont des anges déchus, des esprits révoltés contre Dieu. Ces esprits superbes ont fait un choix, celui de s'opposer
à Dieu. Puisqu'ils sont de purs esprits, ce péché si grave qu'ils ont
commis en fut un d'orgueil et de désobéissance (2 P 2, 4).

Jean-Paul II déclarait: «L'Église, par le 4e Concile du Latran
(1215), enseigne que le diable (ou Satan) et les autres démons 'ont
été créés bons par Dieu mais sont devenus mauvais par leur propre
volonté'». C'est d'ailleurs ce que nous lisons dans saint Jude, 6, et
dans saint Pierre (2 P 2, 4).

L'existence des démons a toujours été reconnue dans l'Église,
même si, aujourd'hui, plusieurs croient qu'ils ne sont que les symboles du mal, nos représentations de ce mal qui règne un peu partout dans le monde.

Le 13 août 1986, le Pape crut bon de parler des mauvais anges car, disait-il, «cela permet d'éclairer ce qu'est la foi droite de l'Église face à ceux qui la faussent en exagérant l'importance du diable, face aussi à ceux qui la nient ou minimisent la puissance maléfique de celui-ci».

Satan est «l'ange tombé, l'esprit du mal, que l'on appelle encore diable ou démon». Satan, le «père du mensonge» (Jn 8, 44), cherche à nous rendre semblables à lui, à créer en nous la révolte contre Dieu. Il nous invite à agir «comme des dieux» (Gn 3, 5).

Par le péché originel, il exerce une certaine domination sur nous, domination à laquelle nous renonçons au moment de notre baptême.

Il est le «prince de ce monde» (Jn 12, 31, etc.), le «tentateur», «l'antichrist» (1 Jn 4, 3), le «dragon» dont parle l'Apocalypse (Ap 12, 3. 7, etc.). Il n'est pas seul; il a ses anges à lui (Mt 25, 41).

Satan nous tente de faire le mal. Soyons vigilants (I P 5, 8), prions pour lui résister (Mc 9, 29).

Il ne faut pas, cependant, tomber dans le dualisme, comme s'il y avait deux Dieux, le Dieu bon et le Dieu méchant. Le démon n'est qu'une créature déchue et sa puissance est limitée.

Les possessions diaboliques, l'influence du démon sur le corps humain, peuvent exister, mais il n'est pas facile de le discerner.

«Avant d'admettre un cas de possession, il importe d'épuiser à plein les possibilités de la médecine et de la psychiatrie» (cardinal Hoeffner).

Comme dit le Pape, «l'Église ne cède pas facilement à la tendance à attribuer de nombreux faits à des interventions directes du démon, elle ne la favorise pas» (13 août 1986).

Satan existe; le monde est facilement pervers; il y a en nous des tendances mauvaises. Sachons distinguer ces trois réalités.

Si, de nos jours, le rationalisme cherche à nier l'existence du démon, ce qui fait son jeu, car il cherche à se camoufler, n'oublions jamais, toutefois, la liberté et la responsabilité de l'être humain.

N'oublions surtout pas l'action du Christ Jésus toujours vivant et agissant.

«C'est pour détruire les oeuvres du diable que le Fils de Dieu est apparu» (I Jn 3, 8).

«L'Église», dit le Pape, «participe à la victoire du Christ sur le diable» (20 août 1986). Elle le fait par la prière, rarement par l'exorcisme que l'évêque ne peut confier qu'à des prêtres sages et dignes de confiance.

«Autant il faut demander à Dieu de 'nous délivrer de tout mal', selon la prière du Pater», déclare le cardinal Joseph Suenens, «autant il faut éviter d'interpeller les esprits mauvais, sauf les cas extrêmes confiés à la sagesse de l'évêque ou de celui qui est dûment mandaté par lui».

La victoire finale, nous le savons, sera celle du Christ. Ne nous a-t-il pas arrachés à l'empire des ténèbres pour nous transférer dans son Royaume (Col 1, 13)?

DES JEUNES PRATIQUENT DES EXERCICES SATANIQUES...

Autrefois, on ne parlait pas beaucoup de Satan. Aujourd'hui, on entend dire que des jeunes pratiquent des exercices sataniques.

* * *

Certains affirment que Satan n'est qu'une idée, un fantasme, le nom donné à des forces du mal. D'autres, le Pape parmi eux, soutiennent qu'il est un être perverti et pervertisseur.

Nombreux ceux et celles qui cherchent à exercer un pouvoir sur les événements et la vie grâce à une meilleure connaissance des forces occultes, des puissances cachées. Les forces occultes ne sont pas nécessairement identifiables aux forces du mal. Mais Satan peut s'infiltrer dans les ténèbres, loin de la lumière du Christ.

Certains se complaisent même dans un culte satanique. Est-ce surprenant dans une société a-thée, sans Dieu? Se multiplient les cas de culte à Satan, surtout chez les jeunes. En certains milieux, il y a des rites cultuels, des messes noires, des orgies de foi déboussolée et orientée vers le Malin. Les séquelles sont néfastes pour l'équilibre psychique et spirituel.

Il est malsain de paniquer. Il est erroné de voir le Diable partout. Il ne faut pas oublier nos tendances mauvaises qui ne sont pas diaboliques. Il est dangereux de vouloir exorciser à tout propos, sans mandat, sans connaissances théologiques suffisantes. Ou même d'utiliser gauchement et trop souvent la prière de délivrance, ce mini-exorcisme!

Plusieurs en sortent blessés. Après un bien-être passager, ils peuvent, dans leur émotivité et peut-être par traumatisme, s'imaginer de nouveau la proie du démon. Sans s'en rendre compte, ils fixent leur attention sur lui et détournent leurs regards de Jésus. Satan n'est pas un dieu.

La possession du démon, même partielle, est plutôt rare. Il ne faut pas, non plus, accentuer l'obsession du diable. Ce serait de la démonomanie.

Qu'il y ait prière paisible pour que soit chassé le Malin, soit! C'est, heureusement, celle de plusieurs milieux de prière. Mais que la prière soit centrée sur Jésus, avec une joyeuse confiance en lui.

L'Esprit Saint allume des feux dans les coeurs. Satan, l'antichrist, cherche à les éteindre. «Résistez-lui, fermes dans la foi» (I P 5, 9).

«Ayez toujours en main le bouclier de la Foi, grâce auquel vous pourrez éteindre tous les traits enflammés du Mauvais» (Ep 6, 16).

LE CIEL, LE PURGATOIRE, L'ENFER, SONT-ILS DES DOGMES?

À ma connaissance, l'Église n'a jamais proclamé ces vérités en tant que dogmes formels. Si je fais erreur, veuillez, s.v.p., m'indiquer en quelles circonstances ces faits ont eu lieu et à quelle date.

* * *

Je ne crois pas nécessaire d'insister sur le ciel, cette vie éternelle avec le Seigneur. Tout l'évangile de Jésus en fait mention. Notre credo nous fait dire avec force et conviction ce qui est au creux de notre espérance chrétienne: «Je crois... à la résurrection de la chair, à la vie éternelle».

Pour ce qui est du purgatoire, nous pouvons lire à ce sujet le livre des Macchabées, au chapitre 12, versets 43 à 46. Nous pouvons nous référer à l'enseignement des Pères de l'Église, tant orientaux qu'occidentaux, à celui de toute la Tradition. Son existence, affirmée par le concile de Florence, en 1439, a de nouveau été soutenue officiellement au 16e siècle par le concile de Trente, en sa 25e session. Le concile Vatican II, 1962-1965, dans son texte sur l'Église, parle aussi du purgatoire (No 50).

Au sujet de l'enfer, le Nouveau Testament nous en parle souvent et nous le présente sous des images terrifiantes. Le 4e concile du Latran, en 1215, et celui de Trente, 1545-1563, ont tous deux soutenu qu'il existait et ont parlé de «punition éternelle», de «damnation éternelle».

Le Catéchisme de l'Église catholique, présenté par le Pape Jean-Paul II le 11 octobre 1992, explique cet article de foi contenu dans le credo, «Je crois à la vie éternelle». Il présente le jugement particulier, il traite du ciel, du purgatoire et de l'enfer, il souligne le jugement dernier, et l'espérance des cieux nouveaux et de la terre nouvelle (Nos 1020-1060).

QU'EST-CE QUE LE CIEL?

Lorsqu'une personne aux portes de la mort nous demande: «Qu'est-ce que le ciel?», que devons-nous lui répondre? Merci de votre réponse qui sera celle de Jésus.

* * *

J'espère qu'elle sera celle de Jésus.

Car Jésus nous a parlé du ciel, de la vie éternelle, du bonheur qui nous attend là-haut, dans le sein d'Abraham (Lc 16, 22), là où il n'y aura plus ni pleur ni cri ni peine (Ap 21, 4), là où Dieu essuiera toute larme de nos yeux (Ap 7, 17).

Cette vie avec Dieu, avec le Christ, avec Marie, avec les anges et les saints et saintes, sera le bonheur parfait, la réalisation de nos plus grandes aspirations.

Espérons les biens de ce monde à venir, de ce ciel de Dieu. «Nous cheminons dans la foi, non dans la claire vision» (2 Co 5, 7). «La foi est la garantie des biens que l'on espère» (He 11, 1).

Devant la mort, ne soyons pas «comme ceux qui n'ont pas d'espérance» (I Th 4, 13).

Oui, j'espère que vous pourrez faire comprendre la joie du ciel, de ce ciel que Jésus compare à un festin éternel, à un banquet de noces (Mt 22, 2; Lc 13, 29; 22, 30).

Consolez toute personne près de mourir, et peut-être fort souffrante, en lui rappelant que «les souffrances du temps présent ne sont pas à comparer à la gloire qui doit se révéler en nous» (Rm 8, 18).

La Parole de Dieu que vous utiliserez sera vivante et efficace (Is 55, 11), pour cette âme prête à paraître devant Dieu.

PENSEZ-VOUS QUE MON FILS EST AU PARADIS?

J'ai perdu un fils de 21 ans l'an dernier, dans un accident d'automobile. Il est décédé sur le coup. Comme il n'allait pas à la messe, je me fais beaucoup de soucis pour lui.

* * *

À 21 ans, votre fils respirait l'air du temps, cherchait à voler de ses propres ailes, ne comprenait peut-être pas encore toute l'importance de sa foi chrétienne et surtout de la pratique religieuse.

Beaucoup de cadeaux du Seigneur ne sont pas déballés. Pas par mépris, mais par ignorance de ce qu'ils peuvent nous apporter. Il ne faut pas oublier que Dieu est un Dieu de bonté et de miséricorde, venu non pour juger, mais pour sauver (Jn 12, 47). Lui, le Fils de l'homme, «est venu chercher et sauver ce qui était perdu» (Lc 19, 10).

Abuser de l'amour de Dieu pour commettre le mal serait triste et malheureux. La personne qui agirait ainsi en souffrirait. Dans le cas de votre fils et de beaucoup, l'ignorance explique la négligence religieuse. Dieu aime votre fils comme vous l'aimez et même davantage. Confiez-lui votre enfant.

LES PRÊTRES NE PARLENT PLUS DU PURGATOIRE

Pourtant, il nous faut prier pour secourir les âmes qui sont dans ce lieu de souffrances. Que savons-nous du purgatoire?

* * *

Nous savons, d'après la Bible, qu'il est saint et salutaire de prier pour les défunts et d'offrir des sacrifices pour qu'ils soient délivrés de leurs péchés (II Maccabées, 12, 46).

Nous pouvons citer d'autres textes bibliques qui peuvent étayer la croyance au purgatoire, comme I P 3, 15. Je pense aussi à cette parole de Jésus nous invitant à nous réconcilier avec nos ennemis dès cette vie. Autrement, ce sera la «prison». «Tu ne sortiras pas de là», affirme Jésus, «que tu n'aies rendu jusqu'au dernier sou» (Mt 5, 26).

N'est-il pas normal que le purgatoire existe pour libérer les défunts, amis de Dieu, de toute attache malsaine et de toute «peine temporelle» non encore expiée? Ne convient-il pas de compléter notre purification, avant de voir le Seigneur?

L'existence du purgatoire est un dogme affirmé par les conciles de Lyon en 1245 et 1274, de Florence en 1439, de Trente en 1563. Le Concile Vatican II parle des disciples de Jésus qui, «après cette vie, subissent la purification»; il rappelle les suffrages offerts pour eux, pour «ceux qui après la mort sont encore en état de purification» (L'Église, 49-50-51).

En 1979, la Congrégation pour la Doctrine de la Foi rappelait les vérités qui concernent notre vie future: le ciel, l'enfer et le purgatoire.

Nous lisons dans le Catéchisme de l'Église catholique: «Ceux qui meurent dans la grâce et l'amitié de Dieu, mais imparfaitement purifiés, bien qu'assurés de leur salut éternel, souffrent après leur mort une purification, afin d'obtenir la sainteté nécessaire pour entrer dans la joie du ciel» (1030).

Beaucoup de prêtres parlent du purgatoire, du moins implicitement, lors du mois de novembre, mois consacré au souvenir de nos défunts. Ils invitent les fidèles à prier, à gagner des indulgences pour les âmes du purgatoire.

À chaque messe, quelle que soit la prière eucharistique, les prêtres intercèdent pour les défunts. «Pour nos frères et soeurs défunts, pour les personnes qui ont quitté ce monde, et dont tu connais la droiture, nous te prions. Reçois-les dans ton Royaume...».

Nous ne savons pas beaucoup de détails au sujet du purgatoire, mais nous croyons que les âmes du purgatoire sont des ami-e-s de Dieu. Dans notre charité, ne les oublions pas. Après notre mort, espérons-le, d'autres intercéderont pour nous.

L'ENFER EXISTE-IL VRAIMENT?

* * *

J'aimerais vous répondre non.

L'Église affirme officiellement que l'enfer existe, qu'il commence immédiatement après la mort pour les damnés et qu'il est éternel. C'est que l'être humain, créé libre, peut dire non au Seigneur, à son amour, et pécher gravement. Le Christ n'a-t-il pas affirmé avec insistance que, si nous négligeons la charité, nous serons loin de lui à jamais, dans le «feu éternel», voués à une «peine éternelle» (Mt 25, 41. 46)?

C'est l'homme qui, librement, s'éloigne de Dieu et se crée l'enfer. Tous ceux et celles qui meurent dans l'iniquité se perdent, iront dans la «géhenne», dans cette fournaise ardente dont parle souvent Jésus (Mt 13, 41-42).

Dieu n'a pas voulu ni créé l'enfer. Il nous a faits libres d'une vraie liberté. Nous pouvons être stupides au point de refuser Dieu dans notre orgueil. Nous pouvons le rejeter en méprisant ses lois. C'est alors que nous nous créons l'enfer, un enfer loin de Dieu, seule Source d'amour et de bonheur.

Jean-Paul II rappelait l'importance de ne pas oublier les grandes vérités, la mort, le jugement, l'enfer, le ciel.

Dieu ne veut pas que personne périsse, «mais que tous arrivent au repentir» (2 P 3, 9).

Dieu s'est tellement opposé à l'enfer qu'il a accepté la souffrance de sa mort en croix pour nous en délivrer.

EST-CE NORMAL DE NE PAS PRÊCHER SUR L'ENFER?

Notre-Seigneur est mort pour nous sauver de quoi au juste? N'est-ce pas de l'enfer? Pourquoi semble-t-il y avoir un mot d'ordre pour taire ce dogme de notre foi? À entendre certains de nos pasteurs, tout le monde va droit au ciel. Jamais un mot sur l'enfer ou sur le purgatoire! Est-ce charitable de ne pas prêcher la vérité entière? Quand l'Évangile du dimanche nous rappelle la parabole du mauvais riche et du pauvre Lazare, il nous est dit: «Là seront les pleurs et les grincements de dents. Allez, maudits, au feu éternel!»

Le Pape a déclaré que les fidèles «ont le droit de recevoir la Parole de la foi, non pas mutilée, falsifiée, diminuée, mais pleine et entière dans toute sa rigueur et toute sa vigueur... Il importe de ne pas réduire l'enseignement à quelques points plus aisément reçus».

À défaut de l'amour de Dieu, la crainte d'aller en enfer peut nous empêcher de pécher gravement.

* * *

Nous devons demeurer dans le contexte de l'amour de Dieu. Si nous ne le faisons pas, nous désorientons la Bonne Nouvelle. Nous détruisons le message d'amour que nous a crié le Christ du milieu de ses souffrances et du haut de la croix.

L'enfer, c'est l'absence de Dieu, c'est l'absence de l'amour; c'est donc l'absence du bonheur! C'est la solitude loin du Seigneur et de nos frères et soeurs.

Paul VI avait rappelé l'existence de Satan, du purgatoire, de l'enfer et du ciel. Jean-Paul II a fait de même.

L'enfer, c'est nous qui pouvons le créer en refusant Dieu ou un point important de sa doctrine.

Notre Dieu est un Dieu d'amour, de tendresse et de miséricorde. C'est surtout cela qu'il nous faut prêcher, même s'il faut faire connaître la vérité entière. Ce qui transforme une vie, ce qui fait atteindre la sainteté, c'est de saisir vraiment l'amour infini de Dieu pour nous.

ON NE PARLE PLUS DES LIMBES

Je me demande si ces lieux ou états existent encore.

* * *

Sachant la nécessité du baptême, les chrétiens se sont questionnés sur l'avenir éternel des êtres innocents non baptisés. Plusieurs ont cru aux Limbes, en un lieu de bonheur naturel. Les Limbes seraient un lieu spécial pour les enfants morts sans baptême, un état entre la vision béatifique et l'enfer.

La croyance aux Limbes ne fut jamais un dogme de notre foi. C'est plutôt une explication offerte par les théologiens du Moyen-Âge et jusqu'à Vatican II pour ceux qui voulaient savoir ce qu'il advient aux petits enfants non baptisés. Le Catéchisme de l'Église catholique, publié en 1992, n'en parle pas.

Aujourd'hui, nous sommes enclins à croire que Dieu, dans sa bonté infinie, offre son bonheur, même à ceux qui, sans que ce soit de leur faute, n'ont pas été baptisés et sont morts dans l'innocence. Le Seigneur Jésus peut faire passer la grâce rédemptrice autrement qu'à travers les sacrements; ce qui ne diminue en rien la nécessité du baptême comme il l'a voulue. Il faut baptiser les enfants pour répondre à la demande du Seigneur, pour qu'ils s'associent à la mort et à la résurrection du Christ et deviennent membres de l'Église. Ce fut toujours là la pratique de l'Église.

- IX -

LE NOUVEL ÂGE
ET LES NOUVELLES RELIGIONS

J'inclus dans cette rubrique, non seulement les questions sur le Nouvel Âge, mais aussi celles qui touchent les nouvelles religions.

QU'EST-CE QUE L'ÉGLISE ENTEND PAR SECTES RELIGIEUSES?

Est-ce que les Baptistes et les Pentecôtistes font partie de ces sectes? L'ésotérisme fait-il partie de ces sectes?

* * *

Il y a beaucoup de «nouvelles religions», de «nouveaux mouvements religieux». Déjà, nous connaissions les Mormons («Église de Jésus Christ des saints du dernier jour», fondée aux États-Unis vers 1829)... Nous trouvons maintenant l'Église du Plein Évangile, l'Église de l'unification ou Moonisme, la Fraternité Blanche Universelle, la Foi universelle Baha'ie, le Mouvement raëlien, Eckankar, Khrishna, une pléthore de sectes, de gnoses et de mouvements issus du Nouvel Âge...

Distinguons entre sectes et gnoses.

Le terme «secte» comporte une connotation péjorative. La secte est un groupe religieux, normalement restreint, qui ne s'identifie pas aux grandes dénominations. La secte se caractérise par une interprétation littérale et fondamentaliste de la Bible, sans trop de références au contexte, au genre littéraire de l'auteur, au sens des symboles utilisés. Elle manifeste une attitude de ghetto ou de lieu privilégié. Elle est eschatologique et met l'accent sur la parousie et la fin du monde. L'oecuménisme lui paraît une trahison.

La gnose, elle, met l'accent, non sur le salut par la foi, mais sur le salut par la connaissance. Elle exige de ses adeptes une initiation et divers degrés d'approfondissement.

Les Baptistes sont-ils une secte? Certaines Églises Baptistes peuvent nous en donner l'impression. Ils sont fort nombreux, surtout aux États-Unis, avec des gens illustres: Martin Luther King, Billy Graham, Jimmy Carter, Bill Clinton. Ils sont plus de cent millions dans le monde.

Faut-il considérer les Églises Pentecôtistes, passablement diversifiées, comme des sectes? Peut-être. Leur attitude n'est pas la même dans tous les pays. En Amérique du Sud, le dialogue avec eux est difficile.

Quant à l'ésotérisme, il se dit d'une doctrine qui ne peut être comprise que de l'intérieur, par des initiés. Tel est l'ésotérisme des Rose-Croix. La gnose comprend l'ésotérisme; la gnose peut être considérée comme de l'ésotérisme. Les «sciences» ésotériques se rapprochent de tout ce qui cherche à expliquer les phénomènes comme la télépathie, la télékinésie... Ces «sciences» ne datent pas d'hier...

Nous intéresse surtout l'ésotérisme religieux... Tout est divin. Les groupes ésotériques proposent des théories sur la façon de lire l'histoire du monde, sur la présence d'une âme du monde qui expliquerait tout. Ils font preuve d'une tolérance excessive: tout le monde a raison... Tout devient subjectif, dans une religion universelle.

LES SECTES NE SONT-ELLES PAS DES MANIFESTATIONS DE L'ESPRIT?

Ne sont-elles pas centrées, en général, sur Jésus Christ?

* * *

Beaucoup de ces sectes ou nouvelles religions ne sont pas centrées sur Jésus Christ.

Leurs adeptes peuvent être bien intentionnés; ils le sont sans doute. Mais leur doctrine est fausse, du moins en bonne partie, mal équilibrée et diffère de l'enseignement authentique et intégral de Jésus Christ. Souvent, ils tombent dans un prosélytisme malsain.

L'Église catholique favorise l'oecuménisme. Les sectes, elles, se replient sur elles-mêmes de façon intransigeante.

Ces nouvelles religions se multiplient et grossissent leurs rangs. Règne l'ignorance religieuse! Se répand la confusion! Pourtant, le

Seigneur n'a pas voulu cette ignorance ni cette confusion. Il nous a donné des pasteurs pour nous guider. Il a voulu l'unité de ses disciples (Jn 17, 22-23). Respectons les individus, mais rejetons l'erreur. Prions pour qu'il y ait un seul troupeau et un seul pasteur (Jn 10, 16).

QUELLE DOIT ÊTRE NOTRE ATTITUDE ENVERS LES NÔTRES ENTRÉS DANS DES SECTES?

D'après eux, nous ne sommes pas sauvés. Que faire avec cela?

Nous ne pouvons plus communiquer. Doit-on les éviter? Ils nous perturbent. Comment agir avec eux sans manquer à la charité?

* * *

Avant le progrès extraordinaire des moyens de communication, notre monde francophone était un monde fermé et autonome. Nous étions catholiques et fidèles à notre pratique religieuse. Il n'en est plus ainsi. Désormais, nous sommes ouverts au monde extérieur. Cette ouverture comporte de précieux avantages, un christianisme de grand air. Elle implique aussi le danger d'être influencés par des idées malsaines et fausses, des courants de pensée qui suggestionnent notre conduite morale et modifient nos croyances.

De nombreux catholiques, loin de la vie de l'Église, ignorent ce qu'il faut croire. Si quelqu'un vient de loin et leur prêche un évangile différent, ils ne sont pas à même de discerner ce qui est faux de ce qui est vrai.

Vis-à-vis les membres de votre famille dont vous parlez, que votre attitude en soit une de bonté et de charité chrétienne. Face aux membres de votre famille entrés dans une secte, révélez par votre conduite l'ardeur et la joie de votre vie chrétienne.

Nourrissez votre ferveur en demeurant proche de vos frères et soeurs catholiques, en faisant partie d'un mouvement ou d'une association de prière et de charité. Impliquez-vous dans votre paroisse.

Ne discutez pas de religion avec les membres de sectes, à moins d'avoir une formation intellectuelle adéquate. Les membres de sectes n'écoutent pas; ils ne veulent que vous endoctriner et vous entraîner à leur suite. Ils sont facilement fanatiques. Ils citent certains textes bibliques pour étayer leurs thèses, des textes qu'ils interprètent à leur guise. La discussion est stérile.

Ils peuvent affirmer que nous ne sommes pas sauvés. Nous, nous savons, dans notre foi chrétienne et catholique, que le Seigneur nous aime et nous sauve (Lc 19, 10; Jn 12, 47; I Tm 1, 15).

N'oublions pas l'importance de nos pasteurs. L'Église, fondée par le Christ, n'est pas une anarchie, un chaos; elle a ses responsables, ceux que le Seigneur a désignés. Grâce à l'Esprit Saint envoyé par le Seigneur, l'Église donne toujours de bons fruits, des âmes consacrées, des laïcs engagés, des missionnaires, des mystiques, des saintes et des saints.

Des sectes se sont formées à tous les siècles; elles sont malheureusement des branches coupées du tronc de l'Église.

Beaucoup de gens éloignés de l'Église se sont convertis à la foi catholique, des génies même. Pensons à saint Augustin qui, pendant un certain temps, fut membre d'une secte. Souvenons-nous de John Henry Newman, de Charles de Foucauld, de François Mauriac, de Paul Claudel, de Gilbert Keith Chesterton, et de tant d'autres. Gardez l'espoir.

Vous ne pouvez plus communiquer; ils vous perturbent... Alors, demeurez calme et charitable. Dites-leur que vous les aimez, mais que vous ne voulez pas discuter de religion avec eux et insistez là-dessus. S'ils refusent, il faudrait peut-être aller jusqu'à les éviter.

Respectez-les, mais obtenez qu'eux aussi vous respectent!

ILS ESSAIENT DE NOUS CONVAINCRE...

Que penser et quoi faire face à des gens qui renient leur foi catholique et vont vers des sectes? Ils essaient de nous convaincre que nous n'avons pas encore la lumière?

* * *

Pour beaucoup d'entre eux, la foi chrétienne et catholique se vivait sans suffisamment de connaissances religieuses, et surtout sans que le coeur soit véritablement en amour avec le Christ.

Un jour, vint le coup de foudre, mais hors de l'Église catholique, peut-être grâce à des gens, membres d'une secte, qui s'emballaient pour Dieu. Ensuite, dans des réunions de prière ou d'études bibliques, dans une ambiance chaleureuse et valorisante, les néoconvertis ont senti grandir leur foi et leur ferveur.

Ils se sont alors joints à l'une de ces nombreuses religions nouvelles, souvent caractérisées par une approche simpliste de la Bible, avec des réponses toutes claires, avec chants et émotions qui plaisent. Leur nouvelle religion répondait à leurs besoins religieux, les sécurisait au sein de la souffrance et de la confusion d'aujourd'hui, leur offrait des réponses sans ambiguités. Le réconfort humain, qu'offre tout groupe restreint, leur permettait de devenir apôtre reconnu.

Pourtant, en notre Église fondée par le Christ, à l'écoute du message intégral et authentique du Seigneur, tel que présenté par nos pasteurs mandatés, nous trouvons la vraie réponse à nos problèmes, le vrai sens à la vie, le courage dans l'épreuve.

Si l'un de vos proches ou de vos amis quitte la religion catholique et s'emballe pour une secte nouvelle, respectez sa décision sans l'approuver.

Je ne crois pas qu'il soit utile d'entrer en discussion, surtout au moment de sa romance religieuse dans une secte.

Sa décision vous interpelle. Qu'elle attise votre ferveur au sein de l'Église!

À nous d'approfondir notre foi et de créer des fraternités aimantes et chaleureuses au sein de la paroisse, du diocèse et de l'Église!

PEUT-ON ÉCOUTER LES TÉLÉVANGÉLISTES?

Deux évangélistes font de la prédication à la télévision le dimanche. Leur doctrine ressemble à notre doctrine catholique. Quelqu'un me dit que je ne devrais pas écouter de tels programmes.

* * *

De telles émissions religieuses sont fréquentes. Certaines sont catholiques, d'autres protestantes, d'autres sectaires. Elles n'ont pas toutes la même valeur.

La plupart du temps, même si elles sont protestantes, elles respectent la doctrine catholique... en n'en parlant pas.

La force des évangélistes, c'est de parler de Jésus Christ, de le faire aimer, de raviver la foi. Certains jouissent d'un charisme puissant. Leurs croisades attirent des foules, même des milliers de jeunes. Ils font usage des moyens modernes de communication, télévision, radio, vidéo...

La faiblesse des évangélistes, télévangélistes ou non, c'est de ne pas présenter tout l'enseignement de Jésus Christ: l'importance de nos pasteurs, du Pape et des évêques, les sacrements, l'Eucharistie, Marie... Ils accordent parfois trop d'importance au sentiment et au merveilleux.

Devenir esclaves de certains programmes non-catholiques au point de ne pouvoir nous en passer, c'est risquer de diluer notre foi catholique, de l'affaiblir en des éléments essentiels.

Il y a du bon, mais aussi des faiblesses. Pas seulement du bon, pas seulement des faiblesses!

COMMENT ACCUEILLIR LES TÉMOINS DE JÉHOVAH?

Gentiment? Ce qui va leur laisser l'espoir et les porter à revenir encore et encore. Ou en leur laissant entendre carrément qu'il ne vaut pas la peine qu'ils reviennent?

Peut-on refuser de discuter la Bible avec eux, car ils ne respectent pas notre foi, notre Église, les icônes et la croix placée dans ma cuisine?

* * *

Je vous suggère la politesse et la fermeté.

La politesse comme il convient à toute personne civilisée et chrétienne. S'il faut s'objecter à l'erreur, il faut aussi respecter les gens.

La fermeté pour manifester que vous n'êtes pas intéressée à leur propagande zélée et sectaire. Comme vous le dites, si vous n'agissez pas avec une attitude claire et ferme, ils en prendront note et reviendront à la charge, non pas pour dialoguer avec vous, mais pour vous entraîner avec eux. *Je vous conseille donc de ne pas les laisser entrer chez vous ni d'accepter leur littérature.* Ils sont formés à une approche spéciale pour mieux vous convaincre. Ils apprennent à répondre et à réagir à chaque situation. Ils peuvent se présenter chez vous en compagnie d'un enfant, pour attirer votre sympathie et pénétrer dans votre foyer.

Ne cherchez pas à discuter avec eux; c'est inutile. D'autant plus que leur approche de la Bible ne correspond pas à la nôtre. Leur approche de la Bible ne respecte pas le genre littéraire de chaque livre de la Bible, le contexte et la vraie pensée de l'écrivain sacré. Leurs arguments sont stéréotypés. Ils vous bombardent de leurs citations, celles qu'ils choisissent pour appuyer leurs thèses. Ils utilisent à cette fin certains textes de la Bible, toujours les mêmes, pour attaquer l'Église Catholique et toute institution humaine, oeuvre de Satan, selon leurs dires. Ils attaquent sans cesse les autres religions. Est-ce là la charité enseignée par Jésus?

Ils vous parleront de la fin des temps qui, disent-ils, viendra bientôt. Leurs grands maîtres, Russell, Rutherford, Knorr, ont prophétisé à tort que la fin du monde surviendrait, en 1874, puis en 1914, en 1918, en 1925, en 1975, etc. Ils oublient que Jésus a annoncé que nous ne pouvions savoir ni le jour ni l'heure. Qu'on lise saint Paul (2 Thess 2, 1-3). Ils interprètent faussement l'annonce symbolique de la bataille d'Harmagedôn, cette lutte entre le mal et le bien. Ils parlent du règne du Christ sur terre pendant mille ans, de nouveau comprenant mal la Bible en la lisant littéralement. De même, ils prennent à la lettre le nombre 144 000, qui signifie une grande multitude, pour limiter le nombre des élus. Selon leurs théories, il n'y aura de salut que pour eux et leurs «Jonadabs» ou sympathisants.

Ils fuient ce monde, au lieu de chercher à le transformer. Leur vision de ce monde ne peut être plus pessimiste.

Ils falsifient par leurs croyances le vrai sens de la Bible, Bonne Nouvelle que Dieu nous sauve en Jésus Christ, qu'il est venu pour sauver tous les humains. Pour les Témoins, Jésus est l'homme le plus grand de tous les temps, mais il n'est pas Dieu.

La Bible, qu'ils déforment parfois pour soutenir leurs théories, est mal interprétée. Ainsi, pour les Juifs de l'Ancien Testament, le sang signifiait la vie et dépendait de Dieu seul. Alors, les Témoins refusent toute transfusion de sang, même si c'est pour sauver la vie, la leur ou celle de leurs enfants!...

Certes, vous serez accueillie chaleureusement chez les Jéhovistes. Vous devrez participer à diverses réunions chaque semaine. Mais, serez-vous à même de penser librement votre vie spirituelle?

Vivez bien votre foi catholique, en enfant de Dieu. Priez. Lisez la Parole de Dieu en cherchant à la mieux comprendre grâce à des cours catholiques de Bible qui se donnent un peu partout, même par correspondance. Lisez la Bible en union avec l'Église Catholique, sans vous laisser manipuler par de fausses théories.

Respectez les personnes qui font partie du groupe des Témoins de Jéhovah. En rejetant leurs erreurs, je ne veux pas juger des membres de cette nouvelle religion qui a commencé en 1878, aux États-Unis. Mais, encore une fois, soyez ferme en leur répondant. Ne vous faites pas prendre dans un engrenage. C'est la meilleure façon de proclamer votre foi catholique.

COMMENT PARLER À NOS ENFANTS DEVENUS TÉMOINS?

* * *

Vous demeurez leurs parents! Vous continuez à les aimer. Votre amour de parents vous dicte votre conduite: Aimez-les toujours, et ne cessez pas d'être bons pour eux. S'ils s'égarent dans leur foi, ce n'est pas une raison pour ne plus les aimer avec le coeur du Christ.

Même vis-à-vis vos enfants, en bien des cas, il n'y a rien à espérer d'une discussion. Continuez plutôt à agir en chrétiens convaincus, rayonnants de charité, joyeux et paisibles dans votre foi. Ne démissionnez pas dans vos propres convictions. Soyez tolérants pour vos enfants devenus Témoins de Jéhovah, mais sans faiblir dans vos croyances chrétiennes. Au contraire, que cette situation vous entraîne à devenir de meilleurs chrétiens.

Ce sera votre exemple et vos prières qui pourront ramener à l'Église de Jésus vos enfants qui, en cherchant Dieu, ont fait fausse route.

QUELLE EST CETTE BATAILLE DE L'HARMAGEDÔN?

Dans l'Apocalypse, que veulent dire les versets 13 à 16 du chapitre 16?

* * *

Je cite ces versets: «Puis, de la gueule du Dragon et de la gueule de la Bête, et de la gueule du faux prophète, je vis surgir trois esprits impurs, comme des grenouilles - et de fait, ce sont des esprits démoniaques, des faiseurs de prodiges, qui s'en vont rassembler les rois du monde entier pour la guerre, pour le Grand Jour du Dieu Maître-de-tout, - (Voici que je viens comme un voleur: heureux celui qui veille et garde ses vêtements pour ne pas aller nu et laisser voir sa honte.) Ils les rassemblèrent au lieu dit, en hébreu, Harmagedôn».

Ce lieu «Harmagedôn» est souvent utilisé par les Témoins de Jéhovah comme la bataille prochaine entre les bons et les méchants. Puis, les Témoins de Jéhovah, les 144 000, seront les élus du ciel. Hâtons-nous d'être du nombre... Ce monde est vraiment satanique... Et chez les Témoins se révèle beaucoup d'agressivité contre les Églises, surtout contre l'Église Catholique!

Que faut-il en penser?

Si l'espace le permettait, il faudrait parler plus au long de tout ce livre imagé qu'est l'Apocalypse.

Ce livre, saint Jean ne l'a pas écrit pour décrire la fin des temps, mais pour redonner l'espoir à qui subissait les persécutions de l'empire romain.

En dépit des persécutions qui sévissaient de la part de Rome, la Babylone, la ville aux sept collines, saint Jean compose le livre de l'Apocalypse, le livre de la Révélation, pour dire aux chrétiens de ne pas craindre cette Bête dangereuse, ce Dragon. Il les assure que le Christ triomphera. Il termine son livre en s'écriant: «Maranatha, viens, Seigneur Jésus».

L'Apocalypse et ce passage en particulier parlent donc de façon imagée des persécutions subies par les chrétiens du temps de l'apôtre Jean.

Ces souffrances, cette lutte entre les forces du bien et les forces du mal, se continuent dans l'Église, et se continueront jusqu'à la fin des temps. Dans notre foi, nous savons que le Christ triomphera, lui qui a vaincu le monde (Jn 16, 33).

Gardons courage! L'Agneau, le Seigneur Jésus, vaincra, «car il est Seigneur des seigneurs et Roi des rois, avec les siens: les appelés, les choisis, les fidèles» (Ap 17, 14), cette «foule immense, que nul ne pouvait dénombrer...» (Ap 7, 9).

LES ROSICRUCIENS SONT-ILS UNE SECTE RELIGIEUSE?

Peut-on y appartenir?

* * *

Il n'est pas facile d'expliquer en quelques mots ce que sont les Rosicruciens ou Rose-Croix, car il nous faut faire appel à des notions auxquelles nous ne sommes pas toujours familiers.

Les membres de cette gnose vous diront que son origine remonte loin en arrière, à environ 1500 ans avant Jésus Christ, au temps des Pharaons d'Égypte. Pourtant, l'Ordre de la Rose-Croix A.M.O.R.C. (Ancien et Mystique Ordre de la Rose-Croix) a vu le jour en 1909, aux États-Unis, grâce à l'initiative de Spencer Lewis. Cet Ordre a maintenant son siège principal en Californie. L'Ordre est dirigé par des Grands Maîtres et comprend divers degrés.

Pour y participer, il faut une initiation longue et hiérarchisée, accomplie par des rites secrets. Cette initiation, prétendent-ils, permet de s'élever à un niveau supérieur, à un état d'âme plus parfait où les qualités personnelles s'épanouissent.

L'Ordre prétend conduire à l'harmonie du cosmos et à la maîtrise de soi.

Au Québec, les groupes Rose-Croix existent en plusieurs milieux et se composent de plusieurs variétés.

Même s'ils prétendent n'être pas une organisation religieuse, cette gnose constitue comme une religion et aucun chrétien ne peut y appartenir sans perdre son identité de véritable disciple du Christ.

Il faut respecter les gens qui, de bonne volonté, adhèrent à cette Association et y cherchent une réponse à leurs problèmes et à leur quête d'un sens à la vie. Mais, chrétiens, nous ne pouvons pour autant sanctionner l'enseignement ésotérique et théosophique qu'on y livre.

Ce n'est pas la connaissance de philosophies païennes qui nous sauve et qui fournit la vérité sur le cosmos et l'homme. C'est la foi en Jésus, notre Sauveur.

Ce groupe affirme croire que nous avons en chacun de nous un grain divin, la rose, qui, pour s'épanouir, doit s'accrocher à la croix afin que l'Autre naisse... Par divers degrés d'initiation, nous pourrions, selon eux, équilibrer notre vie, l'harmoniser.

Encore une fois, toute cette philosophie de la vie et toute cette approche d'un dieu cosmique ne peuvent se réconcilier avec la foi et la religion chrétiennes qui sont autrement plus riches, plus consolantes et plus porteuses de vraie vie.

QUEL EST L'ENSEIGNEMENT DE L'ÉGLISE TOUCHANT LES FRANCS-MAÇONS?

* * *

Dans le passé, l'Église a dû prendre position et condamner certaines activités subversives de la Franc-Maçonnerie. De plus, elle s'est opposée à une doctrine philosophique et morale en désaccord avec l'évangile. Le 8 décembre 1892, le Pape Léon XIII avait écrit: «Rappelons-nous que la religion chrétienne et la maçonnerie sont totalement inconciliables, de sorte que s'inscrire dans les rangs de l'une équivaut à se séparer de l'autre».

Au cours des dernières années, un dialogue s'est établi entre les Épiscopats de certains pays et certaines loges maçonniques plus sympathiques. Le 22 mars 1994, l'évêque de Versailles rendait visite à la Grande Loge de France...

Mais, aujourd'hui encore, la Congrégation pour la Doctrine de la Foi est d'avis que les principes de la Maçonnerie et ceux de la foi chrétienne sont inconciliables, quelles que soient les attitudes concrètes.

C'est vrai que la maçonnerie se dit au-dessus des frontières des diverses religions et en faveur d'un humanisme acceptable par tous. Le problème n'en demeure pas moins véritable. Le danger également. Même s'il y a bonne volonté. Un chrétien ne peut diviser sa foi et vivre en quelque sorte deux religions.

La collaboration peut être possible, mais ne peut aller jusqu'à l'appartenance.

L'adhésion à l'Église ne peut devenir comme secondaire, ou sembler l'être.

La Congrégation pour la Doctrine de la Foi conclut que l'inscription aux Associations maçonniques «reste interdite par l'Église».

LE NOUVEL ÂGE EST-IL UNE SECTE?

J'entends parler du Nouvel Âge... Est-ce une religion nouvelle? J'aimerais savoir ce que vous en pensez.

* * *

Le Nouvel Âge me rappelle le Modernisme de la fin du siècle dernier. Le Modernisme était fluide, s'adaptait à toutes les sauces de la nouveauté, s'immisçait dans les esprits chrétiens. Rome dut réagir avec fermeté. Le Nouvel Âge est, cependant, plus dangereux que le Modernisme. Le Modernisme n'influençait qu'une élite, alors que le Nouvel Âge affecte tout le peuple de Dieu.

Le Nouvel Âge, tous en conviennent, n'est pas facile à préciser puisque c'est une agglomération d'idées disparates, d'éléments divers, de propositions qui touchent à la conduite civique comme au domaine religieux. Plusieurs de ces données viennent de religions orientales ou de philosophies païennes. Les contours sont flous.

Il est question d'écologie, de saine alimentation, de médecines alternatives, douces, de yoga, de méditation transcendantale, d'astrologie, d'horoscopes, de phénomènes paranormaux, de thérapies, de massages, d'harmonie, de paix, de monde nouveau, d'une ère qui s'annonce... C'est alléchant, c'est stimulant, c'est positif.

Ces idées nous plaisent, ces espoirs nous captivent en cette fin du millénaire, alors que nous sommes blasés, alors que la souffrance physique et émotive abonde, alors que les psychothérapeutes ne fournissent pas à la tâche, alors que les pronostics de l'avenir sont particulièrement sombres, alors que nous avons délaissé la religion traditionnelle et qu'il y a confusion.

Nous quittons l'ère du Poisson pour entrer bientôt dans l'ère du Verseau. Tout va s'améliorer. Nous allons nous épanouir grâce à la découverte de notre «soi». Cette connaissance va nous libérer de nos contraintes, et nous pourrons puiser dans cette Énergie divine dont nous faisons partie. Nous goûterons l'harmonie de notre être et l'harmonie du cosmos. Nous serons des dieux. Nous y parviendrons à la suite de réincarnations.

Tel est le credo des adeptes du Nouvel Âge. Peut-être pas de tous, mais, enfin, de beaucoup. Chrétiens, nous ne sommes pas disciples du Nouvel Âge, nous ne sommes pas crédules face aux parasciences, mais, à notre insu, peut-être en sommes-nous partiellement dupes.

Évidemment, notre foi catholique nous fait rejeter ce salut qui viendrait de nos propres efforts, et non de Jésus, notre Sauveur. Lui seul nous sauve par sa mort et sa résurrection. L'Ange le certifie: «Aujourd'hui vous est né un Sauveur, qui est le Christ Seigneur» (Lc 2, 11). «C'est vraiment lui le Sauveur du monde» (Jn 4, 42).

Soyons attentifs aux grandes aspirations de l'humanité actuelle. Tout n'est pas noir. Relevons le défi avec optimisme. Sachons retenir ce qui est bon; travaillons en chrétiens à la réalisation de ces aspirations de paix, de fraternité, de meilleure qualité de vie.

N'oublions pas la Bonne Nouvelle. Le bonheur véritable et la vraie vie viennent de Dieu, de Jésus Christ. Avec le Nouvel Âge qui fait les manchettes, nous sommes bien loin de la foi en Jésus. Nous cessons de nous reconnaître pécheurs. Nous négligeons la prière, la grâce et la rédemption.

Il n'y a qu'un Nouvel Âge, celui qui a débuté avec la naissance du Christ Sauveur.

LE NOUVEL ÂGE EST-IL UNE IDÉOLOGIE?

***

L'an 2000 apporte son cortège de craintes apocalyptiques, mais aussi l'espérance d'un monde nouveau.

Nous sommes emportés par une tornade... Dans le domaine religieux, les chrétiens désertent leurs églises. Simultanément, les nouvelles religions proclament de nouveaux dogmes. Un syncrétisme veut cumuler tout cela dans une religion nouvelle, faite de pensées étranges et ésotériques, de forces occultes et même sataniques.

Les chrétiens ne comprennent pas toujours les enjeux.

Serions-nous au seuil d'une ère nouvelle, d'une religion moderne, de la plus grande séduction de l'histoire?

Dans les librairies s'étalent de nombreux livres qui intriguent. Les éditeurs se créent un klondike de ce pot-pourri de religions orientales, de doctrines farfelues, de pensées pseudo-scientifiques.

C'est le Nouvel Âge (The New Age), selon l'expression de Shirley MacLaine. Le Nouvel Âge présente un défi important pour le christianisme des années à venir (Documentation Catholique).

À travers ce labyrinthe de tendances erronées, d'orientations parfois pathologiques, dans le fondamentalisme des sectes, dans le dédale des gnoses, dans les sciences occultes, à l'écoute d'une musique rock endiablée, en proie à une fièvre satanique, l'homme contemporain peut-il découvrir un fil d'Ariane, un fil conducteur, qui lui permette de tout unifier dans une nouvelle religion, celle d'un Nouvel Âge?

Le Nouvel Âge..., une lubie religieuse? Je crois que c'est plus qu'une lubie. Le Nouvel Âge..., c'est une spiritualité fascinante pour l'homme orgueilleux. L'histoire de la Genèse se répète (Gn 3, 5). L'homme cherche toujours à se diviniser. Il espère réussir grâce à une expérience mystique et gnostique, après un certain nombre de réincarnations. Pour devenir dieu, il utilise la magie, les incantations, le spiritisme, le channelling, le «rebirth», la théosophie, des techniques de méditation et de thérapie... Il espère atteindre ainsi l'harmonie avec les forces cosmiques et s'identifier à Dieu, c'est-à-dire, selon lui, à l'Énergie de l'univers.

Il y a en nous, disent-ils, un potentiel divin à libérer. Point n'est besoin, ajoutent-ils, de cette religion dépassée qui se réfère à un Dieu personnel hors de nous.

Faut-il s'en inquiéter? Oui, mais sans dramatiser. Le Seigneur ne nous a pas désertés (Jn 14, 18).

Nous respirons un air malsain. Nous sommes facilement dupes des charlatans spirituels. D'autant plus qu'ils dosent la vérité avec l'erreur, car le Christ n'est pas absent de leurs théories. N'a-t-il pas réussi, lui, cette démarche d'harmonie, de libéralisation de son être, de connaissance salvatrice?

Saint Paul dirait qu'ils sont convaincants, «eux qui ont échangé la vérité de Dieu contre le mensonge, adoré et servi la créature de préférence au Créateur» (Rm 1, 25). «... Il y aura parmi vous de faux docteurs, qui introduiront des sectes pernicieuses...», nous avertit saint Pierre (2 P 2, 1). Oui, «beaucoup de séducteurs se sont répandus dans le monde» (2 Jn 7).

Le chrétien risque de se laisser berner par de beaux idéaux de paix, d'écologie, de bonne entente universelle, par cette valorisation du moi.

Beaucoup, sans le savoir, sont adeptes de deux religions en même temps: la religion chrétienne et cette religion d'un faux mysticisme.

C'est Jésus seul qui nous sauve par sa vie, sa mort et sa résurrection. «Hors de moi», dit-il, «vous ne pouvez rien faire» (Jn 15, 5). Lui seul est «le Chemin, la Vérité et la Vie» (Jn 14, 6).

À chacun et chacune de nous, pasteurs, parents, catéchètes, agents et agentes de pastorale, il dit à travers saint Paul: «Proclame la parole, insiste à temps et à contretemps, réfute, menace, exhorte, avec une patience inlassable et le souci d'instruire» (2 Tm 4, 2).

COMMENT NE PAS ÊTRE VICTIME DU NOUVEL ÂGE?

Le courant de pensée du Nouvel Âge semble s'infiltrer doucement dans notre société, ... même dans l'Église.

* * *

Des livres excellents, tout comme des revues religieuses, nous mettent au courant des données du Nouvel Âge. Nous pouvons nous renseigner et il est opportun de le faire.

Ne soyons pas dupes de toutes les affirmations, du credo de ce Mouvement mondial, de cette religion soi-disant moderne et universelle. Ne gobons pas comme des absolus toutes les théories que débitent tant de gourous qui se prétendent infaillibles.

Je souligne deux tendances erronées du Nouvel Âge: le pélagianisme et le panthéisme.

Le pélagianisme est l'hérésie de Pélage, moine breton du début du 5e siècle. Un peu en précurseur de Jean-Jacques Rousseau, il enseignait que le pouvoir de la volonté est illimité, qu'il n'est pas besoin d'une grâce divine, que l'homme peut se sauver par ses seules forces. Dans le Nouvel Âge, de même, il n'est pas question de faute originelle qui aurait affaibli la nature humaine; donc, nul besoin de baptême!

De plus, le Nouvel Âge propose un salut que chacun peut se procurer par ses propres moyens, en créant l'harmonie en soi et l'harmonie avec l'Énergie divine du Cosmos. L'homme, de nature divine, est tout-puissant; il se suffit à lui-même...

Nous avons besoin d'un autre saint Augustin pour réfuter ce néo-pélagianisme.

Le panthéisme, quant à lui, présente Dieu comme la somme de tout ce qui existe. Le panthéisme divinise la nature.

Le Nouvel Âge ne tombe-t-il pas dans le panthéisme quand Dieu devient cette Énergie divine qui est en tout, à laquelle nous devons nous unir pour un véritable salut, avec laquelle nous devons vivre en harmonie. Jésus, lui, et la rédemption qu'il nous a acquise du haut de la croix, n'ont plus leur raison d'être. Tout est Dieu, Énergie.

Face au Nouvel Âge, connaissons notre foi, la Parole de Dieu, la catéchèse de l'Église. Procurons-nous le «Catéchisme de l'Église catholique» pour mieux comprendre notre foi et mieux la transmettre.

Le Christ est «le même hier et aujourd'hui, il le sera à jamais» (He 13, 8). C'est lui, et lui seul, qui est venu sauver ce qui était perdu (Lc 19, 10).

JE NE VOIS PAS DE BONS CÔTÉS AU NOUVEL ÂGE

Pourquoi certains auteurs exposent-ils des supposés bons côtés du Nouvel Âge au début de leurs ouvrages?

* * *

Le Nouvel Âge est un pot-pourri d'idées empruntées au monde religieux, philosophique, culturel, scientifique ou pseudo-scientifique...

Si le Nouvel Âge valorise la paix, la fraternité, la nature, c'est bien. Ce sont d'ailleurs des données d'évangile. Dieu a créé le monde et il nous faut respecter l'écologie. Chrétiens, nous prêchons la paix qui vient de Dieu et notre fraternité d'enfants de Dieu.

Cela dit, n'oublions jamais que le Nouvel Âge comporte nombre d'erreurs et de doctrines anti-chrétiennes. Ce qui paraît anodin et même bénéfique peut recéler des erreurs profondes, ainsi que des tendances et des accents fort dangereux. Le mélange de vrai et de faux peut être trompeur. Montrons-nous prudents comme des serpents (Mt 10, 16).

L'erreur peut séduire. Qui ne veut la réalisation de son moi, l'éveil de sa conscience profonde, une expérience de Dieu? Qui refuserait pour cela de faire usage de régimes alimentaires, de techniques méditatives, de thérapies holistiques qui libèrent le moi, d'expériences psychologiques apparemment mystiques? À travers toute cette démarche, on parle même du Christ cosmique..., ce qui trompe bien des gens.

Il n'y a plus de place pour la Bonne Nouvelle, pour la révélation apportée par Jésus.

Notre salut ne viendrait que de nos propres forces et de nos thérapies humaines, à travers des réincarnations!

Si les chrétiens ne souscrivent pas au Nouvel Âge, plusieurs, à leur insu, sont influencés par l'enseignement du Nouvel Âge, par diverses doctrines incompatibles avec la foi chrétienne.

Trop de chrétiens ont une foi contaminée par le Nouvel Âge. Trop de chrétiens ne savent plus discerner la vérité de l'erreur, écoutent aussi bien les swamis spirituels que les pasteurs de l'Église.

QU'EST-CE QUE LES CATHOLIQUES ONT DE PLUS?

Les Catholiques sont des chrétiens. Les Baptistes sont des chrétiens. De même les Témoins de Jéhovah, etc.

* * *

Beaucoup de sectes ne sont pas chrétiennes, car certaines n'utilisent pas la Bible et ne prêchent pas Jésus Christ. Elles viennent souvent de l'Asie.

Les Témoins de Jéhovah sont-ils des chrétiens? Ils rejettent le dogme de la Sainte Trinité et, pour eux, Jésus Christ n'est pas de nature divine.

L'Église fondée par Jésus a connu de grandes déchirures au cours des siècles, celles d'Églises orthodoxes, d'Églises protestantes et anglicanes... Le concile Vatican II stipule qu'il y a du bon en elles, mais que l'Église du Christ subsiste dans l'Église Catholique avec, dans cette Église Catholique, la plénitude de la doctrine du Christ et des moyens de salut (Oecuménisme, 3). Il est faux de dire que toutes les religions se valent et que leurs différences sont secondaires. «En matière de foi, le compromis est en contradiction avec Dieu qui est Vérité» (Ut unum sint, 18).

Que possède de plus l'Église Catholique? La succession authentique de Pierre et des Apôtres, la doctrine intégrale de la Parole de Dieu (Écriture Sainte et Tradition) dûment interprétée par des pasteurs mandatés, tous les cadeaux du Christ dans l'Eucharistie et les autres sacrements, la dévotion mariale, etc.

Le dialogue religieux s'établit désormais avec les nouveaux mouvements religieux, là où il peut se réaliser, comme avec les Mormons. Il n'est guère possible avec les Témoins de Jéhovah, la Scientologie, etc.

L'Église Catholique s'ouvre au dialogue avec discernement, selon chaque groupe religieux, et selon le contexte de chaque pays. Elle identifie les bons éléments pour que les gens puissent progresser dans leur cheminement. Plusieurs religions ne présentent pas une image claire, comme certaines églises évangéliques ou orientales. Il y a des groupes qui sont nettement agressifs contre l'Église. D'autres violent les droits humains. L'Église Catholique doit défendre les fidèles contre les erreurs et les groupes dangereux. L'Église a l'obligation d'éclairer les consciences.

L'Église veut éviter d'une part la diabolisation et la chasse aux sorcières et, d'autre part, la naïveté qui bénit tout. Elle ne peut démissionner de son rôle pastoral. Elle discerne en s'inspirant de l'Écriture Sainte et de la Tradition.

L'Église oeuvre dans l'oecuménisme, selon son Directoire oecuménique du 25 mars 1993. Dans un dialogue de vérité nourri de charité. L'appel à l'unité des chrétiens s'intensifie à l'approche de l'an 2000. L'Église catholique considère l'engagement oecuménique comme un impératif (Ut unum sint, 1, 8, 60).

QU'EST LA RELIGION MUSULMANE?

Est-ce qu'il n'y a que les Juifs et les chrétiens qui tiennent compte des dix commandements de Dieu, ou s'il y a aussi les musulmans? Est-ce que le Coran mentionne le Décalogue?

* * *

La religion musulmane, l'Islam, diffère de la religion chrétienne, même si les musulmans sont aussi monothéistes et croient en un seul Dieu, Allah.

Il y a dans le monde environ un milliard de musulmans, un cinquième de l'humanité. En 1991, ils étaient un quart de million au Canada, dont plus de 40 000 à Montréal.

Depuis quelques années, surtout depuis l'ère de l'ayatollah Khomeyni, l'Islam fait l'objet d'études et des manchettes. Certains États se réclament explicitement de la «charia» sacrée, de la Loi musulmane. Des intégristes islamiques cherchent à insérer la charia dans les lois civiles d'autres pays. Ces intégristes ne représentent pas la majorité des musulmans, qui sont modérés, hospitaliers, et avec qui nous pouvons dialoguer.

Cet intégrisme, ou fondamentalisme, s'insinue dans toutes les religions. C'est peut-être là une réaction extrême face à la culture moderne et sans Dieu. L'intégrisme musulman comporte bien des degrés. Il inquiète le monde musulman aussi bien que le monde chrétien.

Pour le musulman, tout vient de Dieu, notre Créateur; tout retourne à Dieu, notre Rémunérateur. Ce qui compte pour le musulman, c'est la soumission totale à Dieu, dans sa vie privée et dans sa vie sociale. Ce faisant, il imite Abraham, notre Père commun dans la foi.

Allah suffit au croyant. Le musulman croit à la transcendance absolue de Dieu. Le croyant lui rend le meilleur culte en confessant qu'il n'y a pas d'autre Dieu que lui et que Mahomet est son Prophète. Le musulman se soumet à Dieu. «Islam» veut dire «soumission», abandon total. Le musulman honore Dieu en attestant de sa foi, en récitant sa prière (cinq fois le jour), en faisant l'aumône, en jeûnant pendant le mois du Ramadân, en essayant d'accomplir son pèlerinage à la Mecque, en Arabie.

Pour les musulmans, Abraham, Moïse et Jésus, etc., sont des prophètes. Mais Mahomet (Muhammad, Mohammed), mort en 632, demeure pour eux le plus grand; il est le Prophète. Il est le modèle unique pour les générations musulmanes, modèle de foi et d'obéissance.

Pour nous, chrétiens, Jésus est plus qu'un prophète; il est le Verbe de Dieu fait chair; il est la Parole; il est notre unique Sauveur.

Le «Coran» (: «lecture» ou «récitation») est le livre sacré des musulmans. Rédigé en langue arabe, ce livre «révélé» par Allah est tenu en haute vénération.

Le «Coran» confirme la «Tora» des Juifs (: le Pentateuque, la loi de Moïse) et l'Évangile. Le Coran mentionne-t-il le Décalogue? Oui, car il parle de la rencontre de Moïse avec Dieu et des Tables de la Loi. Le contenu de ces Tables, c'est-à-dire les dix commandements, se retrouve en divers passages du Coran.

Pour le musulman, tout est dans la «voie droite». Cette «voie droite» est révélée par Dieu dans le Coran et précisée dans la Loi qui a traversé les siècles.

MON FUTUR ÉPOUX EST MUSULMAN

J'ai rencontré un ami qui est devenu un futur mari au fil du temps. Il est très ancré dans sa religion, lui aussi, mais le problème est qu'il est Tunisien et donc de religion musulmane.

Comment me plaire, plaire à Dieu, à mon futur époux et à Mahomet, en même temps? Je ne crois pas qu'il veuille changer de religion car il ne croit qu'en elle; pour moi, de mon côté, c'est la même chose.

Devrais-je quitter ce bel amour pour garder l'amour de Dieu et la paix de mon coeur, ou devrais-je avoir confiance en Dieu, épouser mon Tunisien et oeuvrer dans sa religion? C'est une bonne religion, mais je ne suis pas capable de faire un choix sans éclaircissement.

Alors, devrais-je épouser mon musulman?

C'est dur de quitter un rêve de sept ans...

* * *

Ce sera à toi de prendre la décision appropriée. Elle ne sera pas facile. Peut-être découvriras-tu qu'il faut faire une option entre la dictée de ton intelligence et de ta foi et les sentiments de ton coeur.

Je ne puis que te livrer mes pensées devant ce problème que tu affrontes et qui sera facilement celui de beaucoup de jeunes dans notre société de plus en plus pluraliste, cosmopolite. Il leur faudra choisir. Tant mieux s'ils le font avant que le coeur ne soit accroché...

Préoccupé des mariages islamo-chrétiens, le Service National de Pastorale de l'Immigration, en France, a publié un Cahier sur ce sujet. Le Service étudie les exigences de la foi chrétienne dans le mariage islamo-chrétien, le discernement, la préparation, la célébration, l'amour et le mariage dans la tradition islamique, les couples islamo-chrétiens au regard des législations de type islamique... De quoi nous inspirer au Canada!

Ta foi et la religion catholique font partie de ta vie. Elles sont des valeurs qui imprègnent ta vie; elles sont ta vie. Tu ne peux les ignorer ni les renier sans te trahir toi-même. Nous croyons, comme chrétiens, que Jésus, Fils de Dieu, est venu nous sauver. Il ne fut pas simplement un prophète, si grand soit-il. Nous croyons en sa divinité. Nous croyons en la Bonne Nouvelle du salut qu'il nous a apporté.

Nous respectons la grandeur de la religion musulmane, mais les différences sont fort grandes entre leurs croyances et les dogmes de notre foi chrétienne.

Tu ne peux renoncer à ta foi chrétienne. Peux-tu vivre ta religion alors que lui vivra la sienne, et garder au foyer la bonne entente et la paix? Vous allez différer, non sur des points secondaires, mais sur des valeurs qui tissent vos vies.

Je te suggère de répondre très honnêtement aux questions suivantes:

1. Ai-je discuté de mon fond religieux, de mes croyances et de mes pratiques religieuses avec mon futur époux?

2. Lui ai-je expliqué le genre de relation que j'ai avec ma famille et donné la chance de parler des relations qu'il a avec la sienne?

3. Ai-je expliqué à mon futur ce que j'envisage devoir être ma relation avec sa famille propre et vice-versa?

4. Que se passera-t-il le jour du mariage? Genre de célébration religieuse et de réception à la maison?

5. Comment est-ce que je vais me situer face à la foi et aux pratiques religieuses de mon époux?

6. Quelles cérémonies d'initiation religieuse prévoyons-nous pour nos enfants?

   Dans quelle foi seront-ils élevés? Quels moyens envisageons-nous prendre pour assurer leur éducation religieuse?

7. Suis-je prête à vivre toute ma vie avec un homme foncièrement différent de moi sur tous les plans: culturel, religieux, social, etc.?

De nos jours, le mariage affronte de solides obstacles. Plusieurs se brisent.

Tu es lucide. Tu comprends que le mariage que tu projettes connaîtra des difficultés plus grandes, s'il se réalise. Toi, ton mari et tes enfants en seront affectés.

L'Église le sait aussi. C'est pour cela qu'une permission est requise pour la célébration d'un tel mariage entre une personne chrétienne et un non-baptisé (Can. 1086, 1. 2).

Je ne conclus pas qu'un tel mariage est nécessairement voué à l'échec. Je souligne qu'il comporte des difficultés particulières. Pour qu'il réussisse, il faut un amour fort, plus fort que les premiers balbutiements de l'amour, un grand respect mutuel et une forte dose de compréhension. Il faut aussi enraciner profondément sa foi chrétienne, la mieux comprendre pour en vivre, éviter le syncrétisme.

Prie... Que le Seigneur t'inspire une sage décision!

- X -

L'ÉVANGÉLISATION
ET QUELQUES PROBLÈMES
D'ACTUALITÉ

Certaines questions soulignent les signes
des temps et des problèmes particuliers;
aussi sont-elles réunies en cette dernière section.

FAUT-IL FUIR LE MONDE?

Nous vivons dans un monde pollué. Faut-il bouder le monde et se retrancher dans un catholicisme d'isolement?

* * *

Règne la pollution d'une société où dominent les injustices sociales.

Règne la pollution de la foi.

Il faut être conscient d'une telle pollution et s'en prémunir.

Sans pour autant fuir ce monde! Sans se confiner dans le ghetto d'un catholicisme peureux, sans chercher à s'en évader. Ce serait trahir le concile Vatican II et son document «L'Église dans le monde de ce temps».

Tout n'est pas négatif. «Grâce aux impulsions de l'Esprit Saint, les humains bâtissent des solidarités aptes à assurer un réel développement humain. L'Église doit reconnaître et appuyer ce qui est déjà là plutôt que de doubler les services existants» (Mgr Bernard Hubert).

S'il faut rejeter la souillure de ce monde (Jc 4, 4), il faut pénétrer ce monde du levain de l'évangile, ce monde que Dieu a sauvé, ce monde dans lequel il est à l'oeuvre (Ac 17, 24; Mc 16, 15).

C'est dans ce monde que le Seigneur nous a laissés sans nous en retirer (Jn 17, 15), pour que nous puissions le transformer.

Ce monde deviendra un ciel nouveau et une terre nouvelle (Ap 21, 1).

L'Esprit Saint n'est pas ligoté. Il agit même dans ce monde pollué. Jésus a promis que cet Esprit ne nous ferait pas défaut. Jésus ne nous laissera jamais orphelins. Il est avec nous tous les jours jusqu'à la fin du monde (Mt 28, 20).

Il nous incite à ne pas craindre (Mt 10, 26). Ne devenons pas des prophètes de malheur, mais des donneurs d'espérance!

COMMENT VOYEZ-VOUS L'ÉVANGÉLISATION?

Quels en sont les points forts? Pourriez-vous nous donner des moyens pour être des témoins de Jésus?

* * *

L'évangélisation répond à l'invitation du Christ à évangéliser toutes les nations (Mt 28, 19; Mc 16, 15).

N'oublions pas le Décret du concile Vatican II sur l'Activité missionnaire de l'Église, ni le Décret sur l'Apostolat des laïcs, en 1965. Rappelons-nous que Paul VI a écrit, en 1975, la grande charte de l'évangélisation, une encyclique sur «L'évangélisation dans le monde moderne». Jean-Paul II, quant à lui, a publié l'encyclique «La Mission du Christ Rédempteur», en décembre 1990.

Au mois d'octobre 1990, sous l'impulsion de «Évangélisation 2000», 6000 prêtres venus de 130 pays vivaient une retraite au Vatican avec comme thème: «Un appel à évangéliser». Ils se disposaient à une décade d'évangélisation pour célébrer le 2000e anniversaire de la naissance du Christ.

En novembre 1995, 6000 évêques, prêtres et diacres, auront vécu une retraite semblable, au Vatican, sur le thème de l'unité. Parmi eux, beaucoup de prêtres d'Afrique où une Église, jeune et joyeuse, est en pleine expansion, comme le révélait le Synode africain de 1994.

Nous avons tous la responsabilité d'évangéliser. Comment affirmer que nous aimons le Christ si jamais nous n'en parlons? Si nous ne cherchons pas à l'imiter, lui, le premier Évangélisateur? Si nous ne proclamons pas la Bonne Nouvelle? C'est aujourd'hui qu'il faut le faire.

Il n'y a pas de recette-miracle pour l'évangélisation. Il faut l'amour du Christ et la prière. Il y a la force première de notre propre sanctification. L'évangélisation repose sur Dieu et la qualité spirituelle de notre vie.

L'évangélisation requiert le témoignage personnel et communautaire. Elle doit respecter la doctrine, aussi les valeurs de liberté, paix, fraternité, dialogue, inculturation, justice sociale... (Bulletin CRC).

Des chrétiens généreux vont prêcher la Bonne Nouvelle dans des pays de mission. D'autres s'activent au niveau du diocèse et de la paroisse, dans les écoles et les mouvements, dans les oeuvres de charité et les activités sociales, dans les mass médias. C'est de l'évangélisation.

En notre pays, l'évangélisation semble vouloir se spécialiser: auprès des jeunes, des couples, des malades, des démunis, dans les mass médias... Nous sommes à l'heure des spécialistes. Toutefois, il demeure important de coordonner nos activités.

Pour beaucoup, des papas, des mamans, des grands-parents, c'est dans le train-train de chaque jour qu'ils doivent être les témoins de Jésus, des évangélisateurs, qu'ils soient à la maison, au bureau, ou à l'usine.

Le rôle des parents est plus que jamais irremplaçable pour faire connaître Jésus. Celui des grands-parents devient une nécessité surtout dans les familles brisées et là où les parents négligent la pratique religieuse. Ils peuvent glisser un bon mot à leurs petits-enfants, leur enseigner une prière, les emmener à l'église. La famille demeure le premier lieu d'évangélisation.

N'attendons pas d'être parfaits pour évangéliser. Je répète: Aimons d'abord le Christ Jésus. L'amour de Dieu suggérera à chacun et chacune les moyens concrets d'évangélisation.

Nous ne pouvons amener les personnes à une vie chrétienne parfaite du jour au lendemain. Souvent, il faut nous contenter de travailler à une étape de leur évangélisation. Autrement, nous risquons de nous décourager.

Il faut, pour bien évangéliser, avoir au coeur le feu de l'Esprit Saint, le feu de la Pentecôte. Il faut aussi une vivante espérance! Le Seigneur est toujours avec nous, même en ces temps cahoteux. Les tempêtes n'ont jamais empêché l'Église d'avancer.

COMMENT AIDER LES MEMBRES
DE NOS FAMILLES QUI ONT PERDU LA FOI?

* * *

Cette foi chrétienne n'est pas nécessairement perdue, même si elle est négligée, même si elle n'est pas nourrie. La foi demeure pour beaucoup comme un feu qui couve sous la cendre, un feu qui peut se ranimer, un feu que peut attiser le vent de l'Esprit Saint.

Ce que vous pouvez faire, c'est d'abord prier avec instance pour ces personnes qui négligent leur foi, le Seigneur et son Église.

Puis, donnez l'exemple d'une vie chrétienne authentique, faite de charité, de pratique religieuse, de joie aussi. Que votre vie révèle que vous croyez en la Bonne Nouvelle, en l'amour de Jésus, malgré les peines de la vie. Que votre foi soit une foi vivante et contagieuse!

Au besoin, sans tomber dans le sermon, dites une parole de foi, d'encouragement, d'invitation à la prière. Trop souvent, par fausse pudeur, par faux respect de l'autre, on rougit presque de Jésus Christ, on n'ose parler de lui. Il faut communiquer sa foi.

Dieu est à l'oeuvre en vous, à travers vous, et dans la personne que vous rencontrez, à qui vous vous adressez. Semez la bonne parole et l'exemple et, un jour, cette semence de foi poussera, dans vos enfants, dans vos amis, dans le coeur des jeunes.

FAUT-IL PARLER DE JÉSUS À CEUX
QUI NE CHEMINENT PAS SPIRITUELLEMENT?

Vaut-il mieux se taire et les respecter?

* * *

Vous pouvez les respecter tout en leur parlant de Jésus...

Ici, comme en d'autres circonstances de notre vie, évitons les positions extrêmes: le fanatisme religieux et le respect humain.

Le fanatisme religieux, nous le découvrons dans certaines sectes, chez des gens qui enfoncent la porte de notre foyer et la porte de notre coeur. Il y a de ces chrétiens qui semblent manquer d'équilibre et de discernement, qui tombent dans un enthousiasme un peu délirant. Leur attitude éloigne du Christ, plutôt qu'elle n'y attire. Jésus respectait la personnalité et la liberté de chacun en leur offrant son amour et son message libérateur.

Mais le danger n'est-il pas plus grand et plus répandu de taire Jésus et son message? Je vois trop de chrétiens qui cachent le drapeau de leur foi. Je vois trop de catholiques qui ne s'affirment plus disciples de Jésus, qui rougissent de leur foi, qui n'en parlent jamais. C'est triste! C'est lourd de conséquences. Comment affirmer qu'on aime Jésus si l'on n'en parle jamais?

La foi se transmet par des témoins.

Nous avons tous le devoir de proclamer Jésus Christ, d'être des évangélisateurs et des évangélisatrices. C'est notre mission, c'est notre privilège. Ce n'est pas seulement l'affaire des prêtres, des religieux et religieuses, des missionnaires. C'est le droit et l'obligation de tout baptisé, rappelle le Pape. «La mission, qui s'effectue sous des formes diverses, est la tâche de tous les fidèles» (La Mission du Christ Rédempteur, 71). Nous pouvons relire le texte de Vatican II sur l'Apostolat des laïcs, ou l'exhortation «Christifideles laici» de Jean-Paul II.

Missionnaires par notre vie chrétienne, bien sûr! Mais aussi par nos paroles! C'est Jésus qui sauve. Il faut le dire. Il est notre Sauveur (Lc 2, 11; Jn 4, 42; Ac 4, 12).

NOS PASTEURS GARDENT TROP LE SILENCE

Moi qui suis loin d'être un modèle de vertu, au lieu de blâmer nos responsables moraux, et de me comporter en pharisien, je devrais me regarder moi-même. Malgré tout, je constate que quantité de prêtres, et même d'évêques, n'osent plus nous enseigner avec franchise les vérités bibliques, de crainte de nous offenser.

Pourtant, si on se fie aux avertissements de la Mère du Sauveur, à Fatima et à Medjugorje, l'Église passe par une crise en profondeur.

Où nos responsables moraux ont-ils pris dans la Bible qu'il faille garder le silence sur l'homosexualité? sur l'avortement? sur Satan et ses raffinements trompeurs? sur une sensualité excessivement infernale? sur les blasphèmes? sur la non-assistance à la messe du dimanche? et quoi encore?

Suis-je devenu trop conservateur?

Humblement, mais sincèrement,
un simple Catholique romain

* * *

Je voudrais que ma réponse soit humble comme l'est votre question.

La pastorale n'est pas du tout cuit. Elle exige la fidélité à l'enseignement du Christ et un coeur de bonté. Il faut éviter les extrêmes: la rigidité étroite du doctrinaire, le laxisme et le laisser-aller lâches et peureux.

Il ne faut pas agir en fils du tonnerre et vouloir que le feu du ciel consume les impies (Lc 9, 54-55). Il ne faut pas, non plus, devenir de mauvais bergers (Jr 23, 1) et des chiens muets (Is 56, 10).

Je ne rejette pas votre opinion. Je vous suggère simplement de conserver la paix et la charité, sans oublier la présence de l'Esprit Saint. Et priez beaucoup pour l'Église et ses pasteurs.

LES CATHOLIQUES FORMÉS EN CONSOMMATEURS PEUVENT-ILS TÉMOIGNER?

L'Église a formé des catholiques obéissants, dociles, consommateurs, etc. Aujourd'hui, elle voudrait qu'ils témoignent de leur foi.

Le pli étant pris depuis longtemps, n'est-il pas illusoire de penser changer cet état de fait du jour au lendemain?

* * *

L'Église a aussi formé des catholiques conscientieux, fervents, zélés. Nous sommes les héritiers d'un passé riche de foi et de charité. Grâce à ce passé, il y a une adaptation et une créativité qui nous font honneur, même si sévit une déchristianisation massive. Y eut-il jamais autant de laïcs convaincus qu'aujourd'hui, autant de laïcs engagés? Ils ne sont pas une génération spontanée!

Sous la conduite de l'Esprit, l'Église poursuit sa marche, joyeusement, avec confiance en l'avenir. La foi ne se juge pas selon les sondages, mais selon les coeurs qui s'ouvrent à Dieu.

En plusieurs diocèses, un synode discerne les voies d'avenir et s'engage résolument sur la route d'une nouvelle évangélisation. L'Église verra à mieux former l'élite; elle ne négligera pas la masse. Elle unira les chrétiens, car ils souffrent d'isolement au sein de la société. Elle voudra une religion savante et fidèle; en même temps, elle encouragera et nourrira la religion populaire, la religion du peuple de Dieu. Elle continuera de se tourner vers le Seigneur pour lui rendre le culte qui lui est dû; elle se penchera vers la multitude pour apaiser ses faims, surtout sa faim spirituelle. Elle risquera l'avenir!

LA MÉDITATION TRANSCENDANTALE ME FUT CONSEILLÉE...

Je suis nerveux et j'ai de la misère à me concentrer dans mon travail. La méditation transcendantale me fut conseillée pour que je puisse retrouver le calme? Que faut-il en penser? La méditation transcendantale est-elle dangereuse pour quelqu'un qui a la foi?

* * *

Rome reconnaît que, malgré leurs limites, «d'authentiques pratiques de méditation provenant de l'Orient chrétien et des grandes religions non chrétiennes... peuvent constituer un moyen adapté pour aider celui qui prie à se tenir devant Dieu dans une attitude de détente intérieure même au milieu des sollicitations extérieures».

Fondée par Maharishi, disciple de Gourou Dev, la méditation transcendantale propose une voie de la connaissance, avec l'aide d'un mantra, pour libérer son «soi» divin, pour nous affranchir de l'illusion et de la souffrance (Richard Bergeron). La méditation transcendantale fait facilement partie des données du Nouvel Âge.

La méditation transcendantale peut-elle se séparer des notions religieuses hindoues et bouddhistes? La réponse me semble négative. Du niveau de la technique de relaxation, nous pouvons glisser facilement à la philosophie qui l'anime et qui est en contradiction avec l'évangile. Voyons à préserver notre foi chrétienne de toute contamination.

La méditation transcendantale permet-elle de distinguer entre Dieu et nous? Laisse-t-elle à Dieu l'initiative dans notre vie spirituelle? Où se trouve Jésus Christ dans la Méditation Transcendantale?

Nous pouvons nous inspirer de ce qu'il y a de bon en Orient, devenir conscients de la valeur des techniques et des pratiques corporelles préconisées par l'Orient. Mais n'oublions pas notre patrimoine chrétien!

Vous pouvez faire usage d'une méditation transcendantale chrétienne, écrit l'abbé Kenneth J. Roberts. Nous pouvons apprendre une façon de nous asseoir, de nous recueillir et de nous ouvrir à l'activité spirituelle. Vous pouvez vous asseoir bien droit, suggère Roberts, vos mains sur les genoux, les yeux fermés, et respirer lentement. Alors que vous exhalez votre respiration, dites «Jésus»; alors que vous inhalez, dites «Père». Faites ainsi jusqu'à ce que vous sentiez la présence de Dieu. L'Esprit priera en vous dans cette prière trinitaire.

Le 14 décembre 1989, la Congrégation pour la Doctrine de la Foi, dirigée par le cardinal Ratzinger, parlait de la méditation «chrétienne» pour qui cherche le calme intérieur et l'équilibre psychique. La prière chrétienne repousse les techniques centrées sur le moi et ouvre celui qui prie à Dieu et au prochain. Elle se présente sous la forme d'un dialogue intime entre Dieu et l'homme; elle se fait toujours en communion avec toute l'Église. Avec l'aide de l'Esprit Saint, tout converge vers le Christ. Souvenons-nous que nous sommes des créatures de Dieu, même si nous participons à la nature divine. L'union à Dieu est un don, non le fruit d'une technique.

Nous ne pouvons trouver dans les méditations orientales cette doctrine et ces richesses, même si elles contiennent des éléments utiles. La méditation transcendantale peut procurer une détente intérieure et des sensations subjectives, mais il ne faut pas les identifier avec l'action de l'Esprit Saint.

Si nous faisons bon usage de la méditation chrétienne, nous n'aurons pas besoin de la pédagogie utilisée par la méditation transcendantale, la méditation zen ou yogiste.

IL DIT QUE LE YOGA VA LE DÉTENDRE

Que pensez-vous d'un bon catholique qui suit des cours de yoga?
Il dit que ce lui fut conseillé parce qu'il est très nerveux et que
ça va le détendre beaucoup. Est-ce un remède?

* * *

Peut-être, pourvu que le remède ne devienne une maladie.

Le yoga peut faciliter une relaxation du corps et de l'esprit.

Je ne peux condamner de façon radicale ce qui serait uniquement un exercice de relaxation. Le Père René Voillaume, ce grand religieux et fondateur de communautés, me disait qu'il faisait quinze minutes de yoga chaque matin. Il y voyait une certaine ascèse. Honni soit qui mal y pense...

Mais, «il ne peut y avoir de yoga chrétien. Il ne peut y avoir que des chrétiens qui font du yoga» (Paris, Service national Pastorale et sectes).

Le yoga peut engendrer le culte du corps, une philosophie de vie qui n'est pas chrétienne, mais païenne. Surtout, il y a, derrière le yoga, tout un système de pensée issu de l'Orient.

Je rejette ce qui contredit ma foi chrétienne ou la met en danger.

N'oublions pas que nous vivons de plus en plus en un temps où la doctrine chrétienne est oubliée et facilement remplacée par toutes sortes de théories étranges, par une religion du mieux-être. Le moi cherche à se substituer à Dieu. Le yoga prend aisément place dans ce Nouvel Âge. Soyons attentifs dans le choix d'une source de relaxation et d'équilibre chrétien.

LES PRÉDICTIONS DE NOSTRADAMUS SONT VÉRIDIQUES...

D'après un reportage télévisé, on peut dire que tout ce qu'il a prédit jusqu'à présent s'est révélé juste. Il s'est bien servi de la divination.

Si vous êtes contre ce prophète, pourriez-vous expliquer alors comment il se fait que ses prédictions sont véridiques jusqu'à présent?

* * *

Nostradamus, d'ascendance juive, naquit en 1503, dans le sud de la France. La légende s'est jointe à l'histoire pour auréoler sa figure.

Il apprit la médecine et s'intéressa à l'astrologie. La «lecture» des étoiles le conduisit à des prédictions qu'il écrivit dans «Centuries». Toutes ses prédictions ne se réalisèrent pas. Il mourut en 1566, à 62 ans.

Même si Nostradamus était catholique et bien intentionné, nous ne pouvons ajouter foi à ses théories, ni au point de vue scientifique, ni au point de vue chrétien.

Cet homme, qui connaissait bien l'histoire et ses éternels recommencements, pouvait prédire avec un certain à-propos divers événements à venir.

Il demeure l'un des grands devins du passé. Pas nécessairement le plus grand! D'autres ont vécu avant lui, au temps des Romains, au temps des Grecs; malgré leur célébrité, ils ont fini par s'évanouir dans les ombres du passé.

Le nom de Nostradamus, devin, refait surface de nos jours.

Nombreux ceux qui, aujourd'hui, cherchent à connaître l'avenir. Certains font appel à la divination. Cette divination, même celle de Nostradamus, doit être rejetée.

La divination n'a plus ce cachet de connaissance savante qu'elle possédait dans le passé. Malgré tout, la divination populaire continue. Elle connaît un regain de vie! Beaucoup cherchent auprès des diseuses de bonne aventure, dans la lecture de leurs horoscopes, ce que l'avenir leur réserve.

Cicéron protestait contre la divination qui faisait peser son joug sur presque toutes les âmes et avait «pris d'assaut l'imbécillité humaine». Il y avait la divination par les songes, la consultation des morts, celle des entrailles des animaux et, évidemment, celle des astres, l'horoscope.

Les textes sacrés de la Bible condamnent vertement toute pratique divinatoire. La divination, en honneur chez les Grecs, les Romains et les autres païens, était rejetée chez les Juifs (Dt 18, 9-12). Les chrétiens, au début de l'Église, avaient en horreur les pratiques superstitieuses. L'évangile remplaça la superstition.

Le 16e siècle, avec le traumatisme d'une chrétienté divisée entre Catholiques et Protestants, présenta un sol favorable au regain de la superstition. Les guerres de religion bouleversèrent les esprits. C'est en ce 16e siècle troublé que vécut Nostradamus.

Nostradamus gagne en popularité dans notre monde névrosé, semblable au 16e siècle, hanté par le danger d'une fin prochaine. La déchristianisation favorise la recrudescence des pratiques de divination. La perte de la foi conduit les hommes et les femmes angoissés devant l'avenir à chercher une réponse éclairante chez les devins du passé. Ils essaient de trouver lumière dans les quatrains mystérieux de Nostradamus.

À ses oracles s'ajoute la prophétie faussement attribuée à saint Malachie, évêque irlandais mort au milieu du 12e siècle. Cette prophétie ne date que de la fin du 16e siècle et elle est faussement attribuée à saint Malachie.

La divination de Nostradamus, jointe à cette prophétie vague et apocryphe attribuée à Malachie, suscite l'intérêt d'un monde nerveux et inquiet, éloigné du vrai Dieu. Nostradamus nourrit la soif du merveilleux et intéresse tous les crédules.

Croire en Nostradamus, c'est croire en la divination; c'est là une faute contre la foi au vrai Dieu. C'est aussi un rejet de la vraie science.

Certaines réalisations des oracles de Nostradamus, fruit du hasard ou prévision intelligente, ne doivent pas nous éblouir au point de croire à la vérité de la divination.

IL Y A DES SIGNES DU ZODIAQUE À L'ENTRÉE DE LA BASILIQUE

J'ai cru remarquer, dans l'entrée de la Basilique, les douze signes astrologiques, les signes du zodiaque. De là vient ma curiosité. Qu'est-ce que l'Église pense de l'astrologie? Je me suis laissé dire que même le Pape au Vatican possède un bain avec les douze signes astrologiques et que saint Thomas d'Aquin comparait le Christ au soleil et ses apôtres aux douze signes.

Je dois vous assurer que je suis confuse, car j'aime beaucoup lire des articles astrologiques. Si ces choses sont si mauvaises, pourquoi a-t-on accepté qu'elles soient peintes dans une église?

* * *

L'astronomie n'est pas l'astrologie.

L'astronomie est la science des astres. Elle est l'observation des corps célestes et de la structure de l'univers. Rien là qui soit défendu.

En restant dans le domaine de l'astronomie, nous savons, en nous inspirant du dictionnaire, que le zodiaque est une zone de la sphère céleste. Cette zone est divisée en douze parties égales qui sont nommées d'après les constellations les plus proches et qui sont représentées par des signes, les signes du zodiaque: Bélier (21 mars), Taureau (21 avril), Gémeaux (22 mai), Cancer (22 juin), Lion (23 juillet), Vierge (23 août), Balance (23 septembre), Scorpion (23 octobre), Sagittaire (22 novembre), Capricorne (21 décembre), Verseau (21 janvier), Poissons (20 février).

Le calendrier que nous utilisons, le calendrier grégorien, nous fait diviser l'année en mois et en jours, mais il n'est pas le calendrier de tous les peuples; il n'a pas toujours été utilisé. Au temps jadis, les signes du zodiaque indiquaient les périodes de l'année. Ce qui était légitime et inoffensif.

Ainsi, toujours dans la sphère de l'astronomie, nous voyons que le vestibule de la basilique de Sainte-Anne nous présente le monde tel qu'il est sorti des mains du Créateur et remis à l'homme.

C'est un hommage à Dieu. Toute la création doit célébrer son Créateur. Le temps y est représenté par les signes du zodiaque. Toutes les périodes de l'année sont invitées à louer Dieu.

Passons à l'astrologie... L'astrologie, elle, cherche à prévoir le destin des hommes par l'étude des astres et de leur influence. Ainsi, dans les horoscopes, certains veulent connaître la destinée d'un individu en étudiant les influences des astres depuis l'heure de sa naissance. C'est ici qu'entre la superstition; c'est ici que la Bible nous met en garde.

Ce qui est répréhensible, c'est de croire que notre vie dépend des astres, que tout est déterminé par les astres. Ce fatalisme de l'astrologie est de la superstition et s'inscrit contre la Providence de Dieu et la liberté humaine. L'Écriture Sainte, comme vous le signalez, s'y oppose.

CARTOMANCIE, ASTROLOGIE, SORCELLERIE, MAGIE...

Y a-t-il un danger à recourir à la pratique du tarot, aux services de tireuses de cartes ou cartomanciennes, d'astrologues ou d'autres personnes du même genre?

Y a-t-il un rapport avec la sorcellerie et la magie noire?

* * *

Le dictionnaire nous fournit certaines définitions. L'astrologue est celui qui prédit les événements d'après l'inspection des astres. La cartomancienne ou tireuse de cartes est celle qui prétend posséder l'art de prédire l'avenir par les combinaisons qu'offrent les cartes à jouer. La sorcellerie est cette opération ou profession d'une personne que le peuple autrefois croyait en relation avec le diable pour faire des maléfices. La magie est cet art prétendu de produire des effets contraires aux lois naturelles; la magie noire est celle qui le fait en évoquant les démons.

Ces définitions brèves signalent des différences entre astrologie, cartomancie, sorcellerie et magie noire.

Y a-t-il un rapport entre ces diverses pratiques? Nous pouvons répondre par un oui, car elles impliquent un certain rejet de Dieu, un manque d'abandon à la Providence, un attrait vers la superstition.

Il y a, toutefois, des différences notables. L'astrologie et la cartomancie ne sont parfois qu'un passe-temps et ne sont pas toujours prises au sérieux. Lire son horoscope ou se faire tirer aux cartes à l'occasion peuvent n'être que simple curiosité. Il n'y a pas toujours drame! Il ne s'agit pas nécessairement d'un culte diabolique... Parfois, en voulant condamner le mal, on tombe dans l'exagération qui fait sourire les uns et traumatise les autres. Ne concluez pas que je recommande ces pratiques! Je déplore la fréquence du recours à l'astrologie et même à la cartomancie. Que de chrétiens et de chrétiennes sont tombés dans l'esclavage de lire leurs horoscopes pour y déceler les secrets de leur journée et même de l'avenir!

Dans la pratique du tarot, de la cartomancie, des boules de cristal, des horoscopes, n'y a-t-il qu'un passe-temps anodin à base de curiosité? Il s'y ajoute aisément de la superstition, une curiosité malsaine.

Beaucoup plus graves et répréhensibles sont la sorcellerie et la magie noire! Elles font appel à Satan.

Ma réponse est terminée. Pourtant, je tiens à y ajouter quelques textes bibliques réprobateurs:

«Tu t'es épuisée à force de consultations. Qu'ils se présentent donc et te sauvent ceux qui détaillent le ciel, qui observent les étoiles, qui annoncent chaque mois ce qui va fondre sur toi» (Is 47, 13). Si Isaïe condamne ceux qui font ainsi la carte du ciel, Jérémie y va tout aussi carrément: «N'écoutez pas vos prophètes, devins, songe-creux, enchanteurs et magiciens!» (Is 27, 9).

La cartomancie, elle, se lie au monde des devins. Or, les devins sont condamnés par les textes bibliques (Lv 19, 31, etc.). Jérémie nous demande de ne pas nous laisser leurrer par eux (29, 8).

Jérémie condamne aussi la sorcellerie, comme fait d'ailleurs le prophète Isaïe. C'est un péché que la sorcellerie (I S 15, 23; 2 R 17, 17)!

Quant à la magie noire, elle s'apparente à la sorcellerie. Elle est impuissante (Sg 17, 7).

J'ajoute ce texte du Deutéronome: «On ne trouvera chez toi personne qui fasse passer au feu son fils ou sa fille, qui pratique divination, incantation, mantique ou magie, personne qui use de charmes, qui interroge les spectres et devins, qui invoque les morts. Car quiconque fait ces choses est en abomination à Yahvé ton Dieu» (Dt 18, 10-12).

JE JOUE PARFOIS AU TAROT

Il m'arrive de tirer aux cartes mes amies et elles font la même chose pour moi. C'est bien innocent. Je joue parfois au tarot avec elles pour passer le temps. C'est tout. Je suis sûre qu'il n'y a aucun danger pour moi. Je me fais tirer les lignes de la main, mais seulement par curiosité.

* * *

Un jeu est un jeu et il ne faut pas dramatiser un jeu. Je partage votre opinion qu'il puisse n'y avoir qu'un jeu à se laisser tirer aux cartes ou au thé, ou bien à se faire expliquer les lignes de la main, selon la chiromancie. Surtout si cela n'arrive que par exception! Je ne condamnerais pas les personnes qui agissent ainsi dans ces jeux de famille et de société. Ne pourrait-on pas en dire autant de celui ou de celle qui, occasionnellement, satisfont leur curiosité en lisant leur horoscope?

Mais où se dresse la clôture qui sépare le jeu innocent de la croyance superstitieuse? Le terrain du jeu pur n'est pas facile à délimiter et à séparer de la superstition païenne. Cette superstition de la cartomancie et de la chiromancie n'est pas toujours un crime abominable et satanique! Il faut cependant l'éviter pour être parfaitement fidèle à la Parole du Seigneur. L'habitude peut se créer.

QUE PENSEZ-VOUS DE LA MUSIQUE ROCK'N ROLL?

Que faire avec nos jeunes qui écoutent cette musique à journée longue?

* * *

Utilisez votre sens chrétien et votre bon sens tout court.

Il y a une musique rock'n roll clairement nocive pour vos jeunes. Une musique rock déséquilibrée, aux messages nuisibles, à thèmes diaboliques ou prônant le dévergondage sexuel. Les parents doivent alors assumer leurs responsabilités vis-à-vis de leurs enfants, surtout les plus jeunes, et même interdire une telle musique ou de tels chants.

Les parents doivent faire comprendre à ces plus jeunes, et aussi à leurs adolescents plus âgés, le danger de cette musique.

Dans ce dialogue toujours nécessaire pour une vraie formation, il ne faut pas dramatiser. Il ne faut pas voir le diable partout, dans toute musique rock. L'excès de la réaction peut tuer le dialogue.

Il y a une certaine musique rock à proscrire, car elle incite au sexe, à la violence et à l'impiété. Il est possible de tolérer une musique rock qui ne soit pas aussi excessive mais, encore là, il faut éviter les abus. Il faut favoriser une musique vivante, mais moins excitante. Car il ne faut pas uniquement exclure, il faut aussi offrir du beau et du bon.

Favorisez la belle musique et le beau chant. Substituez le bienséant à ce qui est déplorable. Les jeunes ont le goût de la vie, de la musique, du chant. Même si nos oreilles sont abasourdies, sachons tolérer... le «bon» bruit. Du moins, en autant qu'il demeure raisonnable...

QUE PENSER DU SIDA?

Beaucoup en sont atteints. Ne sont-ils pas responsables de leur état?

* * *

Le SIDA (Syndrome Immuno-Déficitaire Acquis) (en anglais: Aids), quel problème médical et social! Il croît beaucoup plus rapidement que les progrès de la science qui cherche à l'enrayer. Surtout en certains pays d'Afrique (Ouganda, Rwanda, Burundi...)!

Il y a peut-être des sidéens dans nos familles. Il peut y avoir également des personnes séropositives, atteintes du VIH (Virus Immunodéficitaire Humain). Sans être malades, elles vivent dans l'angoisse, car elles peuvent le devenir. Se sentiront-elles condamnées et exclues? Leur offrirons-nous l'espérance chrétienne et un soutien fraternel?

Nous ne devons pas répudier nos convictions morales vis-à-vis une fausse libération sexuelle ou l'abus des drogues, mais, que les sidéens soient responsables ou non, ce n'est pas à nous de les juger. Ils souffrent beaucoup, sans espoir humain.

Saint Paul écrivait: «Le Christ Jésus est venu dans le monde pour sauver les pécheurs, dont je suis, moi, le premier» (I Tm 1, 15). Nous avons tous besoin de sa miséricorde, et nous devons compatir. Il y a des gens blessés le long de nos routes humaines... Allons-nous passer outre ou imiter le bon samaritain (Lc 10, 29ss)?

Il y a tant de préjugés touchant les sidéens! Il y a beaucoup d'ignorance vis-à-vis cette maladie qui, en 1981, apparaissait brutalement. Les sidatiques sont-ils nos lépreux modernes? Des contagieux, des intouchables, des parias? Faut-il refuser le logement et l'embauche à ceux et celles affectés du virus? Mettons de côté crainte et préjugé pour secourir les sidéens et leurs familles. Nous devons les aimer sans condition.

L'épiscopat canadien, comme d'autres épiscopats, nous invite à dépasser la peur par la compassion envers les personnes infectées par le virus ou malades du Sida; aussi par un regard de clairvoyance sur la situation; et enfin par la promotion d'un esprit de solidarité avec toutes les personnes concernées (16 mars 1989).

La prévention de ce mal ne se fera pas simplement en offrant des préservatifs et des seringues neuves. Si nous devons secourir les sidéens, déclarait Jean-Paul II, nous devons également prévenir la croissance du fléau. Par-delà la maladie du Sida, il y a la pathologie d'une société permissive qui rejette les valeurs: la dignité de la personne humaine, la maturité affective et responsable, l'amour-don de soi.

Le Pape s'inquiète des jeunes qui sont menacés par cette maladie infectieuse. Il souhaite que tous se soucient de ce problème.

Le Pape dit aux malades du Sida: «Ne vous sentez pas isolés. L'Église est avec vous, pour vous soutenir sur votre route si difficile... N'oubliez pas l'invitation de Jésus: 'Venez à moi, vous tous qui peinez et ployez sous le fardeau et moi je vous soulagerai' (Mt 11, 28)».

Et, s'adressant aux familles des sidéens, il ajoute qu'elles doivent «donner un témoignage ardent de foi et d'amour, en entourant les leurs de cures attentives et de soins affectueux, sans penser jamais à les abandonner».

POURQUOI L'ÉGLISE NE DÉNONÇAIT-ELLE PAS L'ESCLAVAGE?

Cet esclavage était une forme d'injustice et de domination anti-évangélique.

* * *

Nous ne pouvons juger le passé selon nos critères présents. Ce serait de l'anachronisme.

L'Église ne pouvait changer les lois civiles, ni certaines prescriptions juridiques. Elle devait, cependant, les pénétrer de l'évangile. C'est ce qu'elle a essayé de faire, depuis le temps de saint Paul.

La foi, disait ce dernier, nous enseigne que nous sommes tous enfants de Dieu, qu'il n'y a ni esclave ni homme libre, ni homme ni femme... (Ga 3, 28).

Aussi intervient-il auprès de Philémon en faveur de l'esclave Onésime, «un frère très cher» (v.16).

L'esclavage, autrefois, ne semblait pas un mal moral. Le devoir de l'Église consistait à promouvoir l'amour, la charité, le respect et la dignité de tout être humain.

Il existe de nos jours d'autres formes d'esclavage... Des peuples entiers sont asservis par quelques richissimes, grâce à un capitalisme sans frein, à cause de multinationales sans âme. Des ouvriers perdent leurs emplois sans justification. Des sidéens sont ostracisés. Des minorités sont traitées comme indésirables... L'antisémitisme qui a causé la Shoah, l'Holocauste, le plus grand crime de l'histoire, le massacre de millions de Juifs, ne doit jamais plus se reproduire. N'y a-t-il pas des génocides qui se multiplient alors que nous restons silencieux? Notre attitude personnelle aujourd'hui importe plus que nos jugements sur la conduite de nos ancêtres.

NOTRE CENTRE DE PASTORALE ORGANISE DES RENCONTRES D'ÉTUDES SUR L'ENNÉAGRAMME

Je m'inquiète... Je crois que de tels séminaires sont de nature à semer la confusion dans les esprits.

* * *

L'Ennéagramme devient à la mode en certains milieux, surtout anglophones. Des recherches se poursuivent pour le perfectionner. Certains donnent le feu vert à l'Ennéagramme. D'autres nous conjurent d'être prudents. Des deux côtés, il y a des prêtres. Certains y vont de réflexions théologiques. Je suggère l'ouverture, mais accompagnée de discernement.

La psychologie a évolué depuis une vingtaine d'années. Tout n'est pas parfait; tout n'est pas à rejeter non plus. Un jugement superficiel et à l'emporte-pièce n'est pas la meilleure attitude à adopter.

Le mot Ennéagramme vient du grec et signifie «neuf points». L'Ennéagramme est symbolisé par une étoile à neuf pointes. L'Ennéagramme présente neuf types de personnalités et leurs relations. Il identifie neuf caractères principaux de la vie émotionnelle.

Certains grands maîtres de l'Ennéagramme, tels George Ivanovich Gurdjieff et Oscar Ichazo, faisaient usage de sciences occultes et d'enseignements spirituels orientaux. Mais de tels apports ne font pas partie essentielle de l'Ennéagramme. Parmi les livres écrits sur l'Ennéagramme, en anglais surtout, mettons de côté ceux qui font appel aux sciences occultes.

L'Ennéagramme trouve son origine dans le mysticisme de la secte musulmane Sufi. Il fut enseigné oralement. L'Ennéagramme est un vieil instrument de psychologie, de croissance psychique. C'est un regard sur nos émotions, une méthode de connaissance pour mieux savoir qui nous sommes, pour devenir plus conscients de notre moi. L'Ennéagramme cherche à aller plus loin que les méthodes conventionnelles de thérapie. Grâce à lui, dit-on, nous pouvons nous épanouir et bien orienter notre marche dans la vie.

Nous pouvons mieux comprendre les autres. L'Ennéagramme nous permet de cataloguer nos différentes personnalités. Nous assurons ainsi une meilleure psychothérapie et facilitons la direction spirituelle. C'est ce qu'affirment les protagonistes de l'Ennéagramme.

De tels objectifs n'ont rien de bien criminel... Pourvu, évidemment, que rien ne contredise notre foi chrétienne! Cette connaissance psychologique a son bon côté, comme me l'assurait dernièrement un prêtre ami. Elle nous permet d'identifier les aspects positifs et négatifs de notre être et ceux d'autres personnes.

Vérifions l'intention et le bon équilibre des personnes qui enseignent l'Ennéagramme. Quant à ceux et celles qui suivent un tel enseignement, qu'ils fassent preuve de maturité.

Jésus demeure mon unique Sauveur, qui que je sois. Il ne suffit pas de bien connaître mes compulsions pour bien agir. L'Ennéagramme ne sera jamais une nécessité dans ma vie chrétienne. Peut-être, cependant, cette connaissance de ma personnalité, de mon moi, comme toute connaissance psychologique, m'aidera-t-elle à me comprendre davantage, par-delà ma personnalité acquise, pour mieux profiter de l'aide du Seigneur. Que cette connaissance ne soit pas stérile, mais fasse croître.

Evitons de tomber dans le fatalisme, comme si tout était déterminé d'avance. Evitons aussi de «cataloguer» les autres de façon trop rapide. La vie est complexe et les personnalités sont versatiles.

Nous gardons toujours notre liberté d'enfants de Dieu, quelles que soient les données de nos tempéraments, ou le numéro qui y correspond.

Demeure le critère de l'évangile pour savoir qui nous sommes devant Dieu. Nous bénéficions de l'éclairage de notre foi. La connaissance fournie par l'Ennéagramme, que nous ne voulons pas mépriser, n'est pas ce qui sanctifie. Le souci de notre moi ne doit pas éclipser la place de Jésus. De lui viennent le salut et la croissance.

Je ne suis pas prêt à condamner l'Ennéagramme, mais sans en devenir un admirateur fasciné. Continuons à tout discerner à la lumière de l'évangile et de l'Église.

EST-CE QUE L'ÉGLISE S'OPPOSE À L'HYPNOSE?

* * *

Nous ne pouvons renoncer volontairement et sans motif à l'usage de nos facultés mentales.

Celui et celle qui se font hypnotiser perdent l'usage de leurs facultés mentales et deviennent dans ce sommeil artificiel, par cette «anesthésie», dépendants de la volonté d'autrui. Ceci n'est permis que pour une raison valable et seulement si tout danger moral est évité.

Pour des raisons de santé, il peut être légitime de suivre le traitement d'une personne compétente qui fait usage de l'hypnose.

J'AIMERAIS SAVOIR QUOI PENSER DES «SOIGNEUX» ET DES «RAMANCHEUX»

Certaines gens ont bien confiance en eux. Moi, non! Il m'arrive, toutefois, d'y penser, car j'ai du trouble dans la colonne et les hanches. J'ai consulté des médecins, mais le mal persiste. Je serais tentée d'aller voir une personne possédant des dons. J'ai peur de vendre mon âme au diable.

* * *

Vous avez bien fait de consulter des médecins; continuez de le faire.

S'il y a des charlatans dont il faut se méfier, et des gens qui extorquent un profit facile de gens crédules, il y a également des personnes qui ont une habileté spéciale, des dons, tout comme il y a des chiropraticiens d'expérience.

N'ayez crainte de vendre votre âme au diable si vous décidez de consulter un «soigneux» ou un «ramancheux» de bonne réputation qui respecte votre foi et vos valeurs.

LA BIBLE N'EST-ELLE PAS FAVORABLE À LA PEINE CAPITALE?

La peine de mort ou peine capitale... N'est-ce pas là l'application d'une justice punitive ultime voulue par Dieu et jamais abolie, malgré les fausses interprétations de supposés théologiens qui se pensent plus raffinés que Dieu au sujet de la justice, déformant ainsi la Bible à ce sujet?

Je ne me gêne pas pour faire sentir à quiconque est contre la peine capitale mes arguments bibliques réfutant péremptoirement les tenants de sa non-application.

* * *

Je respecte votre opinion. Comme vous y tenez beaucoup, par respect pour la Parole de Dieu, serai-je rejeté pour la réponse que je vous soumets? Pourtant, cette réponse s'appuie, elle aussi, sur l'Écriture.

Croire à la légitimité de la peine capitale n'est pas une erreur. L'enseignement traditionnel de l'Église sur le code pénal autorise la peine de mort dans certains cas. La peine infligée doit avoir valeur d'expiation, préserver l'ordre public et contribuer à l'amendement du coupable.

Mais ne faut-il pas chercher à employer d'autres peines plus conformes à la dignité humaine? Et même à l'évangile?...

Je n'ignore pas que la Cour Suprême des États-Unis, en 1976, a permis aux États de rétablir la peine de mort. Certains crimes semblent justifier cette décision. Mais, un peu partout, l'opinion grandit en faveur de l'abolition de la peine de mort. En 1977, l'Assemblée générale des Nations Unies souhaitait que cette peine de mort soit abolie. La même tendance se révèle au sein de l'Église. Que faut-il en penser?

La peine capitale est mentionnée dans la Bible, mais aussi ce grand commandement de Dieu: «Tu ne tueras pas» (Ex 20, 13; Dt 5, 17). Ce commandement est rappelé par saint Paul et par saint Jacques (Rm 13, 9; Jc 2, 11); ils mettent l'accent sur l'amour du prochain.

Jésus a donné cet exemple de la charité, dans le Sermon sur la montagne (Mt 5), d'une charité qui dépasse l'ordre ancien. Jésus a prêché le pardon et l'amour des ennemis. Il a refusé d'appliquer à la femme adultère la sanction de mort prévue dans l'Ancien Testament (Jn 8, 1-11).

«Par ma vie, oracle du Seigneur Yahvé, je ne prends pas plaisir à la mort du méchant, mais à la conversion du méchant...» (Ez 33, 11).

Disciples du Christ, espérons la conversion des criminels. Comme lui, sachons pardonner au coupable. Jusqu'à quel point le criminel n'est-il pas la victime de son passé et de son milieu? La violence doit-elle succéder à la violence? Le 26 novembre 1991, les Églises chrétiennes de France, y compris les Catholiques, ont dit non à la peine de mort.

Aussi beaucoup de Français ont réagi lors de la parution du «Catéchisme de l'Église catholique» qui déclare légitime la peine de mort pour cas «d'extrême gravité». Mgr Jean Honoré les a rassurés en soulignant l'évolution vers l'abrogation de la peine de mort. D'ailleurs, ce même Catéchisme affirme: «Si les moyens non sanglants suffisent à défendre les vies humaines contre l'agresseur et à protéger l'ordre public et la sécurité des personnes, l'autorité s'en tiendra à ces moyens, parce que ceux-ci correspondent mieux aux conditions concrètes du bien commun et sont plus conformes à la dignité de la personne humaine» (2267). L'obligation d'utiliser la peine capitale est assez rare, si non même pratiquement inexistante, conclut le Pape (L'évangile de la vie, 56).

L'intégrisme se fait sentir en certains pays du monde quand il s'agit de l'interprétation des lois religieuses. Entrons plutôt dans le courant de la miséricorde prêchée et vécue par Jésus qui est venu sauver et guérir. Jésus a scandalisé bien des gens par sa bonté pour les pécheurs. L'évangile dépasse la loi du talion. Justes et pécheurs, nous sommes les enfants de Dieu.

JE VOUDRAIS ÊTRE RENSEIGNÉ SUR LE «TESTAMENT BIOLOGIQUE»

Qu'est-ce qui est conforme à la foi catholique et qu'est-ce qui ne l'est pas?

* * *

Plus que jamais la science médicale peut prolonger la vie ou, si l'on préfère, la mort. Il peut y avoir ce qu'on appelle un acharnement thérapeutique.

Face à une telle situation, face à la mort, quelle doit être mon attitude? Ma foi m'enseigne que, malgré mes souffrances, je ne peux attenter à ma vie et la détruire; ce serait là de l'euthanasie active et directe, un suicide, un crime contre le projet de Dieu, seul Maître de la vie.

Faut-il conclure que je dois utiliser tous les moyens possibles, même fort douloureux et coûteux, pour prolonger ma vie? Est-ce que toute décision à ce sujet dépend des seuls médecins? N'est-ce pas aussi une décision qui relève de mon choix, de ma conscience? Ne puis-je pas prendre cette décision d'avance grâce à un «testament de vie»?

Depuis quelques années, on parle d'un tel «Testament de vie» qu'une personne peut signer pour renoncer à l'acharnement thérapeutique. On parle également d'un «mandat en cas d'inaptitude», mandat qui concerne les biens matériels et les soins de santé.

Que penser d'un tel testament?

Tout dépend de la teneur de ce testament. Si ce testament est rédigé pour favoriser une euthanasie directe, qui met fin à la vie, il est certainement condamnable, contraire à la foi catholique et à la saine éthique médicale. Cette euthanasie peut être une action ou une omission qui donne la mort; c'est un meurtre, quoi!

Soyons conscients de l'essor de l'euthanasie, sous la fausse apparence d'une «mort dans la dignité», tout comme du suicide assisté. Si, un jour, une certaine euthanasie devenait légale, il faudrait s'assurer que son testament de vie, s'il fut rédigé, ne soit pas interprétable comme un consentement à l'euthanasie.

Un testament de vie, ou testament biologique, pourrait se lire à peu près comme suit: «S'il arrivait un moment où je ne serais plus en état de prendre part aux décisions concernant mon avenir, je désire que la déclaration ci-dessous soit considérée comme l'expression formelle de ma volonté et qu'elle soit respectée au même titre qu'un testament.

Je soussigné... demande qu'on me laisse mourir et que l'on ne me maintienne pas en vie par des moyens artificiels ou des traitements héroïques..., etc.»

Ce document aurait une valeur morale, sinon légale.

Déjà, avant d'aller plus loin, il faudrait sans doute préciser ce que veulent dire «moyens artificiels et traitements héroïques», ou toute expression utilisée dans un tel testament.

Voyons la pensée de l'Église: «La cessation de procédures médicales onéreuses, périlleuses, extraordinaires ou disproportionnées avec les résultats attendus, peut être légitime. C'est le refus de l'acharnement thérapeutique. On ne veut pas ainsi donner la mort; on accepte de ne pas pouvoir l'empêcher. Les décisions doivent être prises par le patient s'il en a la compétence et la capacité, ou sinon par les ayants droit légaux, en respectant toujours la volonté raisonnable et les intérêts légitimes du patient» (Catéchisme de l'Église catholique, 2278).

L'usage de calmants, même au risque d'abréger la vie, peut être moralement conforme à la dignité humaine si la mort n'est pas voulue (l.c., 2279).

Le «testament de vie» me semble licite du moment qu'il n'autorise pas l'euthanasie active, qu'il est signé en toute lucidité, non au moment d'une douleur particulièrement aiguë, qu'il n'est pas rédigé sous pression d'héritiers anxieux de mettre la main sur l'héritage, ou de gens qui veulent se débarrasser d'une personne gênante et financièrement lourde à porter... Ce n'est pas un document qui doit faciliter le «coup de grâce».

Le «testament de vie» n'est pas une obligation. Le «testament de vie» peut empêcher la prolongation de l'agonie par des moyens artificiels. Si le testament va plus loin et proscrit des soins normaux et ordinaires, il est contraire à la loi de Dieu.

Dans la pratique, il faut toujours garder à la mémoire que la grâce fortifie le malade, que la souffrance acceptée chrétiennement a valeur d'éternité, que la vie humaine est plus que vie physique, qu'elle comporte un sens et des valeurs qu'il faut respecter.

LA POLITIQUE ET LA RELIGION ONT-ELLES QUELQUE CHOSE EN COMMUN POUR L'AVENIR?

* * *

Politique et religion devraient travailler de pair pour le bien commun, pour sauvegarder et promouvoir la vie, la dignité de la personne, la paix, les valeurs humaines et communautaires.

La politique et la religion ont, chacune, leur sphère d'action et de rayonnement. Elles peuvent travailler conjointement au bien de l'humanité, en commençant par celui du pays ou de la région.

À travers les siècles, l'Église a su s'adapter à diverses formes de gouvernement, empires, monarchies, régimes parlementaires et constitutionnels..., dans une société chrétienne, païenne ou laïcisée.

Diverses situations religieuses prévalent. La théocratie est rare. En certains pays, il y a séparation entre l'Église et l'État (comme en France); en d'autres, nous trouvons des Églises d'État (comme en certains pays de Scandinavie pour les Églises luthériennes); en d'autres, un concordat avec le Saint-Siège régit les rapports entre l'Église et l'État (comme en Italie et en Pologne); en d'autres, il y a reconnaissance officielle des religions plus importantes (comme en Allemagne)...

Très souvent, l'Église et l'État sont dissociés, mais collaborent au bien commun. En plusieurs pays, des concordats régissent les rapports entre l'État et l'Église Catholique.

Pour ce qui concerne l'aspect moral des décisions, l'Église apporte la lumière de l'évangile. Mais l'éthique, aujourd'hui, est autonome, et l'Église exerce une influence que partagent d'autres religions et d'autres philosophies. Telle est l'évolution de la modernité.

QUE PENSER DES OEUVRES SOCIALES?

* * *

En rapport avec le bien des peuples, le Saint-Siège est intervenu par d'importantes encycliques sociales. Surtout depuis le Pape Léon XIII, à la fin du siècle dernier. Le 1er janvier 1994, le Pape instituait une Académie des sciences sociales, dans le but de promouvoir le progrès des sciences sociales, économiques, politiques et juridiques, à la lumière de l'évangile. L'Église et l'État doivent promouvoir une société plus juste, gage d'avenir heureux.

L'Église se compromet pour la justice. C'est ce à quoi travaille chez nous le «Centre justice et foi», responsable de «Relations», revue fondée en 1941.

Au Québec, l'Assemblée des évêques publie des documents pour «sortir le Québec de l'appauvrissement», oeuvre à laquelle travaille le Forum de solidarité sociale.

On voit aussi l'Église qui s'efforce de promouvoir le bien des autochtones, dont les revendications sont à l'avant-scène de l'actualité.

Ailleurs, s'accomplit un travail gigantesque pour améliorer le sort des opprimés; ainsi en est-il au Brésil où oeuvrent cent mille communautés de base. Aujourd'hui, une saine théologie de la libération se préoccupe des femmes, des Noirs et des Indiens, en de nombreux pays.

L'Église met toujours le cap sur les valeurs éternelles. Mais elle ne peut vivre repliée sur elle-même. Elle oeuvre pour ce monde et ne peut ignorer les grands problèmes qui secouent la société. Jésus lui sert toujours de modèle, lui qui s'est soucié des miséreux.

JE SUIS TRÈS INQUIÈTE FACE À L'AVENIR

La terre est constamment menacée. Il y a la menace d'une guerre nucléaire, les pluies acides qui détruisent notre végétation, la pollution de l'eau, de l'air et de nos aliments. Le soleil risque de nous brûler vifs suite à la destruction de la couche d'ozone.

Il y a l'explosion démographique. Les médias d'information nous assurent que, d'ici cinquante ans, la population terrestre sera située entre dix et quatorze milliards; nous sommes actuellement cinq milliards et la famine fait souffrir plus de la moitié de la population.

Que dire des problèmes de la violence, de la drogue, du sida, et j'en oublie. Y a-t-il encore de l'avenir pour nous et nos enfants?

* * *

C'est évident que les maux qui affligent notre société sont fort grands. Vous en énumérez plusieurs dans le domaine de l'écologie et de la santé, et la liste pourrait s'allonger.

Au sujet de la surpopulation... Le contrôle des naissances, tel que prôné par Malthus, au 19e siècle, est-il la meilleure solution?

Lors de la Conférence internationale sur la Population et le Développement, tenu au Caire en septembre 1994, les Nations Unies ont présenté des suggestions qui favorisaient la contraception artificielle, la stérilisation et même l'avortement. Le Saint-Siège a réagi courageusement. Pour mieux protéger les nations riches, la publicité vise à diminuer le nombre de pauvres par une «guerre chimique».

Même si la population globale cause un souci fondé, il ne faut pas trop s'alarmer de l'explosion démographique. Faisons preuve d'esprit critique. La longévité moyenne de la vie en est la cause principale; c'est là une transition qui n'affecte qu'un temps. Le taux de natalité baisse en divers pays, y compris plusieurs pays de l'Amérique latine. La croissance démographique n'est pas responsable de tous les problèmes économiques. Les ressources de la terre ne sont pas épuisées. Alors que le commerce international des armes conventionnelles est en pleine expansion, un argent mieux utilisé pourrait servir à donner du pain aux affamés du Tiers-Monde, à enrayer le chômage, à redresser les faiblesses de l'économie.

Vous êtes inquiète pour l'avenir... Mais était-ce plus facile de vivre d'espérance dans les siècles passés, au temps des persécutions, quand sévissait la barbarie, pendant les guerres sans cesse renouvelées? Aucun âge de l'histoire n'eut de ciel sans nuage.

Armez-vous de confiance en Dieu. Le Christ a vaincu le monde (Jn 16, 33). D'ailleurs, la vie que vous transmettez ne se limite pas à ce temps qui passe.

Faisons nôtre la pensée d'André Beauchamp: «Je ne suis pas inquiet pour demain... Dieu s'occupera de ses affaires. Je suis responsable de l'humble aujourd'hui». Dieu ne nous a pas désertés. N'y a-t-il pas un nombre croissant de saints et de saintes? Ce qui, dit le Pape, reflète l'action de l'Esprit Saint dans le monde contemporain.

De nombreux parents partagent vos appréhensions et vos aspirations. Pourquoi ne pas vous joindre à eux, aux forces vives, à l'une de ces associations qui s'efforcent de créer la civilisation de l'amour, un milieu de vie sain, fraternel et heureux? «Donnons aux enfants un avenir de paix», écrit le Pape. Étanchons «leur soif légitime d'amour et de sérénité» (Message du 1er janvier 1996). L'Église Catholique fait l'autocritique de son passé, pour mieux affronter l'avenir. Depuis le concile Vatican II, se multiplient les préparatifs du grand Jubilé de l'an 2000, qui nous fera célébrer Jésus. L'Église Catholique va intensifier l'approche oecuménique, surtout auprès des Églises Orthodoxes. Se tiendront des synodes continentaux. Il y aura une nouvelle année mariale. Des rencontres entre chrétiens se vivront à Jérusalem. Juifs et Musulmans s'y joindront...

Le 10 novembre 1994, Jean-Paul II publiait une Lettre apostolique, «Tertio millennio adveniente». À l'approche du troisième millénaire, le Pape y présente une rétrospective et une prospective. Il souhaite que les chrétiens se préparent au Jubilé de l'an 2000 en centrant leur vie sur Jésus Christ, le héros de la fête, en s'ouvrant à l'Esprit sanctificateur, en avançant vers la maison du Père. En l'an 2000, que l'Eucharistie soit à l'honneur, car le Sauveur, né de Marie il y a vingt siècles, y demeure pour nous source de vie divine.

L'Esprit de Jésus souffle toujours. Des millions de chrétiens se rassemblent à Rome et dans les sanctuaires, ou lors d'événements comme «La marche pour Jésus»...

Nous entrerons avec le Christ dans le 3e millénaire. Il est toujours le Maître de l'histoire.

TABLE ANALYTIQUE